高等教育智能会计系列规划教材

财务大数据基础与应用

THE FOUNDATION AND APPLICATION OF FINANCIAL BIG DATA

主 审 ◎ 段洪成
主 编 ◎ 肖南云 高 原

大连理工大学出版社
Dalian University of Technology Press

图书在版编目(CIP)数据

财务大数据基础与应用 / 肖南云，高原主编.
大连 ：大连理工大学出版社，2025. 8.（2025.8 重印）-- ISBN 978-7
-5685-5928-7

Ⅰ. F275

中国国家版本馆 CIP 数据核字第 2025XF7542 号

大连理工大学出版社出版

地址：大连市软件园路 80 号　邮政编码：116023

营销中心：0411-84707410　84708842　邮购及零售：0411-84706041

E-mail：dutp@dutp. cn　URL：https://www. dutp. cn

辽宁星海彩色印刷有限公司印刷　　大连理工大学出版社发行

幅面尺寸：185mm×260mm　印张：16.5　字数：419 千字

2025 年 8 月第 1 版　　2025 年 8 月第 2 次印刷

责任编辑：朱诗宇　　责任校对：张　娜

封面设计：张　莹

ISBN 978-7-5685-5928-7　　定　价：58.00 元

前言

《财务大数据基础与应用》是高等教育智能会计系列规划教材之一。在数字经济蓬勃发展的当下，大数据、人工智能等新兴技术正重塑着财务领域的版图。党的二十大报告明确指出，要“加快发展数字经济，促进数字经济和实体经济深度融合”，这为财务行业的变革指明了方向。在此背景下，财务大数据分析应运而生，成为推动财务管理创新、提升企业决策效能的关键力量。

本书正是在这一时代浪潮中孕育而生的。随着信息技术的飞速发展，企业内外部数据呈指数级增长，传统的财务分析方法已难以满足企业对精准决策、风险预警和价值创造的需求。大数据技术为财务领域带来了新的机遇。通过对海量、多源、异构数据的收集、处理和分析，财务人员能够挖掘出数据背后隐藏的商业价值，为企业战略制定、运营管理提供有力支持。

本书特色在于：

其一，注重理论与实践的深度融合。在系统阐述财务大数据分析理论知识的基础上，依托新道云平台构建“理论学习—平台实操—成果输出”的递进式实践体系，通过数据采集、清洗、集成等全流程实验任务，让学生在虚拟场景中应用 Python 编程、XBRL 数据处理等技术，将抽象的理论转化为可操作的技能，同时结合企业真实财务案例设计项目式练习，实现从“学理论”到“做分析”的无缝衔接，确保理论学习与实践应用相互支撑、协同提升。

其二，紧跟技术前沿。将 Python 等主流编程语言应用于财务数据处理与分析中，介绍了如何利用 Python 进行数据采集、清洗、合并以及可视化展示，使学生能够适应数字化时代对财务人才的技术要求，即便在无特定平台支撑时，也能独立开展数据分析工作。

其三，突出行业应用导向。针对财务领域的核心业务，如预算管理、成本控制、财务风险预警等，详细阐述大数据分析的应用场景和方法，帮助学生理解大数据技术如何为财务工作赋能，提升财务工作的效率与质量。

本书由段洪成担任主审，肖南云、高原担任主编，商梦雅、刘姿含担任副主编，具体编写分工如下：第一章、第二章由商梦雅编写；第三章、第四章、第五章由肖南云编写；第六章由刘姿含编写；第七章由高原编写。段洪成审阅了书稿，并提出修改意见，在此谨致谢忱。在编写过程中，本书得到了新道科技股份有限公司的大力支持。他们深度参与了平台课程内容与教材知识点的匹配设计，其专业建议为本书的完善提供了重要帮助。同时，我们深入调研了企业对财务大数据分析人才的需求，参考了大量国内外最新研究成果和实践经验，力求使教材内容既符合教学规律，又贴合行业实际。我们希望通过本书，培养学生具备财务大数据分析的思维与技能，使其能够在未来的职业生涯中，运用大数据技术创造更大的价值，为推动财务行业的数字化转型贡献力量。

我们相信，在习近平新时代中国特色社会主义思想的指引下，在数字经济发展的战略机遇期，本书能够为广大读者打开财务大数据分析的大门，助力培养更多适应时代需求的复合型财务人才，共同推动我国财务领域的创新发展，为实现经济高质量发展提供有力支撑。

在编写本书的过程中，编者参考、引用和改编了国内外出版物中的相关资料及网络资源，在此表示深深的谢意！相关著作权人看到本书后，请与出版社联系，出版社将按照相关法律的规定支付稿酬。

限于编者水平，书中也许仍有疏漏之处，敬请广大读者批评指正。

编　者

2025 年 8 月

所有意见和建议请发往：dutpbk@163.com
欢迎访问教材服务网站：https://www.dutp.cn/hep/
联系电话：0411-84707019

目录

理论基础篇

实践应用篇

理论基础篇

第一章

大数据概述

知识目标

- 了解大数据的发展历程及应用
- 掌握大数据的相关概念及特征
- 理解大数据发展的重要性

育人目标

- 强化数据安全和隐私保护意识
- 培养积极探索和不断创新的科学精神
- 理解大数据对提升国家竞争力的重要性

思维导图

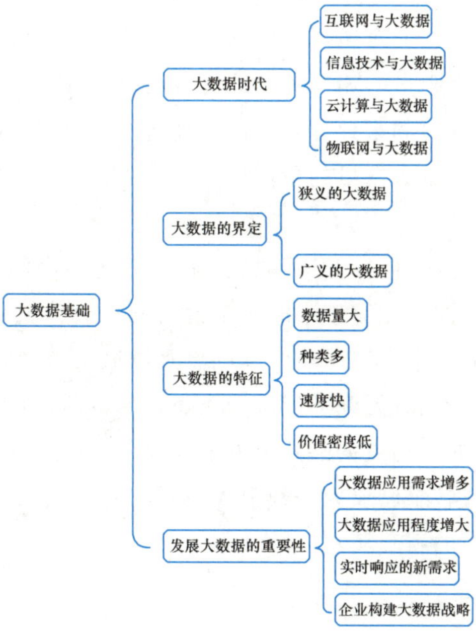

章前导读

在全球信息技术迅猛发展的背景下，大数据不仅提升了电商平台的运营效率和服务质量，还为用户带来了更为精准、个性化的购物体验。大数据在精准营销、智能推荐和风险管理等核心功能中的应用，显著提升了用户的满意度、营销效率和交易的安全性，为电商平台赋予显著的竞争优势和持续发展的动力。

2024 年“双十一”期间，大数据在电商平台的应用尤为突出，助力平台实现精准营销和优化用户体验。例如，淘宝直播成交额破亿元直播间达 119 个，创历史新高，其中 49 个破亿元直播间同比增速超 100%。大数据使得电商平台能够全面分析用户数据，根据个性化偏好对数据进行优化，为用户提供更好的个性化产品和服务，提高运营效率。

——《史上最长的“双十一”，2024 年各大电商平台表现解析》

（新浪财经，2024.11.12）

第一节　大数据时代

近年来，伴随着云计算、大数据、物联网、人工智能等信息技术的快速发展和传统产业数字化的转型，数据量呈现几何级增长。《全国数据资源调查报告》显示，2023 年全国数据生产总量达 32.85 ZB（泽字节），同比增长 22.44%。如果你对这些数字仍然感到难以把控，那么一篇名为《互联网上的一天》文章所提供的数据可以清晰地告诉你，一天之内，互联网产生的全部内容可以刻满 1.68 亿张 DVD；发出的邮件有 2 940 亿封之多（如果这些是实体信件，在美国，需要花费两年的时间来处理）；发出的博客文章达 200 万篇（相当于《时代》杂志刊发 770 年的总量），人类计量数据量的单位也从 TB 级别上升到 PB、EB 乃至 ZB 级别。毫无疑问，大数据时代已经来临。

从 2006 年到 2024 年，大数据在 IT 行业、医疗、民生等多个领域中炙手可热。行业领导人对其保持高度的重视，关注其能够带来的科学价值和社会价值。第三次科学技术革命的蓬勃发展，为大数据时代的到来奠定了良好基础。互联网的普及、信息技术的发展、云计算的成熟、遍布的智能终端等，无时无刻不记录着人类产生的“数据足迹”，每个人都在毫无意识地成为数据的提供者。如今的数据已经不单单是信息技术及科学研究领域人员的专有名词，冠有量词属性的“大数据”早已成为一种引人注目的新思潮，成为人们认识事物、分析事物、探索新发现及追求创新的新范畴。

一、互联网与大数据

（一）互联网的产生

随着互联网技术的不断普及、数据量化的节奏不断加快，互联网所催生的巨量数据使得世间万物不断走向数据化，由“万事皆数”向“万物皆数”过渡，互联网每天所产生的数据对大数据时代的到来有着关键性作用。

互联网始于1969年美国的阿帕网，发明最初是为了军事需要。随着军事上的广泛运用，计算机上保存的军事机密越来越多，其安全性就显得尤为重要。军事家们担心如果计算机上的重要军事机密数据泄露，会导致整个战争的失败。因此，急需通过某种渠道促使两台计算机，或是多台计算机之间进行数据的传递和备份，这也促进了早期互联网的形成。20世纪70年代至20世纪80年代，人们对各类远程信息的接收，大多是依靠收音机或电视这样的渠道。在这种“信号塔”与“接收”的模式中，接收者是被动的，而且发送信息方也对所传输的信息质量、受众数量、受众偏好等信息数据没有一个完全的记录。

互联网的诞生，使人类进行信息交流的方式发生了质的变化。经济的高速发展、电子产品更新换代进程的加快，使得人们对互联网的需求日益扩大。人类也越来越习惯通过互联网接收和传输信息数据。与传统的信息接收和传输模式相比，互联网模式会在用户利用互联网进行访问，服务站接收到请求后，立即在万千信息中寻找到用户所需求的信息内容进行回馈。在这个过程中，客户端早已记录下了用户的访问内容、停留的时间等多种信息数据。尽管用户会删除这些数据，但数据后台已将这些记录保存下来。这些留下来的海量信息数据背后蕴含着难以估量的巨大价值。

（二）互联网催生大数据

从1969年互联网诞生到2024年，互联网技术已逐渐发展成熟。世界经济技术的高速发展，使互联网的普及率也日益扩大。中国互联网络信息中心(CNNIC)发布的第54次《中国互联网络发展状况统计报告》显示，截至2024年6月，我国网民规模近11亿人(10.996 7亿人)，较2023年12月增长742万人，互联网普及率达78.0%。目前，互联网行业保持良好的发展势头，互联网基础资源夯实发展根基，数字消费激发内需潜力，数字应用释放创新活力，促使更多人使用互联网，共享数字时代的便捷和红利。

互联网的迅猛发展和快速普及，使得大量的数据信息在采集、存储、传输、处理、管理等方面越来越便捷。同时，互联网的发展也使得其所产生的数据类型变得复杂多样，由最初的结构化数据发展到非结构化数据、半结构化数据等。就大数据而言，众多数据的“产生者”和“发送者”，每时每刻都贡献出各种各样、难以计量的数据。这些数据可以是结构化数据，如数字、符号，也可以是非结构化数据，如文本、图像、声音、影视、超媒体等。这些接连不断出现的数据，催生大数据浪潮的来临。

随着智能手机等的普及，每个人时刻都在产生大量的数据，人们已经完全成为数字化的个体。据IDC预测，2025年，全世界每个互联网使用者每天平均有4 909次数据互动，是

2015 年的 8 倍多,相当于每 18 s 产生 1 次数据互动。

互联网时代,搜索引擎已经成为人们寻找日常解决方案的重要渠道。有事没事搜一下,已经成为工作与生活中的一部分。特别是智能手机的普及,让人们随时随地都在产生搜索数据。据 Smart Insight 估计,谷歌每天就有 69 亿次搜索,相当于每秒处理约 8 万次搜索。而在 2000 年,谷歌一年的搜索量才 140 亿次。

并且智能手机让人们的一部分社交生活变得数字化,每天在社交网络上花费的时间越来越多,产生的数据量也相应地不断增长。比如,脸书每天产生 4 PB 的数据,包含 100 亿条消息,以及 3.5 亿张照片和 1 亿小时的视频浏览。此外,在 Instagram(照片墙)上,用户每天要分享 9 500 万张照片,而推特用户每天要发送 5 亿条信息。

二、信息技术与大数据

信息技术是指人们获取信息、传递信息、存储信息、处理信息、显示信息、分配信息的相关技术,包括现代通信技术、电子计算机技术、微电子技术等。在信息科学技术中,信息的收集能力、存储能力、对信息数据的处理分析能力以及信息之间的远程传输能力是最为关键的。如果把人类历史上信息科学技术发展的五次信息技术革命看成世界不断数字化的过程,就会发现一条信息技术进步与大数据时代来临的逻辑线。大数据时代的到来给计算机信息处理技术带来了非常大的冲击,同时,大数据也是信息化社会的一个重要特征。下面从几个方面具体介绍信息技术与大数据的关系。

(一)信息采集技术

获得信息是人们认识世界的基础,因此也是改造世界和人类本身发展的基础。人类从客观世界获得的信息越多,内容越丰富,则对客观世界的认识也越深刻,对客观世界的利用、改造及对人类本身发展也越有利。传统数据采集来源单一,且存储、管理和分析的数据量也相对较小,大多采用关系数据库和并行数据中心即可处理。大数据时代下,如何从数据量极大、增长速度极快、数据类型复杂、实用性极高的数据中采集使用者所需要的信息,是对传统的数据采集技术提出的难题。2006 年后出现的数据采集技术使得这一难题得到攻克。这些技术通过 Hadoop(分布式系统基础架构)的 Chukwa、Cloudera 公司的 Flume、脸书的 Scribe 等信息采集工具,有效地满足每秒数百兆字节的日志数据采集和传输需求,为大数据的数据信息采集构建了快速发展的平台。

(二)信息存储技术

传统的信息存储一般分为在线存储和离线存储,其数据量小、数据结构单一,一般的存储技术就能够解决信息存储问题。传统的存储技术存在着存储成本较高、管理不便的特点。在大数据时代下,数据规模日益激增,数据结构也变得复杂,一些行业数据存储还伴随着需要良好的响应速率的问题。传统的信息存储技术已不再适应,对更高一级的信息存储技术的需求问题亟待解决。随着数据的爆发性增长,其所衍生出的独特架构推动存储技术的发展。在容量问题上,海量的数据存储需要扩展存储系统的容量,传统的 NAS(网络附属存储)系统遇到了瓶颈,而基于对象的存储架构就能够很好地解决这一问题;在延迟问题上,Scale-out 架构的存储系统的发展解决了大数据“实时性”的问题;在存储成本上,重复删除等技术已进入主存储市场,而且可以处理更多的数据类型。事实上,近几年来,存储成本一直呈现下降趋势。

(三)信息处理技术

20 世纪 60 年代开始的第五次信息技术革命,标志着人类信息科技史上首次实现了计算机的普及应用以及计算机与现代化通信技术的有机结合。与此同时,随着电子通信技术的快速发展,社会事务管理、军事应用以及科学研究亟须能够处理大规模的数据、数学计算问题的设备及技术。在 IT 领域有一个著名的经验总结,即摩尔定律:同样面积的集成电路上可容纳的晶体管数目,每隔 12 个月将会翻一番,随之性能也将提升一倍。该定律被广泛地应用到多个领域。作为英特尔公司的创始人之一的摩尔先生,在 1965 年发现了该定律,使得 IT 领域至此有了一个衡量技术进步的考核指标。后来,人们发现它不仅适用于对存储器芯片的描述,也可以用来说明计算能力和磁盘存储容量,因此,摩尔定律被应用于许多工业企业对性能的预测中,影响了信息产业的发展。

1981—2021 年,信息产业产品不断推陈出新,计算机新产品的推出周期大大缩减。整个产业界都在不断地吐故纳新,更新自有的计算机设备,从而推动信息产业的巨大进步。以计算机行业而言,从 2008 年到 2010 年初,该行业利用摩尔定律在内存容量、网络速度、存储介质、CPU 性能等方面得到了大幅度的提高,实现了计算能力的重大突破。

计算机行业的快速发展也促使各类组织在计算机方面支出的费用不断加大,但这也从侧面反映了一个共同的特点,即目前各行业都非常注重开发或引进更多先进的信息管理技术和数据分析软件,期望更多的先进处理技术应用在大数据方面,进行数据管理和分析解决方案。

(四)信息传输技术

从古代的邮驿传递制度、鸿雁传书到近代的电报、电话等都属于信息传输。直至 1977 年世界上第一条光纤通信系统在美国芝加哥市投入商用(速率为 45 Mbit/s),拉开了信息传输能力大幅跃升的序幕。有人甚至将光纤传输带宽的增长规律称为超摩尔定律。信息传输能力进入快车道,带动了大数据进入高速发展时期。

各国政府相继推出宽带战略,以促进信息数据的快速传输。截至 2024 年 6 月,我国 IPv6 地址数量为 69 080 万个,较 2023 年 12 月增长 1.5%;IPv6 活跃用户数达 7.94 亿,移动网络 IPv6 流量占比达 64.56%,主要商业网站及移动互联网应用 IPv6 支持率达到 90%。我国国家顶级域名保有量连续十年位居全球第一,域名总数为 3 187 万个,其中国家顶级域名“.CN”数量为 1 956 万个,占域名总数的 61.4%。截至 2022 年 12 月,我国国际出口带宽数为 18 469 972 Mbit/s,较 2021 年 12 月增长了 33.5%。

预计到 2025 年底,中国 5G 网络建设投资累计将达到 1.2 万亿元,带动产业链上下游以及各行业应用投资超过 3.5 万亿元。同时，5G 网络将覆盖 40%的人口，中国享受 5G 网络的人数占全球总人数的 1/3，达到 4.3 亿人。截至 2024 年 7 月末，三家基础电信企业的固定互联网宽带接入用户总数达 6.56 亿，其中，100 Mbit/s 及以上接入速率的固定互联网宽带接入用户达 6.22 亿户，家庭普及率达 94.8%。1 000 Mbit/s 及以上接入速率的固定互联网宽带接入用户达 1.9 亿户，比上年末净增 2 684 万户，占总用户数的 29%。截至 2024 年 7 月末，三家基础电信企业的移动电话用户总数达 17.72 亿，其中，5G 移动电话用户达 9.5 亿户，占移动电话用户的 53.6%。全球 5G 网络部署进入快车道，5G 用户将爆发式增长。2023 年 7 月末至 2024 年 7 月末 5G 移动电话用户情况如图 1-1 所示。

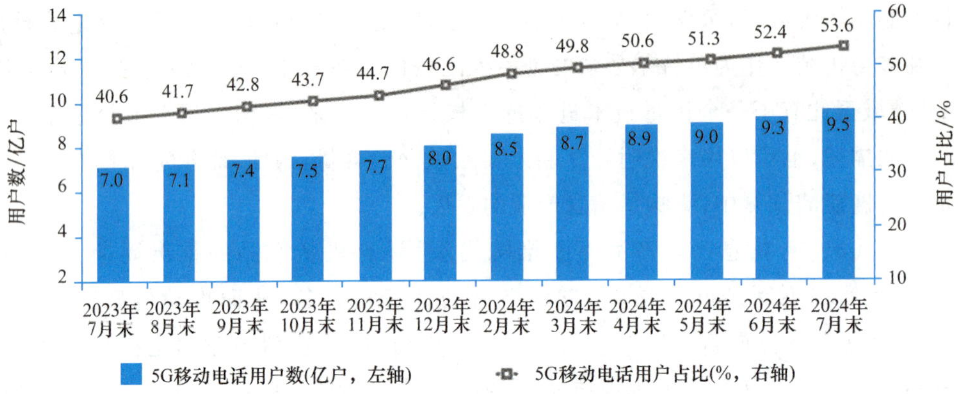

图 1-1 5G 移动电话用户情况(来源：中国信通院)

三、云计算与大数据

数据的规模大小是一个不断变化的指标，计算单位经历了从 PB 到 EB、从 EB 到 ZB，甚至在以后的发展过程中会超越 ZB。在单一数据集中，传统的处理软件可以在合理的时间里进行访问、管理。在数据存储方面，大多是以零散的方式保存在个人的计算机或便携式存储设备中，而企业将自己的数据保存在数据服务器中。传统的存储方式存在分布离散、存储容量非常有限、携带不便、共享性较差的特点。随着数据规模的不断扩大，现有的数据存储和访问方式已难以满足客户的需要。云计算的出现使这一系列的问题有了一个很好的解决途径。

云计算是一种基于互联网的计算方式。通过这种方式，共享的软硬件资源和信息可以按需求提供给计算机和其他设备。云是网络、互联网的一种比喻说法。过去往往用云来表示电信网，后来也用来抽象表示互联网和底层基础设施。云计算为用户提供了跨地域、高可靠、按需付费、所见即所得、快速部署等能力，这些都是长期以来 IT 行业所追寻的。

云计算按照服务的组织、交付方式的不同，有公有云、私有云、混合云之分。公有云向所有人提供服务；私有云往往只针对特定客户群提供服务；目前也有部分企业整合了内部私有云和公有云，统一交付云服务，这就是混合云。

云计算，尤其是公有云计算，可以通过互联网由众多的用户共享，简单来说就是通过互联网的形式建立一个简单快捷的数据“存储中心”来实现的。这个中心是按照云的概念来进行定义的，将其称为“云端”。在用户需要运用数据或者对数据进行计算时，可以通过网络浏览器或专业的访问应用程序进行访问。通过这种方式，可以很便捷、省力地实现软硬件和信息共享给需要的计算机或其他设备。此外，海量的数据需要足够的空间来容纳它。价格低廉、速度快捷、安全、绿色的数据中心成为发展大数据的关键。数据中心成为新时期的信息工厂、知识经济的基础设施。从海量的数据中提取有价值的信息，进行数据分析，将影响金融、媒体等各大领域，并将带来革命性的变化。云计算为大数据提供了可以弹性扩展、相对便宜的存储空间和计算资源，使得中小企业也可以像亚马逊一样通过云计算来完成大数据分析。近些年，有很多大型的科技公司正在致力于这一方面的构建，这些企业不惜通过支付高昂的费用，倾其人力、物力来进行数据的收集、存储，提供基于“云”的服务，积累大量的数据，成为实际上的“数据中心”。

从云计算概念的提出到云计算技术的开发、云计算基地的建设，国内外云计算服务已经发展得较成熟。从国内来看，近些年对于云计算的基地建设正如火如荼地进行。国内金融机构、通信网络运营商、互联网机构以及各级政府机构大多拥有了自己的数据中心，甚至有的金融机构已实现了在全国范围内进行数据的采集、存储及其他工作。云计算基地的建设，为数据的储备空间和访问奠定了良好的基础，可以说为大数据的发展壮大搭建了更大的平台。如果说大数据是一个具有无限潜力的“演员”，其发展需要广阔的舞台，那么云计算便可以说是能够满足其发展需求的舞台。云计算是大数据诞生的前提和必要条件，没有云计算，就缺少了集中采集数据和存储数据的商业基础。云计算为大数据提供了存储空间和访问渠道；大数据则是云计算的灵魂和必然的升级方向。

IDC（互联网数据中心）2024 年 8 月发布的报告《中国大数据平台市场份额，2023：数智融合时代的真正到来》显示，2023 年中国大数据市场规模达 179.3 亿元人民币，相比 2022 年增长 24.6%。大模型以及生成式 AI（人工智能）的应用，带动了对更轻松、更精确的数据管理的需求；此外，实时数据处理、流数据处理类工作负载的增长，也是这个市场增长的关键驱动力。

中国大数据平台公有云服务市场规模达 49.6 亿元人民币。阿里巴巴市场规模位居第一，市场份额达 40.2%；亚马逊位居第二，市场份额达 16.9%；然后是华为、腾讯等。过去 5 年，IDC 也见证了公有云上大数据存储与计算服务的高速增长，如图 1-2 所示。

2023 年中国大数据平台私有化部署市场规模达 107.1 亿元人民币。华为在大数据平台私有化部署市场份额位居第一；其次是阿里巴巴，位居市场第二；随后是腾讯、星环科技、科杰科技以及柏睿数据，如图 1-3 所示。

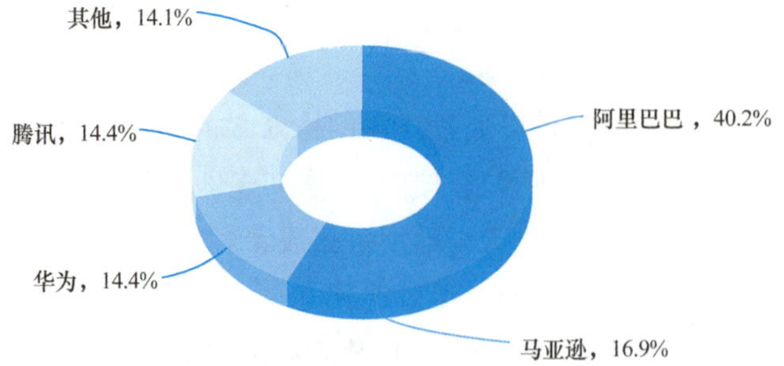

图 1-2 中国大数据平台公有云市场主要厂商市场份额

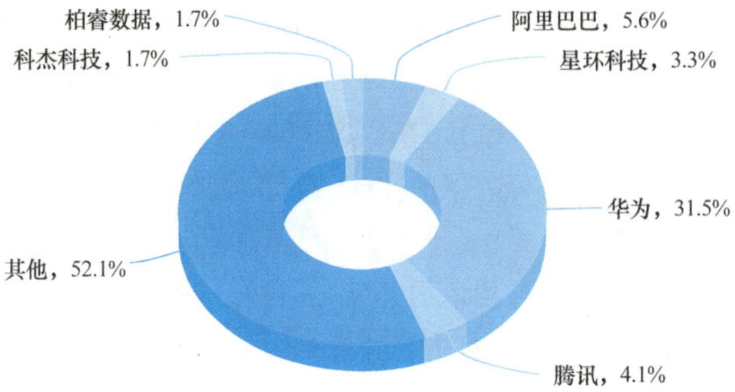

图 1-3 中国大数据平台私有化部署市场主要厂商市场份额

从 2023 年中国大数据平台整体市场规模来看，华为以 24.7%的市场份额占据整体第一；阿里巴巴以 19.5%的市场份额占据整体第二；腾讯位居第三，如图 1-4 所示。

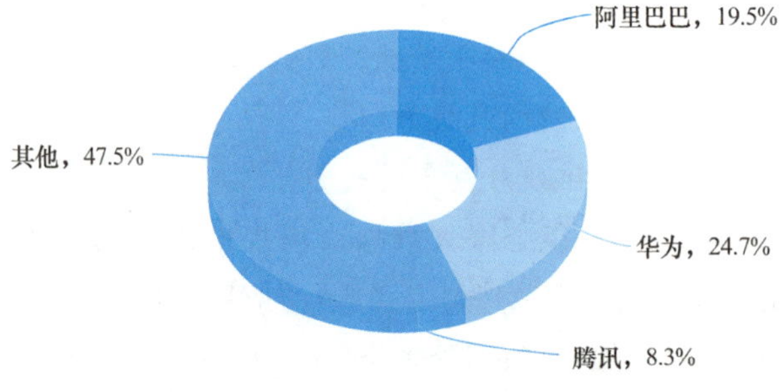

图 1-4 中国大数据平台整体市场主要厂商市场份额

云计算，从其本质上来看，是一场 IT 领域内的变革，涉及 IT 理念、技术架构和标准等。以其为基础的信息数据存储、分享和数据挖掘手段以及虚拟化软件，能够使大数据的分析、预测更加科学、精准。云计算在其发展计算的过程中也会产生大量的数据。云计算与大数据的结合可能成为人类认识事物的新的工具。过去，人们首先认识的是事物的表面，通过因果关系由表及里，通过对个体的认识进而找到共性规律。现在，将云计算和大数据结合后，人们就可以利用高效、低成本的计算资源分析海量数据的相关性，快速找到其规律性，加速人们对于客观世界有关规律的认识。

四、物联网与大数据

物联网作为信息时代下信息领域的一个关键词，其本质是传感器技术进步的产物。多数人对于物联网的理解局限于物联网是烤箱、冰箱、恒温器组建的网络，但事实上，这些家电也只是物联网的冰山一角。物联网每分钟可以产生非常多的数据。作为物联网表现形式之一的嵌入式传感器，可以在很多机器和设备中利用物联网来传输度量为振动、温度、湿度、风速、位置、燃料消耗、辐射水平等数据。此外，还可以通过传感器监测大气中的温度、压强、风力，以及交通工具的使用状态及矿井的安全性等。

据英特尔公司统计，一辆联网的自动驾驶汽车每运行 8 h 将产生 4 TB 的数据，这主要来源于自动驾驶汽车拥有的数百个车载传感器（仅摄像头就能每秒产生 20～40 MB 数据，而激光雷达每秒会产生 10～70 MB 数据）。

Strategy Analytics 的最新研究报告《互联世界：智能家居是未来物联网成长的关键》指出，若物联网继续快速扩张，智能家居将可能成为物联网设备部署增长的主要驱动力，连接数将会达到 500 亿，成为物联网进一步发展的关键。

据医院信息系统（HIS）的数据预测，到 2025 年底，全球物联网连接设备的总安装量预计将达到 754.4 亿台，约是 2015 年的 5 倍。无处不在的物联网设备正在将世界变成一个“数字地球”。

第二节 大数据的界定

通过对大量文献资料追踪溯源，发现“大数据”这个词最早出现在 1980 年的美国。著名的未来学家托夫勒在其所著的《第三次浪潮》中，将大数据称颂为“第三次浪潮的华彩乐章”。在 2008 年 9 月，《自然》杂志推出了名为《大数据》的封面专栏。2009 年开始，“大数据”才成为互联网技术行业中的热门词，被世人推崇和讨论。目前，尽管大数据的发展已有几十年的时间，但仍没有一个统一、完整、科学的定义。

一、狭义的大数据

所谓大数据，狭义上可以定义为用现有的一般技术难以管理的大量数据的集合。早期，很多研究机构和学者对大数据进行定义时一般将其作为一种辅助工具或从其体量特征来进行定义。

作为大数据研究讨论先驱者的咨询公司麦肯锡，2011 年在关于大数据的研究报告“BigData：The next frontier for innovation，competition and productivity”中根据大数据的数据规模来对其诠释，其给出的定义：大数据指的是规模已经超出了传统的数据库软件工具收集、存储、管理和分析能力的数据集。需要指出的是，麦肯锡在其报告中同时强调，不能理解为超过某一个特定的数字，或超过某一个特定的数据容量就是大数据。

随着技术的不断进步，大数据的数据集容量也会不断地增长，行业的不同也会使大数据的定义有所不同。

电子商务行业的巨人亚马逊的专业大数据专家 John Rauser（约翰·劳瑟）对大数据的定义：大数据指的是超过了一台计算机设备、软件等处理能力的数据规模、资料信息海量的数据集。

总体来说，对大数据的狭义理解，研究者大多从微观视角出发，认为它是当前的技术环境难以处理的一种数据集；而从宏观角度，目前则还没有提出一种可量化的内涵理解，但多数都提出了对于大数据的宏观理解概念需要保持着其在不同行业领域是不断更新、可持续发展的观念。

二、广义的大数据

广义的大数据定义，主要是以对大数据进行分析管理、挖掘数据背后所蕴含的巨大价值为视角的。比如，维基百科对大数据给出的定义：巨量数据，或称为大数据、大资料，其所涉及的数据量规模巨大到无法通过当前的技术软件和工具在一定的时间内进行截取、管理、处理，并整理成为需求者所需要的信息进行决策。

被誉为“大数据时代的预言家”的维克托·迈尔·舍恩伯格在他与肯尼思·库克耶的专著《大数据时代：生活、工作与思维的大变革》中对大数据的定义：大数据是人们获得新的认知，创造新的价值的源泉；大数据还是改变市场、组织机构，以及政府与公民关系的方法。

国际商业机器公司（IBM）对于大数据的定义则是从大数据的特征进行诠释的，它认为大数据具有 3V 特征，即数据量（Volume）难以估计、种类（Variety）难以计数且增长速度（Velocity）非常快。

互联网数据中心（IDC）则在 IBM 的基础上，根据自己的研究，将 3V 发展为 4V，认为大数据具有四方面的特征：数据量（Volume）大、数据种类（Variety）多、数据速度（Velocity）快、数据价值（Value）密度低。所以 IDC 对大数据的定义为具有规模海量、类型多样、体系纷繁复杂并且需要超出典型的数据库软件进行管理且能够给使用者带来巨大价值的数据集。

通过对大数据的定义进行梳理可以发现，大多研究机构和学者普遍是从数据的规模量，以及对于数据的处理方式来进行定义的，且其数据的定义也多是从自身的研究视角出发的，可谓是“仁者见仁，智者见智”。

本书在参照了学术领域及各个机构研究的基础上，将大数据定义为在信息爆炸时代所产生的巨量数据或海量数据，并由此引发的一系列技术及认知观念的变革。它不仅是一种数据分析、管理以及处理方式，也是一种知识发现的逻辑，通过将事物量化成数据，对事物进行数据化研究分析。大数据的客观性、可靠性既是一种认识事物的新途径，又是一种创新发现的新方法。

第三节 大数据的特征

要确保数据的可用性，就要分析大数据的数据特征。当前，从 IDC 的 4V 特征来理解，大数据的特征表现为数据量大（数据存储量大和增量大）、数据种类多（数据来源多、数据格式多）、数据速度快以及数据价值密度低，因此，只有具备这些特征的数据才是大数据。大数据的 4V 特征如图 1-5 所示。

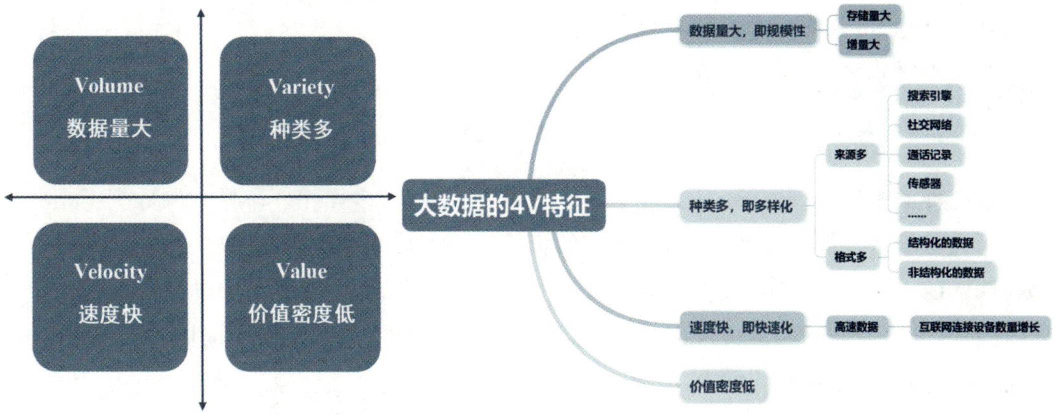

图 1-5　大数据的 4V 特征

一、数据量大

数据量大即规模性。衡量数据的单位已从 MB 转向 TB 及 PB，甚至逐渐地转向 ZB，今后可能会达到更高的级别，以下是数据大小的表示方式。

1 B(Byte，字节)＝8 b(bit，位)

1 KB(Kilobyte，千字节)＝1 024 B

1 MB(Megabyte，兆字节)＝1 024 KB

1 GB(Gigabyte，千兆字节，吉字节)＝1 024 MB

1 TB(Terabyte，万亿字节，太字节)＝1 024 GB

1 PB(Petabyte，千万亿字节，拍字节)＝1 024 TB

1 EB(Exabyte，百亿亿字节，艾字节)＝1 024 PB

1 ZB(Zettabyte，十万亿亿字节，泽字节)＝1 024 EB

1 YB(Yottabyte，一亿亿亿字节，尧字节)＝1 024 ZB

数据量巨大是大数据的基本属性。社交网络、科学研究等源源不断产生的数据使得数据的规模呈现爆炸式的增长。以文字为主的形式正在逐渐被视频影音取代，这也是促成数据量快速增长的一大原因。2024 年 10 月，IDC 发布“Revelations in the Global DataSphere，2024：Key Trends and Takeaways”报告，展示了全球数据圈中不同细分市场的趋势和动态，包括对全球范围一年内所产生的图像、科学研究、金融数据进行度量统计，还包括对每年生成的结构化和非结构化数据量的预测以及 Gen AI 带来的影响分析。IDC 预测，到 2028 年全球数据量（Global DataSphere）将增长至 393.8ZB，相比于 2018 年增长 9.8 倍。由于数据分析和生成式 AI 的广泛应用，企业数据占比将从 2023 年的 64%增长至 2028 年的 81%。

目前，随着云计算、大数据、物联网等技术产业的快速发展，数据流量增长速率正在不断加快，数据中心承载的压力也越来越大。

二、种类多

数据种类多样、复杂多变是大数据的一个重要特性，即多样化。多样化的数据类型和数据来源为分析数据间相关性，挖掘数据间的价值提供了可能。随着物联网、智能终端以及移动互联网的飞速发展，各类组织中的数据也变得更加复杂，因为它不仅包含传统的关系型数据，还包含来自互联网日志文件（包括点击流数据）、搜索索引、社交媒体论坛、电子邮件等结构化、半结构化和非结构化数据。

数据格式的多样化与数据来源的多元化为人类处理这些数据带来了极大的不便。大数据时代所引领的数据处理技术，不仅为挖掘这些数据背后的巨大价值提供了方法，也为处理不同来源、不同格式的多元化数据提供了可能。

以往的数据量尽管巨大，但以结构化数据为主。这种数据一般运用关系数据库作为工具，通过计算机软件和设备很容易进行处理。结构化数据是将某一类事物的数据数字化以便用户进行存储、计算、分析管理而进行抽象的结果。在某种情况下可以忽略一些细节，专注于选取有意义的信息。处理这类数据，只需确定好数据的价值，设置好各个数据间的格式，构建数据间的相互关系，进行保存即可，一般不需要进行更改。随着信息时代的发展，非结构化数据量超越结构化数据量。非结构化数据在大小、内容、格式上有所不同，不能用原先结构化的方法来进行处理。比如用户在上网冲浪的过程中所看的电影视频、旅游过程中上传的照片、朋友圈发的说说等，以及人们日常工作中接触的文件、照片、视频都属于非结构化数据，蕴含大量的信息。有关机构进行的统计显示，在一个企业组织结构中，目前非结构化数据已占据了总数据量 75%以上，也有研究机构认为在 85%以上。尽管截至目前，在这方面还没有一个精准、权威的统计数据，但足以说明非结构化数据的增长速度惊人。Yahoo 公司受到谷歌所开发的 Mapreduce 成果的启发，开发出了 Hadoop 软件，解决了处理非结构化数据的难题，也使得大数据的发展进入了快速化的阶段。

三、速度快

这里的速度应动态地理解为对数据的处理速度与数据的流动速度。大数据时代下获得数据的速度迅速提高，需要频繁地采集、处理并输出数据。数据存在时效性，需要快速处理，并得到结果。

智能终端、物联网、移动互联网的普遍运用以及个人所产生的数据都会使数据呈现爆炸式的增长。新数据的不断涌现和旧数据的快速消失都对数据处理的要求提供了硬性的标准。只有做到对数据的处理速度跟上甚至超越大数据的产生速度，才能使得大量的数据得到有效的利用，否则不断激增的数据不但不能为解决问题带来优势，反而会成为快速解决问题的负担。在数据处理速度方面，有一个著名的“1 s定律”，即大数据时代下，很多情况都要求必须在1 s或者瞬间形成结果，否则该结果就是过时和无效的。对大数据要求快速、持续的实时处理，也是大数据与传统海量数据处理技术的关键差别之一。

此外，数据不是静止不动的，而是在移动互联网、设备中不断流动的。数据的流动消除了“数据孤岛”现象。但也应该看到，对于这样的数据，仍然需要得到有效的处理，才能避免其失去价值。

四、价值密度低

挖掘大数据的价值类似于沙里淘金。在大数据时代下，尽管拥有海量的信息，但是真正可用的数据信息可能只有一小部分，直接保持着数据的全貌，也可能保留了大量的无用甚至可能是错误的信息。以当前广泛应用的监控视频为例，在连续不间断监控过程中，大量的视频数据被存储下来，许多数据可能无用。比如获取犯罪嫌疑人的体貌特征，有效的视频数据可能仅仅有一两秒，大量不相关的视频信息增加了获取这个有效的一两秒数据的难度。因此，如果将大数据比喻为石油行业，那么在大数据时代，重要的不是如何进行炼油（分析数据），而是如何获得优质原油（优质元数据）。

大数据的价值密度低是指相对于特定的应用，有效的信息相对于数据整体是偏少的，信息有效与否也是相对的，对于某些应用是无效的信息而对于另外一些应用则可能成为最关键的信息；同样数据的价值也是相对的，有时一个微不足道的细节数据可能造成巨大的影响。比如，网络中的一条几十个字符的微博就可能通过转发而快速扩散，导致相关的信息大量涌现，其价值不可估量。因此，为了保证对于新产生的应用有足够的有效信息，通常必须保存所有数据，这样就使得数据的绝对数量激增，同时使数据量达到一定规模，通过更多的数据达到更真实全面的反馈。

第四节 发展大数据的重要性

大数据作为科学技术的又一次飞跃，是在继互联网、云计算后的技术变革，其发展和应用必将对社会的组织结构、国家的治理模式、企业的决策架构、商业的业务策略以及个人的生活方式等产生深远的影响。尽管未来充满了变数，但有一点可以预测，即大数据对大数据应用行业的发展具有长远性的重要作用。从全球范围内目前大数据发展的市场规模及其市场细分领域的行业现状来看，大数据逐步从概念研究进入实际应用的转型时期，各国政府无一不加大该领域的扶持力度。

中央与地方政府对大数据从学术领域到产业发展都高度重视。国家数据局联合中央网信办、科技部、工业和信息化部等 17 个部门共同印发了《“数据要素×”三年行动计划(2024—2026 年)》。该行动计划是我国在数据要素领域的重要战略部署，旨在推动数据要素的高水平应用，为我国相关行业高质量发展提供有力支撑。该行动计划选取了 12 个行业和领域，包括工业制造、现代农业、商贸流通、交通运输、金融服务、科技创新、文化旅游、医疗健康、应急管理、气象服务、城市治理、绿色低碳等，以推动数据要素乘数效应的发挥和数据要素价值的释放。

从我国近些年发展大数据的态势来看，在地域分布方面，京津冀地区大数据的产业链条逐步健全，产业集聚效应开始大放异彩；在长三角地区，大数据的技术产业发展如火如荼，云计算等支撑力量异军突起。国家近几年连续出台大数据发展政策支持意见，提出将大数据产业作为重点扶持的新支柱产业，各省市积极开展大数据战略合作，积极引进大数据企业、互联网巨头等。大数据发展强势端倪显现，其发展意义也不再局限于大众所津津乐道的“啤酒和尿布”案例，目前通过数据挖掘，已经可以实现精准营销。

一、大数据应用需求增多

数十年来，人们对“信息技术”的关注一直偏重其中的“技术”部分，首席信息官(CIO)的职责就是购买和管理服务器、存储设备和网络。而如今，信息以及对信息的分析、存储和预测的能力，正成为一种竞争优势。大数据将“信息技术”的焦点从“技术”转变为“信息”，如图 1-6 所示。

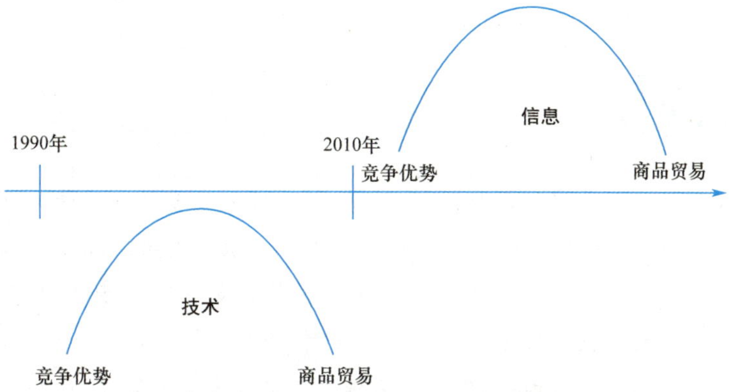

图 1-6 大数据将“信息技术”的焦点从“技术”转变为“信息”

二、大数据应用程度增大

从亚马逊到谷歌，从 IBM 到惠普和微软，大量的大型技术公司纷纷投身于大数据研究；而基于大数据解决方案，更多初创型企业如雨后春笋，提供基于云服务和开源的大数据解决方案。

大公司致力于横向的大数据解决方案，与此同时，小公司则以垂直行业的关键应用为重。有些产品可以优化销售效率，而有些产品则通过将不同渠道的营销业绩与实际的产品使用数据相联系，为未来的营销活动提供建议。这意味着小公司不必在内部开发或配备所有大数据技术，在大多数情况下，可以利用基于云端的服务来解决数据分析需求。

三、实时响应的新需求

未来几年，数据的访问将会加快。当你在网站上点击按钮，却发现跳出来的是一个等待画面，而你不得不等待交易的完成或报告的生成，这是一个多么令人沮丧的过程。再来对比一下谷歌搜索结果的响应时间：2010 年，谷歌推出了 Google Instant。该产品可以在你输入文本的同时就能看到搜索结果。通过引入该功能，用户在谷歌给出的结果中找到自己需要的页面的时间缩短为以前的 1/7～1/5。

四、企业构建大数据战略

企业还需要制订一个计划来应对数据的指数型增长。照片、即时信息以及电子邮件的数量非常庞大，而由手机、GPS 及其他设备构成的“传感器”所释放出的数据量甚至更大。在理想情况下，企业应让数据分析贯穿于整个组织，并尽可能地做到实时分析。通过观察谷歌、亚马逊、脸书和其他科技主导企业，可以看到大数据之下的种种机会。管理者需要做的就是向自己所在的组织中注入大数据战略。

本章小结

本章深入探讨了大数据的发展历程、概念、特征及其重要性。随着大数据时代的到来，信息技术的快速发展，数据量呈现几何级增长。大数据具有数据量大、种类多、速度快、价值密度低的“4V 特征”。云计算、物联网技术的发展进一步推动了大数据的存储、处理和应用，使大数据在多个领域如 IT、医疗、金融等行业被广泛应用，并对社会治理、企业决策产生深远影响，因此，发展大数据对于提升国家治理能力、企业竞争力具有重要意义。

思考题

1. 根据自己的理解，说说什么是大数据。
2. 具体描述大数据的特征(4 V)。
3. 结合查阅相关文献资料，简述发展大数据的重要性。

第二章

大数据时代的思维变革

知识目标

- 了解大数据时代对传统思维模式的挑战
- 掌握大数据技术的最新进展以及在财务管理中的应用
- 理解大数据对会计职业的影响

育人目标

- 培养数据驱动的决策思维
- 提升信息素养和数据安全意识
- 激发创新意识和树立终身学习精神

思维导图

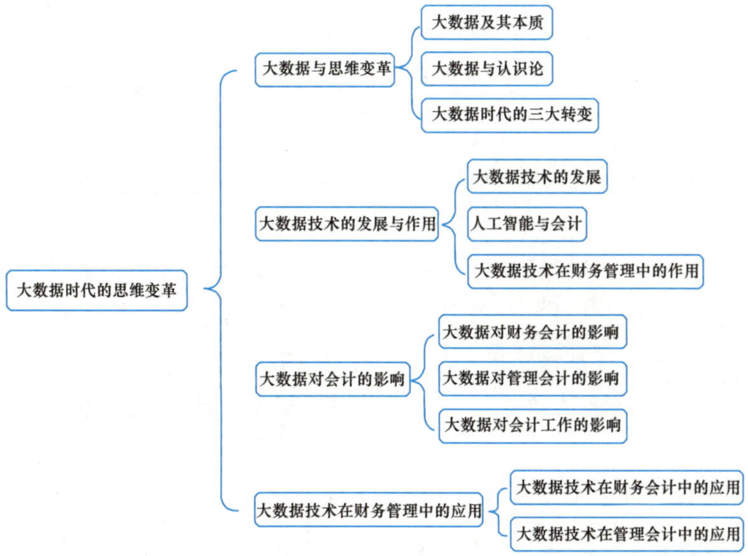

章前导读

亚马逊公司的“人与鼠标的战争”

虽然亚马逊公司(以下简称亚马逊)的故事大多数人都耳熟能详,但只有少数人知道它早期的书评内容是由人工完成的。当时,它聘请了一个由20多名书评家和编辑组成的团队,由该团队写书评、推荐新书,挑选非常有特色的新书标题放在亚马逊的网页上。这个团队创立了“亚马逊的声音”这个板块,成为当时公司皇冠上的一颗宝石,是其竞争优势的重要来源。《华尔街日报》的一篇文章中热情地称他们为“全美最有影响力的书评家”,因为他们使得图书销量猛增。亚马逊的创始人及总裁杰夫·贝索斯决定尝试:根据客户个人以前的购物喜好,为其推荐相关的书籍。

从一开始,亚马逊就从每个客户那里收集了大量的数据。比如,他们购买了什么书籍?哪些书他们只浏览却没有购买?他们浏览了多久?哪些书是他们一起购买的?客户的信息数据量非常大,所以亚马逊必须先用传统的方法对其进行处理,通过样本分析找到客户之间的相似性。但这些推荐信息是非常原始的,就如同你在买一件婴儿用品时,会被淹没在一堆差不多的婴儿用品中一样。推荐信息往往为你提供与你之前购买物品有微小差异的产品,并且循环往复。

亚马逊的格雷格·林登很快就找到了一个解决方案。他意识到,推荐系统实际上并没有必要把顾客与其他顾客进行对比,这样做其实在技术上也比较烦琐。它需要做的是找到产品之间的关联性。1998年,格雷格·林登和他的同事申请了著名的item-to-item协同过滤技术的专利。方法的转变使技术发生了翻天覆地的变化。因为估算可以提前进行,所以推荐系统不仅快,而且适用于各种各样的产品。因此,当亚马逊跨界销售除书以外的其他商品时,也可以对电影或烤面包机这些产品进行推荐。由于系统中使用了所有的数据,推荐会更理想。格雷格·林登回忆道:“在组里有句玩笑话,说的是如果系统运作良好,亚马逊应该只推荐你一本书,而这本书就是你将要买的下一本书。”现在,公司必须决定什么应该出现在网站上,是亚马逊内部书评家写的个人建议和评论,还是由机器生成的个性化推荐和畅销书排行榜。格雷格·林登做了一个关于评论家所创造的销售业绩和计算机生成内容所创造的销售业绩的对比测试,结果他发现两者之间相差甚远。他解释说,通过数据推荐产品所增加的销售远远超过书评家的贡献。计算机可能不知道为什么喜欢海明威作品的客户会购买菲茨杰拉德的书。但是这似乎并不重要,重要的是销量。

最后,编辑们看到了销售额分析,亚马逊也不得不放弃每次的在线评论,于是,书评组被解散了。格雷格·林登回忆说:“书评团队被打败、被解散,我感到非常难过。但是,数据没有说谎,人工评论的成本是非常高的。”

如今，据说亚马逊销售额的三分之一都来自它的个性化推荐系统。有了它，亚马逊不仅使很多大型书店和音乐唱片商店歇业，而且使当地数百个自认为有自己风格的书商也受转型之风的影响。知道人们为什么对这些信息感兴趣可能是有用的，但这个问题目前并不是很重要。但是，知道“是什么”可以创造点击率，这种洞察力足以重塑很多行业，不仅仅只是电子商务。所有行业中的销售人员早就被告知，他们需要了解是什么让客户做出了选择，要把握客户做决定背后的真正原因，因此专业技能和多年的经验受到高度重视。大数据却显示还有另外一个在某些方面更有用的方法。亚马逊的推荐系统梳理出了有趣的相关关系，但不知道背后的原因——知道“是什么”就够了，没必要知道“为什么”。

第一节 大数据与思维变革

一、大数据及其本质

在大数据时代，数据的本体论思想被提升到一种前所未有的高度，大数据哲学思想认为：数据不仅仅是一种衡量事物特征的符号和工具，还是世界的本源，世间的万事万物及其关系都可以用数来表示，用数据来量化。大数据时代的预言家舍恩伯格提出“有了大数据的帮助，人们不会再将世界看作一连串人们认为或是自然或是社会现象的事件，人们会意识到本质上世界是由信息构成的。”

惠勒也提出了“万物源于比特”的主张，这里的比特是一种基本粒子。它是一个抽象的二进制数字，因此在哲学思想的范围内，用以标识大数据，但并不是指数据的规模，而是数据的本体论对传统本体论的一种批判，是对传统本体论的一种变革。“万物皆数”是大数据时代哲学领域本体论的基本主张。

自数据被提升到本体论的高度后，人们便开始思考数据的本质问题。何为数据的本质？不同的哲学分支领域对此做出了不同的回答。学者一致认为，数据作为一种信息表达方式，与物质的根本属性相同。

（一）数据作为信息表达方式，是物质与意识共同作用的结果

众所周知，任何信息的产生和传递都需要物质作为载体。作为信息表达方式之一的数据，同样也是这样，任何数据都需要物质背景。数据反映的是物质及其关系的表态，或者可以说，数据是物质及其关系的反映，是以物质为基础的。

马克思主义哲学思想认为，物质决定意识，意识是客观事物在人脑中的反映，可以认为，

意识从属于物质。那么，数据作为一种信息，其以物质为载体，与物质、意识间的关系如何呢？事实上，数据作为反映物质现象的表征，从本质上来说，是人类利用自己的主观能动性对客观世界的一种设想，是人们用自己的意识并采用数量的描述方式来反映物质世界及其关系。就如康德所认为的：要想更好地认识世界和改造世界，就需要量、质、关系等多个范畴来对客观世界进行刻画，而数据则能够更好地描述和刻画这些多元化的范畴。舍恩伯格也认为：通过数据化，在很多种情况下，人们能全面采集和计算有形物质和无形物质的存在，并对其进行处理。

（二）数据具有客观实在性

如何对数据的客观实在性进行理解？以影子倒映在墙上来讲，尽管影子没有虚拟化的特征，如果把这些影子用一定的方式记录下来，那么人们所记录的这些影子便具有了一定意义上的客观实在性了。同理可推，数据作为事物的“影子”记录，其本身也具有客观实在性。大数据时代下，万事万物的状态可以用数据进行量化，那么这些数据记录就会停留下来，作为一种客观实在，成为世间物质运动存在的新方式。

二、大数据与认识论

人类的知识是随着时代的进步而不断更新的。过去由于认识技术和数据处理供给的现实，人们大多采取“化整为零”的方式，将研究的现象进行分割，通过研究各部分个体，进而找出其发展规律。在大数据时代下，通过大数据挖掘所产生的新兴的“大数据归纳法”，通过云计算等数据挖掘技术让“数据发声”，来探寻事物发展的规律和价值信息，同时利用新的数据规律对传统的因果规律进行补充等，使人们对事物的传统认识方式发生了重大的变革。

在数字化时代下，数据处理变得更加容易、更加快速，人们若想实现瞬间处理成千上万的数据，关键在于发现和理解信息内容及信息与信息之间的关系。所以，在大数据时代，人们的认识和思维要随着时代的改变而改变。

三、大数据时代的三大转变

大数据时代的到来改变了人们的生活方式和思维模式。从哲学的角度来讲，大数据时代，通过全部数据来进行判断的整体论，实现了还原论与整体论的融合；通过接收数据的纷繁复杂，体现万事万物联系的多样性和特殊性；通过关注事物间的相关性来凸显事物的存在性比因果性更重要。

（一）大数据时代的全数据模式

在大数据时代，第一个思维转变是分析与某事物相关的所有数据，而不是少量的样本数据。很长时间以来，受记录、存储和分析数据的工具等所限，为了让分析变得简单，人们会把数据量尽可能缩减到最少，依据少量数据进行分析，而准确分析大量数据一直都是一种挑战。如今，信息技术的条件已经有了非常大的提高，虽然人类可以处理的数据依然是有限的，但是可以处理的数据量已经大大地增加，而且未来会越来越多。

过去，由于数据采集、数据存储和处理能力的限制，随机采样取得了巨大的成功，成为现代社会、现代测量领域的"主心骨"。但这只是在过去的条件下的一条捷径，是在不可收集和分析全部数据的情况下的选择，它本身存在许多固有的缺陷。统计学家证明：采样分析的精确性随着采样随机性的增加而大幅提高，但与样本数量的增加关系不大。虽然听起来很不可思议，但事实上，研究表明，当样本数量达到了某个值之后，人们从新个体身上得到的信息会越来越少，就如同经济学中的边际效应递减一样。

随机采样的成功依赖于采样的绝对随机性，但是实现采样的随机性非常困难。一旦采样过程中存在任何偏见，分析结果就会相去甚远。更糟糕的是，随机采样不适合考察子类别的情况。因为一旦继续细分，随机采样结果的误差会大大增加。因此，当人们想了解更深层次的细分领域的情况时，随机采样的方法就不可取了。在宏观领域起作用的方法在微观领域失去了作用。随机采样就像是模拟照片打印，远看很不错，但是一旦聚焦某个点，就会变得模糊不清。同时随机采样需要严密的安排和执行。人们只能从采样数据中得出事先设计好的问题的结果。所以虽说随机采样是一条捷径，但它并不适用于一切情况，因为这种调查结果缺乏延展性，即调查得出的数据不可以用来达成原计划之外的目的。

采样的目的是用最少的数据得到最多的信息，而当人们可以获得海量数据时，采样就没有什么意义了。如今，计算和制表不再像过去那样困难。感应器、手机导航、网站点击和微信等被动地收集了大量数据，而计算机可以轻易地对这些数据进行处理。数据处理技术已经发生了翻天覆地的改变，但人们的方法和思维却没有跟上这种改变。采样忽视细节考察的缺陷现在越来越难以被忽视了。在很多领域，从收集部分数据到收集尽可能多的数据的转变已经发生了，如果可能的话，用户会收集所有的数据，即"样本—总体"。

比如谷歌流感趋势预测不是依赖于随机样本，而是分析了全美国几十亿条互联网检索记录。分析整个数据库，而不是其中一个小样本，这样能够提高微观层面分析的准确性，甚至能够推测出某个特定城市的流感状况。所以，人们现在经常会放弃样本分析这条捷径，选择收集全面而完整的数据。这样就需要足够的数据处理和存储能力，也需要较先进的分析技术。同时，简单廉价的数据收集方法也很重要。过去，这些问题中的任何一个都很棘手。因为在一个资源有限的时代，要解决这些问题需要付出很大的代价。但是现在，解决这些难题已经变得容易得多。在某些特定的情况下，人们依然可以使用样本分析法，但这不再是分析数据的主要方式。

（二）接受数据的混杂性

大数据时代的第二个思维转变是要乐于接受数据的纷繁复杂，而不再一味追求其精确性。在越来越多的情况下，使用所有可获取的数据变得更为可能，但为此也要付出一定的代价。数据量的大幅增加会造成结果的不准确，与此同时，一些错误的数据也会混进数据库。然而，在大数据时代，人们不能认为这些问题是要竭力避免的，而是要学会接受它们。

一是允许不精确。对“小数据”而言，最基本、最重要的要求就是减少错误，保证质量。因为收集的信息量比较少，所以必须确保记录下来的数据尽量精确。无论是确定天体的位置还是观测显微镜下物体的大小，为了使结果更加准确，很多科学家都致力于优化测量的工具。在采样的时候，对精确度的要求就更高、更苛刻了。因为收集信息有限，就意味着细微的错误会被放大，甚至有可能影响整个结果的准确性。

历史上很多时候，人们会把通过测量世界来征服世界视为最大的成就。事实上，对精确度的高要求始于13世纪中期的欧洲。那时候，天文学家对时间、空间的研究采取了比以往更为精确的量化方式，用历史学家阿尔弗雷德·克罗斯比的话来说就是“测量现实”。后来，该测量方法逐渐被运用到科学观察、解释方法中，体现为一种进行量化研究、记录，并呈现可重复结果的能力。伟大的物理学家开尔文勋爵曾说过：“测量就是认知。”这已成为一条至理名言。同时，很多数学者以及后来的精算师和会计师都发展了可以准确收集、记录和管理数据的方法。

然而，在不断涌现的新情况中，允许不精确数据的出现已经成为一个亮点，而非缺点。因为放松了容错的标准，人们掌握的数据也多了起来，还可以利用这些数据做更多新的事情。这样就不是大量数据优于少量数据那么简单了。

同时，人们需要与各种各样的混乱做斗争。简单地说就是随着数据的增加，错误率也会相应增加。在整合来源不同的各类信息时，因为它们通常不完全一致，所以也会加大混乱程度。混乱还可以指格式的不一致性，因为要达到格式一致，就需要在进行数据处理之前仔细地清洗数据，而这在大数据背景下很难做到。当然，在萃取或处理数据时，混乱也会发生。比如，你要测量一个葡萄园的温度，但是整个葡萄园只有一个温度测量仪，那你就必须确保这个测量仪是精确的，而且能够一直工作。反过来，如果每100棵葡萄树就有一个测量仪，有些测试的数据可能会是错误的，可能会更加混乱，但众多的读数合起来就可能提供一个较准确的结果。因为这里面包含了更多的数据，而它不仅能抵消掉错误数据造成的影响，还能提供更多的额外价值。

可见，为了获得更广泛的数据而牺牲了精确性，可能会看到很多以前无法被关注到的细节。或者为了高频率而放弃精确性，结果却观察到了一些本可能被错过的变化。因此在很多情况下，与致力于避免错误相比，对错误的包容可能会带给人们更多好处。

二是设计新的数据库。传统的关系数据库是为小数据时代设计的，所以能够也需要仔细设计。在那个时代，人们遇到的问题无比清晰，数据库被设计用来有效地回答这些问题。

传统的数据库引擎要求数据高度精确和准确排列。数据不是单纯地被存储，它往往被划分为包含“域”(字段)的记录，每个域都包含了特定种类和特定长度的信息。预设场域显示的是数据的整齐排列。最普遍的数据库查询语言是结构化查询语言(SQL)。但是，这种数据存储和分析的方法越来越和现实相冲突。我们发现，不精确已经开始渗入数据库设计这个最不能容忍错误的领域。我们现在拥有各种各样、参差不齐的海量数据。很少有数据完全符合预先设定的数据种类。而且，我们想要数据回答的问题，往往会在我们收集和处理数据的过程中产生。这些现实情况导致了新的数据库设计的诞生。

近年的大转变是非关系型数据库的出现，它不需要预先设定记录结构，允许处理超大量五花八门的数据。因为结构多样性，这些数据库设计被要求更多的是处理和存储资源。帕特·赫兰德是来自微软的世界上最权威的数据库设计专家之一，他把这称为一个重大的转变。

最能代表这个转变的，就是 Hadoop 的流行。Hadoop 是与谷歌的 MapReduce 系统相对应的开源式分布系统的基础架构，它非常善于处理超大量的数据。通过把大数据变成小模块，然后分配给其他机器进行分析，实现了对超大量数据的处理。它预见到硬件可能会瘫痪，所以在内部建立了数据的副本，还假定数据量之大导致数据在处理之前不可能整齐排列。

典型的数据分析需要经过“萃取、转移和下载”这样一个操作流程，但是 Hadoop 不拘泥于这样的方式。相反，它假定了数据量的巨大使得数据完全无法移动，所以人们必须在本地进行数据分析。Hadoop 的输出结果没有关系型数据库输出结果那么精确，不能用于完成卫星发射、开具银行账户明细这种精确度要求很高的任务。但是对于不要求高度精确的任务，它就比其他系统运行得快很多，比如说把顾客分群，然后分别设计不同的营销活动。

信用卡公司使用 Hadoop，能够将处理两年内 730 亿单交易所需的时间，从一个月缩减至仅仅 13 分钟。这样大规模处理时间上的缩减足以变革商业了。也许 Hadoop 不适合正规记账，但是当可以允许少量错误的时候它就非常实用。

（三）突出数据的相关性而不是因果性

在传统观念下，人们总是致力于找到一切事情发生背后的原因。然而在很多时候，寻找数据间的关联并利用这种关联就足够了。这就是大数据时代的第三个思维变革——关注事物的相关关系。

1. 关联物是预测的关键

相关关系通过识别有用的关联物来帮助我们分析一个现象，而不是通过揭示其内部的运作机制。当然，即使是很强的相关关系也不一定能解释每一种情况，比如两个事物看上去相似，但很有可能只是巧合。相关关系没有绝对性，只有可能性。也就是说，不是亚马逊推荐的每本书都是顾客想买的书。但是，如果相关关系强，一个相关链接成功的概率是很高的。

通过找到一个现象的良好的关联物及相关关系可以帮助我们捕捉现在和预测未来。如果 A 和 B 经常一起发生，我们只需要注意到 B 发生了，就可以预测 A 可能也发生了。这有助于我们捕捉可能和 A 一起发生的事情，即使我们不能直接测量或观察到 A。更重要的是，它还可以帮助我们预测未来可能发生什么。当然，相关关系是无法预知未来的，只能预测可能发生的事情。但是，这已经极其珍贵了。

2. 探求“是什么”，而不是“为什么”

在小数据时代，相关关系分析和因果分析都不容易，耗费巨大，都要从建立假设开始，然后进行实验——这个假设要么被证实要么被推翻。但是，由于两者都始于假设，这些分析就都有受偏见影响的可能，极易导致错误。与此同时，用来做相关关系分析的数据很难得到。

另外，在小数据时代，由于计算机能力的不足，大部分相关关系分析仅限于寻求线性关系。而事实上，实际情况远比我们所想象的情况要复杂。经过复杂的分析，我们能够发现数据的“非线性关系”。

大数据时代，专家们正在研发能发现并对比分析非线性关系的技术工具。一系列飞速发展的新技术和新软件也从多方面提高了运用相关关系分析工具发现非因果关系的能力。这些新的分析工具为我们提供了一系列新的思路，我们看到了很多以前不曾注意到的联系，还掌握了以前无法理解的复杂技术和社会动态。但最重要的是，通过相关关系去探求“是什么”而不是“为什么”，可以帮助我们更好地了解这个世界。

3. 通过因果关系了解世界

传统情况下，人类通过因果关系了解世界。

首先，我们的直接愿望就是了解因果关系。即使无因果联系存在，我们还是会假定其存在。研究证明，这只是我们的认知方式，与每个人的文化背景、生长环境以及教育水平关系不太大。当我们看到两件事情接连发生的时候，我们会习惯性地从因果关系的角度来看待它们。

卡尼曼指出，平时生活中，由于惰性，我们很少慢条斯理地思考问题，所以快速思维模式就占据了上风。因此，我们会经常臆想出一些因果关系，最终导致了对一些事情的错误理解。

父母经常告诉孩子，天冷时不戴帽子和手套会感冒。然而，事实上，感冒和穿戴之间可能没有直接的因果关系。有时，我们在某个餐馆用餐后肚子痛了的话，就会自然而然地觉得这是餐馆食物的问题，以后可能就不再去这家餐馆了。事实上，我们肚子痛也许是其他原因。然而，快速思维模式使我们直接将其归于任何我们能在第一时间想起来的因果关系中，因此，有时会导致我们做出错误的决定。

与常识相反，经常凭借直觉而来的因果关系并没有帮助我们加深对这个世界的理解。很多时候，这种认知捷径只是给了我们一种自己已经理解的错觉。

在小数据时代，很难证明由直觉而来的因果联系是错误的。现在，情况不一样了。将来，大数据之间的相关关系，可能会用来证明直觉的因果联系是错误的。总之，我们的快速思维模式可能会遭受各种各样的现实考验。

不像因果关系，相关关系的实验耗资少，费时也少。与之相比，分析相关关系，我们既有数学方法，也有统计学方法，同时，数字工具也能帮我们准确地找出相关关系。

相关关系分析本身意义重大，同时它也为研究因果关系奠定了基础。通过找出可能相关的事物，我们可以进行进一步的因果关系分析，如果存在因果关系的话，我们再进一步找出原因。这种便捷的机制通过实验降低了因果分析的成本。同时我们也可以从相互联系中找到一些重要的变量，将这些变量用到验证因果关系的实验中去。

在大多数情况下，一旦我们完成了对大数据的相关关系分析，而又不再满足于仅仅知道“是什么”时，就会继续向更深层次去研究因果关系，找出背后的“为什么”。

因果关系还是有用的，但是它将不再被看成是意义来源的基础。在大数据时代，即使很多情况下，我们依然指望用因果关系来说明我们所发现的事物或事件之间的相互联系，但是，我们知道因果关系只是一种特殊的相关关系。相反，大数据推动了相关关系分析。相关关系分析通常情况下能取代因果关系起作用，即使不可取代，也能指导因果关系起作用。

第二节 大数据技术的发展与作用

一、大数据技术的发展

大数据技术是新一代能够快速地采集、处理和分析数据的技术，它可以在数以万计的数据中选择有价值的信息，而且运行成本比较低。大数据技术的发展以及广泛应用，让大家能够更简单、方便、快捷地处理数据，从而可能改变很多行业的商业模式。具体而言，大数据技术的发展可以分为以下几个方向：

（一）大数据采集与预处理方向

大数据的数据多种多样，包括数据库中的数据、文本、图片、视频等各类结构化、非结构化及半结构化数据，这些数据的质量存在较大的差异，这就会给数据的可用性带来较大的困难。因此，大数据处理的第一步是从数据源采集数据并进行预处理操作，为后续流程提供统一的高质量的数据集。

（二）大数据存储与管理方向

大数据的数据量是巨大的，这给存储和管理带来了问题，如存储规模大、管理复杂等。为了降低数据的存储成本，通常采用分布式架构来存储大数据。

数据存储与大数据应用密切相关，部分实时性要求较高的应用，如状态监控，更适合采用流处理模式，直接在清洗和集成后的数据上进行分析；而大多数应用则需要存储，以支持后续更具深度的数据分析流程。

（三）大数据计算模式方向

因为大数据处理多样性的要求，现在已经出现了多种典型的计算模式，涉及的内容众多，例如，大数据查询分析计算或批处理计算、流式计算或迭代计算、图计算和内存计算等，当然也可以将这些计算模式结合起来，这对大数据处理具有重要的意义。

（四）大数据分析与挖掘方向

在数据分析与处理方面，主要涉及的技术包括语义分析与数据挖掘等。由于大数据环境下数据呈现多样化特点，所以对数据进行语义分析时，较难统一术语进而挖掘信息。随着大数据的应用越来越广泛，数据也随之迅速地增长，数据的分析与挖掘技术也越来越复杂。

现在大数据可以进行自动化分析。为了满足用户对自动化分析越来越高的要求，工程师们开发了许多大数据分析工具和产品。

（五）大数据可视化分析方向

大数据可视化技术是利用计算机图形学和图像处理技术，将数据转换成图形或图像在屏幕上显示出来，并进行交互处理的理论、方法和技术。针对众多繁杂的数据信息进行可视化分析，能够帮助决策者发现数据挖掘的价值，推动大数据的发展。针对可视化分析，现在许多公司都在进行研究，致力于将可视化分析与数据结合在一起，随后众多相关产品也会应运而生。

（六）大数据安全方向

科学技术是一把双刃剑，大数据所引发的安全问题与其带来的价值同样引人注目。大数据量的迅速增长也带来了数据的安全问题。一方面因为数据众多，传输或存储过程中可能导致数据篡改、丢失或损坏；另一方面因为大数据中有一些有价值的数据，容易泄露或被窃取。当我们利用大数据进行数据分析与挖掘来获取商业价值时，可能会引起黑客的注意，从而攻击截取相应的信息。所以，大数据的安全应该是大家非常关心的话题，可以利用文件访问控制去限制对数据的操作、基础设备加密、匿名化技术和加密保护技术等，最大限度地保护数据安全。

二、人工智能与会计

（一）人工智能的起源

什么是人工智能？目前并没有一个公认的定义。早在1950年，图灵就发表了一篇题为"计算机器与智能"的文章，设计了测试机器是否具有智能的模拟游戏，即通过人与机器用打字机对话，看人是否能判断对方为机器，如果不能，则说明机器具有智能，这被后人称为"图灵测试"，为现代计算机的逻辑工作方式奠定了基础。基于图灵对人工智能所做的贡献，他被尊称为"人工智能之父"。

虽然对于什么是人工智能没有公认的定义，但AI一词的正式提出则公认是在1956年的达特茅斯会议上，因此称1956年为人工智能元年。达特茅斯会议的召集者是麦卡锡，时任达特茅斯学院数学系助理教授，他给这个会议起的名字为"人工智能夏季研讨会(Summer Research Project on Artificial Intelligence)"。参加该研讨会的重量级人物包括明斯基、香农、纽厄尔、西蒙、塞弗里奇、塞缪尔和伯恩斯坦等。纽厄尔和西蒙在研讨会上报告了一款名为"逻辑理论家"的程序（这是一个可实际运行的程序）。他们的报告后来成为AI历史上最重要的文章之一，由此创建了人工智能的重要流派——符号派。现在大家普遍认为"人工智能"一词是由麦卡锡提出的，但麦卡锡则说该词最早是从别人那听来的，至于是谁，已无法考证。与"人工智能"相关的提法有机器智能(Machine Intelligence)、人工思维(Artificial Thinking)、思维过程机械化(Mechanization of Thought Process)等。

(二)人工智能的发展

谷歌人工智能专家弗朗索瓦·肖莱将人工智能定义为“将认知过程自动化的所有尝试”。它是计算机科学的一个分支,其发展与计算机科学及技术发展紧密相连。近年来互联网的兴起及其产生的海量数据助推人工智能在深度学习领域取得了突破性进展。

在普通大众的认知里,通常会把人工智能看作很高深的东西,认为无人驾驶汽车、机器人、机器翻译、人脸识别等才属于人工智能的范畴,但这其实是误解,是将人工智能与深度学习画上了等号,然而人工智能涵盖的内容远不止这些,它是一个综合性的领域,不仅包括了机器学习(深度学习是机器学习的一个分支),还包括了自然语言处理等。

人工智能的发展总体来看是波浪式的。20 世纪 60～80 年代,专家系统得到了较好的发展,包括开发了模拟心理治疗专家的人工智能软件、帮助化学家判定物质分子结构的专家系统、帮助医生诊断传染性血液病的专家系统,以及应用于企业订单处理的专家配置系统等。

20 世纪 80 年代,神经网络研究兴起,物理学家约翰·霍普菲尔德提出了一种新的神经网络模型,引入能量函数概念,用于联想记忆和求解最优化问题;杰弗里·辛顿等提出了反向传播算法,避免了重复子表达式的指数爆炸,大幅降低了训练神经网络所需的时间。

20 世纪 90 年代以来,人工智能在机器视觉、数字识别、图像分类、自然语言处理、无人驾驶等领域取得了突破性进展。在下棋方面则产生了轰动效应,1997 年 IBM“深蓝”战胜了国际象棋世界冠军卡斯帕罗夫,2016 年谷歌 AlphaGo 战胜了围棋世界冠军李世石。

中国人工智能发展已经得到国家层面上的肯定与支持。纵观国家出台的政策规划,人工智能不仅是国家高度重视的技术发展领域,更是促进经济发展的新动力,增强国家竞争力的新重点,保障民生的新工具。在国家及社会各界积极推进下,有了丰厚的研发投入,有了高水平的技术人才储备,有了足够的经费支持,中国人工智能正在迅速发展,并会进入一个蓬勃发展的新时期,其开发和应用也一定是促进国家飞速发展、实现城市智能化、社会现代化的关键要素。

人工智能之所以近年来能取得突破性进展,与互联网兴起产生的海量数据、各种算法的改进,以及人工智能开发语言与工具的助力密不可分。未来人工智能会发展到哪一步,真的会迎来人和机器人共存的时代吗?如何在享受人工智能给我们带来便利的同时杜绝或减轻人工智能给我们带来的伤害?如何将良知注入机器人内核?这些都是需要进行深入思考的问题。

(三)人工智能技术走势

根据智能技术生成研究机构高德纳(Gartner)的跟踪数据,将人工智能技术分为四类:一是以数据为中心,包括合成数据、知识图谱、数据标注和注释;二是以模型为中心,包括基于物理信息的 AI、因果 AI、复合型 AI、生成式 AI、基础模型和深度学习;三是以应用为中心，包括 AI 工程化、决策智能、运营 AI 系统、ModelOps、AI 云服务、智能机器人、自然语言处理、自动驾驶汽车、智能应用和计算机视觉；四是以人为中心，包括 AI 信任、风险与安全管理、负责任 AI、数字伦理，以及 AI 创客与教学套件。

Gartner 预测人工智能技术被主流普遍应用的进度，将其分为四个阶段，具体如图 2-1 所示。

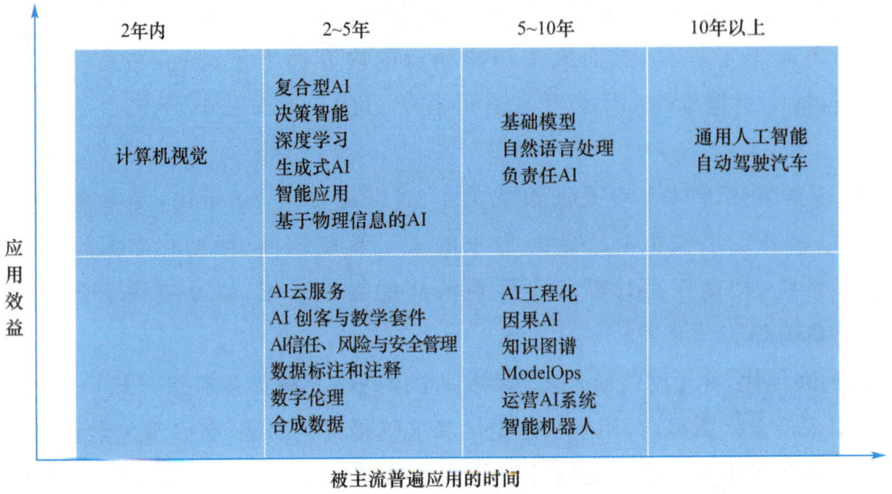

图 2-1　人工智能技术应用趋势

（四）人工智能与会计的结合

人工智能目前已广泛应用于服务业、工业、农业、金融业和医药等行业，在替代人类从事体力劳动、将人从琐碎的重复性工作中解脱出来方面取得了有目共睹的成绩，并正往深度替代人的方向发展。目前，国际“四大”会计师事务所均开发了财务机器人，主要用于处理一些耗时的程序化的工作；少数企业实现了财务的智能化处理，但在深度学习与会计的结合方面探索与实践之路还很漫长。

（五）会计智能化是会计发展的必然选择

纵观会计的发展史，会计始终在适应经济发展的过程中不断突破自我，反过来又促进经济的发展。总体来看，会计发展史上有两个重要的里程碑事件：一个是复式簿记（复式记账法）的产生；另一个是现代会计形成了两大分支，即财务会计和管理会计。目前智能会计的形成有望成为第三个里程碑事件。会计智能化是人工智能时代到来后会计生存与发展的必然选择。

1. 复式簿记的产生

复式簿记对会计的影响是深远的，它以严谨性与科学性经受住了时间的考验并沿用至今。谈到复式簿记，有一个人需要被永远铭记，这个人就是卢卡·帕乔利（又译为卢卡·巴其阿勒）。他把复式簿记写成文字得以流传至今，但需要说明的是，卢卡·帕乔利是复式簿记的记录者和总结者，而不是复式簿记的创造者。

卢卡·帕乔利于 1494 年出版了一部《算术、几何、比及比例概要》的数学专著，里面有章节专门介绍了复式簿记，这是人类最早关于复式簿记的文献。

复式簿记的演变，从萌芽到接近完备，经历了几百年。这一演变过程发生在中世纪的意大利商业城市(如威尼斯、热那亚、佛罗伦萨)。当时，地中海沿岸某些城市的商业和手工业发展很快，出现了马克思所说的“资本主义生产的最初萌芽”。发达的商品经济，特别是地中海沿岸某些城市中十分活跃的商业(包括海上贸易)和银钱兑换业，都迫切要求从簿记中获得有关经济往来和经营成果的重要信息。经过一段孕育时期以后，簿记的方法终于取得了重大突破，科学的复式簿记法诞生了。

复式簿记在记录经济业务时有严密的逻辑，能反映经济业务的来龙去脉，历经几百年，至今仍然是现代财务会计的基石。

2. 现代会计两大分支的形成

随着经济的不断发展，企业经济业务日益复杂，对会计有了更高的要求，由此导致会计的外延不断拓展，已经不再局限于记账和算账，还需满足企业内部经营管理的需要，为企业提升经营效率和经营效果服务。从而管理会计从传统会计中分离出来，形成了现代会计的两大分支——财务会计和管理会计。财务会计主要为外部利益相关者提供了解企业财务状况、经营成果和现金流量的信息；管理会计主要是综合利用财务信息与非财务信息，为企业的价值增值和价值创造提供决策支持，是以提高企业经济效益为最终目的的会计信息处理系统。

学界和实务界常常有财务会计与管理会计哪个更重要的争论，事实上这样的争论并无现实意义，因为两者具有不同的职能和作用，无法相互替代，且缺一不可。没有财务会计，外界就无法了解企业，管理会计的职能也无从发挥，因为管理会计依赖财务会计生成的信息；没有管理会计，会计人员的价值和地位将大打折扣，如果只会记账和算账，缺乏综合利用财务信息和非财务信息为企业价值创造和价值增值提供决策支持的能力，那么财务部门在企业中发挥的作用就非常有限，所做的贡献也非常有限，在企业的地位自然也就不高。

3. 智能会计时代的到来

近年来，随着人工智能的蓬勃发展与广泛应用，我们的工作、生活和学习已发生了非常大的变化，买东西不需要逛实体店在网上即可实现，需要信息直接网上搜索，路上看到不知名的花草用 App 扫一下就会知道是什么……当然，人工智能给我们带来便利的同时也在一定程度上侵犯了我们的个人隐私，我们的一言一行都可能是大数据收集的对象。

人工智能对会计的冲击一度让会计界觉得恐慌。在这一年，“人工智能”入选“中国媒体十大流行语”，各种关于“会计职业会消失”“会计岗位会被取代”的传言甚嚣尘上。当一个新事物出现的时候，往往会带来过度反应，之后则回归理性。会计界在深入了解人工智能后，得出的结论是人工智能不可能完全取代会计，会计职业不会消失，但会计确实需要做出改变，由此进入了会计与人工智能融合的智能化阶段。在人工智能时代，会计需拓展自己的边界，找到与人工智能的结合点，让人工智能赋能会计。目前会计与人工智能的结合还处于初级阶段，未来还需不断进行深度融合。

(六)会计与人工智能相结合的路径

会计与人工智能结合、让人工智能赋能会计的前提条件是找到两者的结合点，而要找到两者的结合点，必须解决以下几个问题：一是了解人工智能能做什么和不能做什么；二是分析会计工作中有哪些可以借助人工智能来完成，哪些是需要财会人员自己去完成的；三是确定可以借助何种计算机编程语言来实现。在找到人工智能与会计的结合点，以及确定可以借助何种编程语言实现后，就可以开展研究与实践，实现两者有针对性的融合。

1. 人工智能能做什么

人工智能涉及的学科除了计算机科学与技术，还包括哲学、生物学、统计学、数学、心理学，甚至是伦理学，当然最终需落实到编程和算法。人工智能能干什么？现代逻辑的奠基人之一罗素曾说，我相信演绎逻辑里的所有事，机器都能干；人工智能专家雷纳特认为“智能就是一千万条规则”。理论上来说，所有人类能做的工作，只要是有规律可循的，都可以借助于人工智能来完成。机器的智能能达到什么高度归根到底取决于人类的认知水平和智慧，人类是机器的主人，是人类操控机器使其为人类服务的。人工智能就像人手里的武器，它让人有更大的威力，但不同的人使其发挥的威力是不一样的，然而不管怎样这个武器始终掌握在人的手里，我们在使其发挥威力的同时如何不误伤自己？这就需要人类在发展人工智能时确保其恪守伦理道德，不让其作恶。

2. 人工智能不能做什么

机器能像人那样自主思考吗？答案是否定的，机器并不能像人那样思考，无法用与人类相似的方式理解它。它只能进行局部泛化，而无法像人那样实现极端泛化。也就是说，人对于图像、声音和语言等的理解是基于自身的感觉运动体验的，人可以将已知的概念融合在一起，来表达全新的体验，这种能力将人的心智模型空间扩展到远远超过人能够直接体验的范围，让人能够进行抽象和推理，然而机器学习模型只能适应与过去数据类似的新情况。机器能自主产生情感吗？当然不能，如果机器有情感，那也是人在编程中赋予它的。我们现在进行自然语言分析时所做的情感分析，是建立在人类自建的情感词典基础之上或通过机器学习用模型训练出来的。

3. 人工智能如何与会计结合

人工智能如何与会计结合？回答这个问题首先要深入分析会计领域有哪些工作，这些工作有哪些是有规律可循、可以进行逻辑推演的。

现代会计分为财务会计和管理会计，如果再拓展一下，可以将审计也纳入进来。可以说，财务会计从原始凭证开始到生成报表结束的绝大部分工作都是程序化工作，除了初始环节根据原始凭证编写记账凭证要用到职业判断外，其他环节的很多工作都可以实现自动化处理。

初始环节是否也可以实现自动化处理呢？这里就涉及对原始单据的读取和理解问题，如果原始单据格式是标准化的，那么批量自动化读取是可以实现的。另外，根据原始单据编制记账凭证涉及借贷方会计科目的判断问题，如果是企业已经发生过或预知会发生的经济业务，则可以预先做好模板直接调用，因此是可以实现自动化账务处理的，但对于非常规的经济业务，即企业在过去从未发生过，也未曾预料到的经济业务，则需人工操作。此外，如果会计准则中关于经济业务的会计处理规定发生了变化，也需要会计人员根据变化相应地调整模板。财务报表审计中很多审计程序的实施可以通过编程进行智能化处理，如函证、重新计算、分析性程序等，未来还可借助人工智能，突破人力和时间的局限，实施详细审计，有效消除抽样风险。对于管理会计和财务管理工作，像预测、决策、预算等涉及大量复杂计算的工作均可以交由计算机处理，一些能够进行逻辑推导的分析工作也可通过编程解决。

总体而言，人工智能的广泛应用将大大减轻财会人员从事核算型、程序化工作的负担，使他们有更多的精力从事更高层面、更具价值的工作。

（七）Python 是助力财会人员提升价值的利器

要实现人工智能与会计的融合，掌握一门计算机编程语言是必要的，目前流行的计算机编程语言有 Java、Python、C、C++等。在 IEEE Spectrum 发布的 2021 年度编程语言排行榜中，Python、Java、C、C++和 JavaScript 位居排行榜的前 5 位。值得注意的是，Python 已经连续 5 年被选为最受欢迎编程语言之一、工作环境中需求最大的编程语言之一等。

Python 如此受欢迎与其具有的众多优势特征是分不开的。首先，相较于其他编程语言，Python 更加简洁，对使用者更友好，比较容易上手；其次，它具有很强的包容性，是一种“胶水语言”，可扩展性好，在数据处理与加工、深度学习方面具有不可比拟的优越性；最后，Python 拥有活跃的开发者社区，很多开发者都会在社区分享自己开发的代码和资源，很多问题都可以在线寻求帮助，或者通过搜索得到解决。

财会人员从事的工作很多都是核算型工作，或者数据分析的工作，手工计算不仅费时费力，还容易出错。目前常用的 excel 虽能够帮助财会人员完成很多计算性的工作，甚至可以实现简单的可视化，但与 Python 相比，则逊色太多。因为 Python 具有强大的数据计算与分析模块，如 NumPy、Pandas，还可以方便地调用大量第三方库，相对于其他编程语言，其代码也更加简洁，不仅可以实现计算与分析，还能进行财务预测、期权估值、内含报酬率的计算、财务指标的计算、发票的批量读取、自然语言分析等。这些功能可以助力财会人员高效、快捷地工作，将财会人员从繁重的低价值、高消耗的工作中解脱出来，从而有更多的时间和精力从事更有价值和更高层次的工作。

（八）人工智能时代需要什么样的财会人员

财政部于 2021 年 12 月 30 日发布了《关于印发〈会计信息化发展规划（2021—2025 年）〉的通知》（财会〔2021〕36 号），在规划中多次提到会计数字化转型，提出“通过将零散的、非结构化的会计数据转变为聚合的、结构化的会计数据要素，发挥其服务单位价值创造功能，是会计工作实现数字化转型的重要途径”“打造懂会计、懂业务、懂信息技术的复合型会计信息化人才队伍”。

目前，传统核算型财会人员已不能适应社会经济发展的需要。财政部在《会计信息化发展规划（2021—2025 年）》中明确要求财会人员需培养会计信息化和会计数字化转型的能力。未来的财会人员，不仅需要有扎实的专业知识，还需懂信息技术和计算机编程语言，知道如何利用信息技术和编程语言赋能会计，提升自身为单位创造价值的能力。作为财会人员，要有前瞻性，要以开放的心态拥抱新生事物，应主动了解人工智能和学习相关知识，只有知己知彼，方能百战不殆。当财会人员深刻认识到人工智能可以做什么、不可以做什么时，就可以将未来的工作方向定位在做人工智能不能做的事情上。人无远虑，必有近忧。知识若不能与时俱进，则终将被社会淘汰。财会人员不仅要适应时代发展需求，更要做时代发展的推动者，为国家建设和社会进步做出自己应有的贡献。

三、大数据技术在财务管理中的作用

伴随大数据时代的到来，大数据在财务管理中的应用引发了人们的思考。在特许公认会计师公会（ACCA）和美国管理会计师协会（IMA）最近开展的调查中，有 76%的亚太地区受访者和 62%的全球范围受访者认为大数据对企业未来极其重要，能使有远见卓识的企业超越其竞争对手。企业可以收集到的数据量和数据种类快速增长，为其决策提供了一个潜在的信息宝库。组织、理解和分析大数据的能力成为企业进行重大投资的核心任务。因此，未来 5～10 年，财务人员应该思考大数据将如何影响商业世界、大数据应用给会计职业带来的机遇和挑战等根本性问题。

大数据的发展为财务行业带来了机遇。财务部门运用其分析技能，能够为高级管理层提供关于更多变量的实时动态，这将使它跃居企业战略核心位置。财务部门不应该仅限于提供年终报告，通过大数据的运用将拓展财务工作的范畴和职能。

（一）辅助传统会计工作

1. 账目核算

会计账目的核算十分复杂，在会计领域引入大数据技术能够辅助会计的账目核算。为了便于核算人员进行账目查找，将具体账目输入并储存在数据库中，利用数据中的计算系统对账目进行整体核算，可以将数据库设置成图表或者数据模式，采用各种先进技术对核算的账目进行排列。管理人员利用图表的整合方式，可对整个财务报表进行分析。

2. 账目数据存储

利用大数据的数据库可以对会计的账目数据进行存储。会计账目属于机密账目，需要建立企业专门的数据存储库，利用大数据进行存储，既能够保证账目存储的容量，同时还能保证账目的安全性。存储过程中能通过结构优化，将账目信息整合成有用的信息，提高信息的质量。

3. 会计数据的保护

在会计数据保护方面，以往采用的是文件夹和精密文件储存库进行会计账目的存储。当前利用大数据对数据库设置了专用访问者并对数据库进行加密，可以提高会计账目的安全性，能有效保证会计数据的机密性。通过数据库信息的整合系统能将零散的信息进行整合，而且可以将丢失的信息进行智能化恢复。对信息的评估功能提高了会计数据信息的可靠性，使信息数据的理解性得到较大提升。

4. 账目查询

在信息技术极不发达的年代，对账目的查询需要翻阅大量的账目记录本，这种工作十分烦琐，而且效率较低。随着大数据的运用，企业对会计账目进行数据存储，在查找过程当中只需输入具体查找的内容，直接查询即可。还可以通过内置技术对账目报表进行可视化的功能和图片分析，并且采用人工智能绘制整个账目核算报表的总体趋势曲线图。

(二)构建财务信息化管理平台

在大数据技术的应用之下，企业通过建立较系统完善的财务信息化管理平台，灵活引入财务管理智能化软件，采购相应的硬件设备，从而为财务管理工作者进行相关工作提供良好环境。例如，当前应用非常普遍的财务云信息化管理系统，可以让企业更好地实现财务共享、资金管理以及会计核算等，形成一个更加系统化的财务云平台，让财务管理人员能够真正开发和利用相关财务数据信息，推进财务管理工作标准化和规范化建设，为企业管理人员进行决策提供更加准确可靠的财务信息。

1. 财务共享服务

财务共享服务是财务转型的第一步，促进了财务组织与财务职能的再造。在共享服务的基础上，企业能够建立“三分天下”的财经管理体系：战略财务在集团层面发挥控制和管理职能，负责公司计划和政策的制定，为企业经营管理提供决策支持；业务财务深入业务单位，成为一支深入价值链的财务团队，为业务单位提供财务管理支持；共享服务中心处理企业的基础核算业务，为战略财务和业务财务提供支持。

财务云是一种基于财务共享服务的管理模式，它将分散、重复、大量的财务交易处理业务全面纳入共享服务中心进行集中处理，实现财务的标准化、专业化和流程化，完成财务的“工业化革命”，让分支机构的财务人员从财务的基础业务中解放出来，将更多时间和精力投入经营决策支持等更有价值的工作中去。

财务云最初是由中兴通讯、华为、海尔等大型集团公司根据多年海内外业务实践创建的“财务共享服务中心”发展起来的。其目的是通过互联网大数据实现财务共享、财务管理、资金管理三合一，并在企业中建立集中且标准化的财务云处理中心，进而使得会计核算、结算报销、资金管理、决策部署在整个集团企业中能够协同应用。

2. 融合新兴技术

财务共享服务完成了流程和组织的变革，实现了财务交易处理业务的集中化、规模化、流程化，为新兴技术的应用提供了实践场景，也推动了信息技术在财务领域的创新应用，比如：

依托云计算，财务云能够实现财务信息系统的云化部署：大型企业可以自建私有的云计算平台，将整个财务信息系统的功能集成在云计算平台中，任何财务业务操作都可以通过任何一个终端，在云计算平台上完成；中小企业可以采用公有云服务，无须自建财务信息系统，直接租用第三方企业提供的软件或服务(SaaS)，实现财务服务的按需使用。

采用“微服务＋数据中台＋接口平台＋配置平台＋监控平台”的设计理念搭建系统架构，实现财务系统和业务系统的全面连接，发挥企业财务中台的作用，建立数据采集和数据加工的数字化基础设施。

借助 OCR(光学字符识别)、智能审核、机器学习等技术来完成财务业务处理的智能化，财务云能够实现连通、高效、智能的目标；应用大数据挖掘、大数据分析、知识图谱等技术，使财务部门成为企业的财务大数据中心，形成“数字财务神经网络”，帮助企业在海量财务数据中挖掘有效信息，有效识别机会，预判风险。

3. 提供 5A 云服务

5A 云服务是中心财务云提供的概念，即任何时间(Anytime)、任何地点(Anywhere)、任何人(Anyone)都可以通过任何工具(Anydevice)获得任何财务服务(Anything)。无论身处何地，只需要相关财务信息、财务服务，任意一位用户都可以在相关财务系统中提出需求；用户不需要知道财务共享服务中心在哪里，也不用知道财务内部处理流程，只需提交自己的请求，就可以获得财务共享服务中心的相关信息和服务。

财务部门有许多利益相关者，包括员工、客户、供应商、股东以及企业外部的税务局、业务往来的银行、工商部门等，这些都是财务服务的对象。通过财务云的标准化和端到端的流程管理，借助新兴技术，企业能够低成本、高效率地为利益相关者提供 5A 财务云服务，比如报销、审核、开票、结算、税务等服务。财务云能够极大地提高财务业务处理效率，提升利益相关者对财务服务的满意度。

4. 建立大数据中心

财务云可以帮助企业建立财务与业务的广泛连接，使财务部门拥有采集大量数据的能力，还可实现大规模采集利益相关者的交互数据，具体包括：①国际经济发展趋势、国家宏观经济环境和货币政策等宏观数据；②企业所处行业未来发展、行业竞争态势等中观数据；③企业自身财务状况、上下游的客户和供应商状况、员工信息，甚至潜在的竞争者信息等微观数据。将这些数据糅合在一起，就构成了财务大数据，利用这些大数据协助企业经营发展，能够有效提高企业效率。

通过大数据中心对相关数据进行挖掘和分析，企业能够获取经营过程中的大量数据，这些数据经过处理后转化成有用的信息，沉淀为知识最终转化为财务决策信息。基于此，财务分析将从最小数据集向大数据转变，数字化、可视化地给利益相关者提供真正需要的信息，为企业内部相关部门提供财务数据服务，为管理层提供经营决策支持，为实现企业数字化赋能。

(三)推动财务管理工作体系创新

大数据应用有利于转变传统的财务管理目标,创新财务管理工作体系,实施更加集中的财务管理模式,优化整合内部资源,从而有效控制企业经营管理成本,促进内部控制实效性的提升,进而建立由战略、计划、预算以及绩效等多元素组成的一体化财务工作模式。

1. 财务管理部门架构的创新

大数据环境下应当设置独立的财务数据管理部门,组建财务管理委员会,促进大数据平台建设。在财务管理部门设置数据分析岗位,借助于大数据统计分析、数据挖掘技术等为企业带来更有价值的财务信息,促进财务部门和其他各部门的沟通协作。

2. 财务管理工作方式的创新

大数据的发展和运用,对企业财务管理工作方式产生了较大的影响。企业以大数据技术为支撑构建更加现代化的财务管理体系,运用数据挖掘技术对企业经营管理中的财务信息实施全方位的分析,可以推进财务管理信息化、智能化发展,对各个财务模块实施有效预测。

3. 财务数据处理工作方式的创新

大数据的发展和运用,对企业财务数据处理工作方式产生了较大的影响。大数据环境下,数据之间的关联性更加复杂化和多元化,这对现代财务工作提出了更高的要求。财务工作需要把数据处理工作真正纳入战略发展规划中来,抓好对数据的收集与分析工作,积极运用大数据技术开发数据的潜在价值。

第三节　大数据对会计的影响

一、大数据对财务会计的影响

大数据的应用对会计信息的呈现、获取、使用方式和质量产生了较大的影响,促使财务会计朝业财融合方向发展。

(一)大数据改变了会计信息的呈现、获取和使用方式

大数据的广泛运用,使得财务会计工作的重点由原先的编制凭证、记账、结账、编制报表等转向数据的收集、存储、加工、传递和查询。传统的会计信息建立在以历史成本对已发生的会计业务进行确认、计量的基础上,披露环节也以会计分期假设为前提,因此具有阶段性、后向性和专业性。这导致难以及时有效地利用会计信息进行企业经营管理决策或者投资决策。

大数据通过扩展会计数据的来源渠道，可以收集到海量、种类较多、实时变化的数据，基于此运用各种大数据技术实现对数据的及时处理、存储与分析，进而可以实现利用分析结果实时支持企业的经营管理决策。这将从根本上改变现有会计信息（如定期财务报告）很难支撑企业经营和投融资决策的局面。传统的会计时空观念将会被颠覆，企业内部业务部门和财务部门将会深度融合，可视化分析技术的深度运用将会降低会计信息的理解难度，改变会计信息的呈现、获取和使用方式。

（二）大数据使得会计信息更加多元充分

传统模式下，会计信息的使用者一般使用财务报表对企业的发展情况进行了解，但是这些片面信息并不能很好地满足决策时的需要。当前，面对激烈的市场竞争，企业决策者需要更加多元充分的相关会计信息，而海量数据的产生以及大数据处理技术的发展为满足这种需求提供了可能。

传统的会计信息主要属于结构化数据类型，相对容易分析，并且能够更好地被利用，但是大数据背景下的会计信息主要是非结构化数据类型，包括来自企业内部的财务数据和非财务数据，以及外部的宏观经济形势和微观个体经济行为数据等。大数据技术能够将这些多元数据进行充分整合，分析和挖掘数据之间的相关性，为企业低成本，高效率地提供更加丰富有效的会计信息，帮助企业更加科学地进行管理和决策。

（三）大数据使得会计信息更加准确

在传统的财务会计工作中，主要是通过凭证、账簿、报表核算和记录企业的会计信息。一方面，在数据的整理和传递中容易出现错误，从而导致输出的会计信息出现偏差；另一方面，传统财务会计受数据来源的限制，在会计要素的确认和计量中，需要大量的会计估计和预测，例如公允价值计量、折旧摊销年限、计提准备等，容易被人为当作操纵利润的工具，从而影响会计信息质量。随着大数据时代的来临以及相关技术的发展，企业能够获取海量数据并高效地进行各种会计信息处理，这使得会计信息相互之间能够印证和关联，从而使得会计信息更加准确。

从具体行为而言，企业的经营管理可以细分为财务信息预测、资金运作分析决策、资金运行控制与资金运行结果评价等过程，每一个过程都会产生大量的会计信息，需要进行分门别类的收集和汇总。这些海量数据的收集，单凭手工是无法完成并保证数据质量的，因为大数据时代下会计数据呈几何级增长，只有充分利用大数据技术才能完成这项工作，提升会计信息数据收集的精确性。

（四）大数据促使财务会计朝业财融合方向发展

在传统的会计理论和实践中，会计是对企业各类业务活动过程和结果的如实反映。新一代信息技术的发展与应用使得企业经营管理实现全面信息化和数字化，即会计信息将直接来源于各种业务数据的加工处理。因此，当前的财会工作内容变成企业相关数据的收集、处理、分析和管理，其工作范畴延伸到企业的计划、供应、生产、销售等各个经营环节。业务人员在企业的各个信息系统中进行相关业务处理时，传统意义上的会计记录工作就完成了。

在大数据时代下，基于大数据平台，财会人员可以实时采集企业内外部的各类财务数据和业务数据，对业务的风险和结果进行评价与预测，进而支撑企业的经营管理决策。由此可见，大数据环境下传统意义上的会计与管理的边界事实上早已经突破，财务会计和业务的融合是大势所趋。

二、大数据对管理会计的影响

管理会计的主要任务是向企业管理层提供及时有效的信息，帮助企业管理层合理配置资源和优化决策，并对当前和未来的经济活动进行预测、决策、规划、控制和考核评价，最终提升企业的核心竞争力。因此，管理会计在对数据客观分析、解读，形成结论直到决策的过程中，必将与大数据相融合。大数据技术与企业管理会计应用的深度融合，能够帮助会计信息使用者更好地掌握和理解数据，实时、精准地洞察和了解市场。

（一）大数据助推财务会计和管理会计的深度融合

在传统的会计理论和会计实践中，财务会计和管理会计有较为严格的区分。财务会计侧重将会计信息披露给会计信息使用者，协助其做出科学合理的投融资决策，其披露的会计信息侧重反映企业在过去特定时间内的收支平衡情况。管理会计更关注企业经营决策、投资决策和发展战略决策，侧重通过企业内部的行政管理和激励机制等方式对各个部门的日常经营行为加以记录和审核，以辅助实现企业资源效用最大化。二者在职能目标、会计主体、核算依据、资料时效、精确程度、编报时间和法律效力等方面均有不同。但是随着大数据时代的到来，财会人员依托大数据平台，借助大数据技术，能够及时获取高质量的会计信息，高效便捷地完成财务会计的职能，还能基于已有数据，对企业进行预算管理、成本管理、定期绩效考核等，合理调配会计资源，提升企业经营管理效率，最终实现财务会计与管理会计的深度融合。

在大数据时代，财务会计与管理会计的深度融合，本质上体现为业财融合，而业财融合的关键是要实现企业内部的财务数据、业务数据和外部的各种其他数据等多维度全面融合。在过去，企业更关注的是收入、成本、利润、资产、负债这些财务数据形成的财务报表，但是财务报表只披露结果信息，而不是过程信息，企业所提供的产品和服务能否满足市场需要，资产是否能够变现，以及不能变现的原因是什么都无从得知。可以说，仅靠财务数据已经不能实时反映企业运营的状况和快速做出战略决策。但是，在整个业财融合的过程中，财务数据通过融合与用户、渠道、供应商、产品相关的内部业务数据，以及反映行业趋势、商业模式、用户行为等的外部数据，能够很好地解决这个问题。

（二）大数据促进管理会计应用的深度拓展

根据管理会计应用的数据要求，企业内部的数据采集已经不仅是财务数据，还包括销售、运营等诸多业务方面的数据。过去管理会计的应用受数据采集能力、处理技术等限制，主要侧重财务账表数据的采集和利用。随着大数据时代的到来，管理会计分析数据延伸到企业整体甚至企业以外，因此数据的来源更全面、更实时、更快捷。

由于数据量少，信息不对称，许多用户、供应商、竞争者对于信息无法掌握，甚至存在企业内部信息不畅造成的一定程度的数据不完整现象将逐步消失。现在管理会计可以在更大范围内对产品、服务、成本、销售等有关数据进行分析与挖掘，分析得出的结论更加准确，这就为管理会计的充分应用提供了数据支撑，从而有利于及时了解市场的变动及趋势，提高企业的预测能力，及时调整生产经营策略，加强经营规划与控制，提升企业运营效率和核心竞争力。以管理会计应用中的采购业务活动为例，大数据可实现采购业务与财务信息的共享与融合：通过对采购供应商信息的数据收集，如对原材料价格、质量，供应商供货能力、服务质量，以及供应商信用等级等相关指标数据进行筛选，结合企业自身管理要求，构建供应商评价模型，利用大数据分析平台对供应商进行综合评价，帮助企业做出科学的采购决策；同时，可利用大数据甄选结果建立常用供应商数据库，简化采购流程，提高采购效率。

企业还可以通过大数据对企业外部的一些重要关联信息进行分析，判断采购活动是否能够正常进行，例如，天气的变化、供给侧的行业分析均能为企业的采购决策提供重要的参考价值。在存货库存方面的应用，可借助大数据技术实时采集有关物资的库存信息，并针对不同的产品需求建立最低库存预警机制，及时反馈需要采购的物资信息。企业还可以向供应商共享存货库存预警信息，促进供应商做好物资供应工作，这样既避免了存货风险，又降低了存货成本。

在销售活动应用方面，对基础信息进行收集录入系统，包括客户信息、商品信息、订单信息、计划信息等，通过大数据分析平台对其收集的相关数据进行筛选、分析，展现多维度的分析报告供管理者决策。比如通过各类基础数据的分析，进一步分析本行业的市场结构和产品竞争力，对标同行业竞争者，并预测市场前景，指导产品研发方向，从而保持市场竞争优势。在成本控制应用方面，可通过物联网、互联网技术对重要设备进行监控，实时反映设备当前的工作状态、效率及设备质量，并通过数据监测与分析，测算设备在生产过程中发生故障的概率，预测设备使用寿命，及时对设备或相应零部件进行维修与更换，保障生产正常进行的同时将成本降到最低。在风险控制应用方面，通过对相关数据进行大数据分析，可以发现其关联因素并实现风险预测，同时还可利用大数据挖掘技术来发现隐藏在数据中的有价值的信息，并通过创建数学模型，运用关联分析、聚类分析、偏差分析等方法对数据进行加工处理，同时与预警系统进行关联，实现准确及时的财务风险信息反馈，加强内部控制管理，从而改善内部经营环境，如图 2-2 所示。

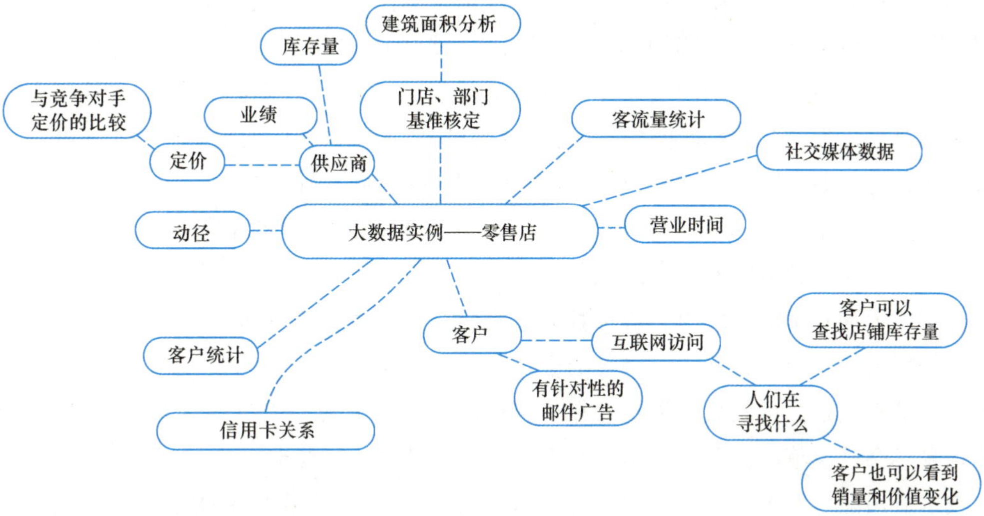

图 2-2 销售活动的数据分析

三、大数据对会计工作的影响

大数据在给财务会计和管理会计带来变化的同时，也给会计工作模式和会计人员的职业发展带来了深刻的影响。

(一)大数据对会计工作模式的影响

大数据要求企业的会计人员必须重新审视财务会计工作，企业的财务管理模式也需要随之转变，以适应大数据环境下企业的发展策略，为企业的发展决策提供准确的会计信息。在大数据时代，面对海量数据信息，传统会计工作模式具有较强的可变性、复杂性与层次性，企业财务会计工作只有转变工作模式，才能利用大数据为企业创造更多价值。

在工作模式方面，大数据环境下会计人员的工作由电子记账逐渐变为系统对业务的自动识别入账，对业务的核算也不再是会计人员的主要工作。会计工作模式的转变要求会计人员掌握一定的大数据技术，借助大数据手段，对所采集到的信息进行有用化处理，同样会计人员的目标不再是对企业的业务进行核算，更多的是提供有价值的决策支持和相关建议。由于会计工作模式的转变，必须构建基于大数据技术的管理平台，完善相应的软件基础设施，配置管理会计大数据岗位，才能为大数据时代的会计工作提供技术支撑。同时，针对集团企业，还需要进一步强化企业财务共享中心的职能，由以往各部门单一的数据集中转变为通过数据分析与挖掘提供智能核算、管理和决策支持。

(二)大数据对会计人员的影响

大数据时代的到来，使得会计人员从烦琐的记账、算账、报账等会计核算工作中解放出来，进而转向高层次的会计管理和会计决策工作。在过去，会计人员主要通过编制财务报表反映企业的财务状况、经营成果和现金流量，通过对报表数据的分析简单地为企业内外部信息使用者提供数据依据。随着企业之间的竞争越来越激烈，信息使用者早已不满足基于财务报表的简单数据分析，这就需要会计人员突破传统数据分析工具仅仅是简单展示的局限，充分利用大数据技术从不同的层级和维度分析与企业发展相关的各种数据，并从横向和纵向等不同角度出发，客观全面地对企业的经营成果进行评价，从中发现企业的不足和内外部存在的挑战与威胁，从而为企业管理者进行战略调整提供明确的方向。

大数据时代下，大量数据的涌现意味着对数据采集和处理技术提出了更高的要求，需要利用数据库等实现数据的共享，推动数据分析和挖掘的应用与发展。会计人员应当提高大数据分析能力和技术应用能力。各种数据聚集使分析数据的真实性成为一大考验，会计人员需要辨别数据来源是否真实。采集的会计数据中可能包含大量与决策不相关的信息，需要会计人员来甄别。虽然大数据技术在一定程度上减少了会计人员的主观判断，但是判断数据信息对会计决策的重要程度是大数据对会计人员的另一要求。

技术应用能力要求会计人员加强自身综合能力的培养，跳出原有的框架束缚，借助大数据技术简化数据采集和处理手段。在熟练掌握会计业务技能的同时，熟悉互联网、大数据平台、云计算、各种财务软件系统的使用和管理，借助大数据技术将会计工作做得更好。提升技术应用能力的重要路径就是提高自身的继续教育意识，会计人员应通过学习知识，借助信息科技为企业的经营管理和战略决策服务，只有与时俱进，才能避免被时代淘汰。

第四节　大数据技术在财务管理中的应用

会计大数据是大数据及相关技术在财务会计体系、管理会计体系中的具体应用，可以从会计的职能层面对大数据的作用进行分析。

一、大数据技术在财务会计中的应用

财务会计是现代企业的一项重要的基础性工作，通过一系列会计程序，提供决策有用的信息，并积极参与经营管理决策，提高企业经济效益，服务于市场经济的健康有序发展。财务会计大数据是大数据及相关技术在财务会计中的应用，具体体现为大数据及相关技术在会计核算和监督职能中的具体实现。

（一）核算

核算职能是对以货币计量的经济活动进行确认、计量、记录和报告。传统信息化模式下的会计核算工作中，财务人员基本被定位在收集单据、编制凭证、复核、结账、报告、归档等工作，其处理的数据主要是结构化类型的会计数据。而在财务会计大数据下，财务人员所面对的不只是会计数据和原始单据，而更多的是海量的业务数据，这些数据的类型包括结构化数据、半结构化数据和非结构化数据，并且更多的是非结构化数据。财务人员需要收集和分析会计数据和业务数据，并将有用的数据放置在合理的资源中，通过高效的核算流程输出有价值的会计数据。

财务会计大数据下，大数据采集、存储、处理和计算使得会计核算更精细。例如，企业在进行成本核算时，不管采用什么方法，重点都是要确定成本定额的大小。财务会计大数据下，企业通过采集、存储海量数据，来分析同行业企业的成本定额标准，从而根据企业的财务状况，制定更加合理的成本定额标准。所以，财务会计大数据能够让企业的会计成本核算更加精细，为企业节约成本。

财务会计大数据下，大数据的传播、处理和计算的速度优势提高了会计核算的及时性。例如，企业在发出或者购进货物时，只需要将发出或者购进货物的单价和数量输入系统，就可以将这些数据立即传输给会计核算人员，马上进行会计处理和分析，这有利于相关管理者和决策者做出最佳的选择。

财务会计大数据下，财务会计报告更加及时。大数据技术将推动财务报告从定期报告向实时报告转化。大数据的特点就是数据的处理速度非常快，实时报告是大数据技术与会计完美结合的成果，极大地促进了财务会计报告的及时性，使投资者等财务报告使用者能随时了解企业的财务状况和未来的发展趋势。

（二）监督

监督职能是会计人员在进行会计核算的同时，对特定主体经济业务的真实性、合法性和合理性进行审查。在大数据背景下，审查的对象由凭证、账簿等转变为多种类型的会计数据。

在财务会计大数据下，会计监督工作迫切需要利用大数据技术对自身加以优化完善，而这主要体现在会计数据的大量化、多样化、高效化这三个方面。通过对会计数据、会计信息对比模型的引入，打通与采购部门、生产部门、销售部门间的数据信息堡垒，推动会计监督数据融合与共享的同时，可以实现会计数据全天候、不间断地主动监督。

在财务会计大数据下，大数据技术应用于会计信息归集、处理、分析形成财务成果的过程，帮助扩大其自主权和独立性的同时，通过对各个流程数据的汇总与对比，借助非结构化数据的提取和利用，可以加强会计内部监督的职能，为不同的使用者提供高质量的会计信息。

当前，基于大数据背景的会计职能早已从反映过去向预测未来进行转变，财务报告也从事后报告向实时报告转型。所以，结合大数据技术与大数据思维，为会计监督工作构建一个行之有效的防范机制，对可能存在的风险问题加以防控，则成为加强事前、事中监督的关键。

需要注意的是，在财务会计大数据下，由于非结构化数据的比例增加，会计信息结构日益复杂，会计监督工作中传统的统一的信息判断标准开始失效，因此，需要对会计信息的质量标准提出新的观察维度，在信息的数量与精确性间找到有效平衡。

二、大数据技术在管理会计中的应用

管理会计是面向企业内部的会计。对于管理会计，大数据的理念和技术为企业管理层合理配置资源和优化决策并对当前和未来的经济活动进行预测、决策、规划、控制和考核评价提供了更多可能。从某种程度来说，大数据是预测分析、决策分析、成本控制、责任会计等管理会计应用得到良好运用的基础。此外，大数据还可以突破当前管理会计工作中的限制，实现高效的信息管理与存储，深入挖掘相关数据的价值，提高管理会计在实际工作中的效率。

(一)预测

预测是管理会计的一个重要职能，它是对历史数据用一定的统计方法进行销售预测、成本预测、利润预测等，比较常用的预测方法有因果预测和回归分析。传统的预测方法都有一个共同的缺陷，就是在对数据的处理上为了节约成本要对数据进行简单处理，这使得预测结果的准确性大大降低。而在管理会计大数据下，因为可以利用详细的数据，所以预测结果的精确性得以大幅提高。

利用管理会计大数据可以进行事前预测，及时提供合理的决策信息，从而有助于企业做出科学合理的决策。例如，为了预测某大型建设项目的前景，需要使用管理会计避免市场前景受因素的制约，而利用大数据技术来预测市场前景就能够很好地解决这个难题。大数据能够较准确地预测出在某一销售地区活动的人数，帮助企业挖掘顾客需求，生产适销对路的产品。

在过去，销售预测一般都是通过简单的统计技术，基于历史数据和预期销售，利用传统模型得出的。但由于传统技术的局限性，企业没能将同行业、同类产品、市场状况、天气和消费者行为习惯等其他外部信息考虑在内并对其进行深入分析，造成预测的准确性受到很大的影响。而在管理会计大数据下，通过数据挖掘技术，利用趋势分析、时间序列分析等方法，将这些因素进行整理、存储、分析、挖掘，将有助于更好地预测销售、成本、资金等情况，进而提高预测的准确度。

大型投融资项目涉及金额大，成本高，一旦决策失误，将给企业带来很大的损失。企业想要在瞬息万变的市场经济中高质量发展，就要求管理会计利用尽可能多的数据进行财务分析，通过向研发、生产、采购、销售、人力资源等多个领域延伸，高度融合企业财务数据与业务数据，深入分析各个活动因素之间的关系，对项目进行精准预测，以此提升企业的核心竞争力。

(二)决策

现代管理会计的主要职责之一是为决策部门提供决策支持。企业的经营决策主要包括战略目标决策、短期经营决策、长期经营决策等，这些决策的产生都需要大数据分析的支持。

在管理会计大数据下，通过积累的大量历史数据和利用统计学、机器学习、数据挖掘等技术，能够使依赖个人经验的决策让位于理性的数据决策。例如，贷款方不是靠信贷员的判断而是由模型预测结果来决定是否给予贷款，利率应该是多少；零售店不是靠管理人员判断采购哪些产品及采购数量，而是依赖模型数据分析的结果；定价决策可能不单纯依赖成本，而是结合客户特征、偏好与以往购买行为，甚至能够针对每一个客户给出不同的定价。

在管理会计大数据下，决策方式的转变使得企业更加智能化，同时由于不同企业掌握的数据类型和特征的差异，各个企业能够构建独特的基于自身的核心竞争力，无法被其他企业简单模仿，也不用担心具有丰富经验的员工离职给企业带来损失。当然，这将会使得企业管理方式、管理人员在企业中扮演的角色等都发生很大转变。

(三)规划

规划是企业选择和制定正确战略的基础，是对未来整体性、长期性、根本性问题的思考和考量，是通过编制各种计划和预算实现的。它要求在最终决策方案的基础上，将事先确定的有关经济目标分解落实到有关预算中，从而合理有效地组织协调企业供、产、销及人、财、物间的关系，并为控制和责任考核创造条件。

管理会计以面向未来为基点，以决策为主体，帮助企业各级管理者对未来进行战略规划，为决策提供最优信息，为企业的预算提供决策依据。非财务信息是企业进行战略规划的基础，有助于企业选择正确的战略行动，而管理会计大数据的应用将有效提升企业在规划方面的能力。

在应用过程中，利用大数据技术，如网络搜寻、关键词获取等，全面掌握行业环境、价值链等各类关键信息，可以辅助企业进行战略决策；此外，大量运营的非财务数据有助于提升企业投资规划能力，如利用水质监测积累的大数据来提高污水处理企业的投资收益分析能力。

(四)控制

控制职能就是将经济活动的事前控制与事中控制有机地结合起来，通过事前确定科学可行的各种标准，根据执行过程中实际与计划发生的偏差进行原因分析，并及时采取措施进行调整、改进，确保经济活动的正常进行。企业可以通过管理会计中的流程管理和内部控制等，加强对于运营的控制，从而保证运营效率。控制的关键在于事先确定的标准，而明确标准的基础在于对企业研发、采购、生产、营销等各环节关键信息的掌握，尤其是非财务信息数据的积累、分析与应用，是最大限度地改进控制能力、提高企业整体运营效率的关键。

大数据时代强调对企业日常全面经营管理活动进行记录与分析，对控制效率的提升具有决定性作用。管理会计大数据下的控制职能可以采用指标体系，进行偏差的查找，将数据量化后建模，达到计算指标的目的，这样很容易识别偏差，还可以发挥监测的作用。但识别偏差的前提是有一个标准，大数据的数据计算能力能够满足这一前提。

大数据能够完善目前管理会计工具的应用，比如用作业成本法来核算成本时，利用互联网收集作业层面的数据，使得直接费用更真实，间接费用也容易找到分配的因子，可以更好地实现成本控制的目标。大数据还能够系统地管理成本。传统成本控制和管理所需的信息来自企业内部，但在管理会计大数据下，企业可以将外部信息收集起来与内部信息结合，以达到全面、系统地控制成本的目的。

在利用非财务信息进行控制方面，全面质量管理的基础就是利用统计数据强化对残次品率的控制。成本控制的关键取决于各项成本信息的细化与分析，从而形成控制的基本标准。没有对日常大量关键非财务信息的存储与分析，要想实现精确的控制异常艰难。以非财务信息为基础的控制将更具有及时性，能够让企业更快速地采取措施，纠正错误。

(五)考核评价

管理会计履行考核评价经营业绩的职能，是通过建立责任会计制度来实现的，即在各部门、各单位及每个人均明确各自责任的前提下，逐级考核责任指标的执行情况，找出成绩和不足，从而为奖惩制度的实施和未来工作改进措施的形成提供必要的依据。作为管理会计，其评价对象不是企业，而是组织内部的个人、分支机构或业务条线；其评价标准不一定是财务信息，还可能是大量非财务信息或经调整后的财务信息，以此来规避财务信息评价的缺陷。目前，大量企业管理控制与评价的标准都来自数据管理。

企业管理中经常通过数据来查看、评价员工的工作动态及绩效考核。绩效考核一直以来都是管理会计工作的一大难题，其难点之一在于实际评价时难以收集到所有与绩效有关的信息，不管用什么样的评价方法都不能完全客观、准确地评价绩效的高低。管理会计大数据为数据信息的价值实现构建管理体系框架，可以建立实时的员工和管理者动态绩效评价体系，通过各种社交媒体获得数据源。通过收集和分析各项数据，企业能够了解本企业各部门、员工与管理者的工作与学习绩效。

为了提高员工绩效考核的科学性和合理性，在管理会计工作中有必要通过对大数据的收集、整理和分析，遵循先进且公平的考核和奖惩制度，当员工的积极性受到极大鼓舞时，这将快速地反馈至企业，促使企业实现强劲的发展。另外，在评价客户信用方面，利用管理会计大数据可以准确评价客户信用，预测企业风险。客户能否按期支付所欠货款，决定了企业需要承担的坏账风险的大小。通过建立管理会计大数据平台，构建多维数据库，从不同渠道获得客户不同维度的数据，可以将事后分析转为事先引导。

针对责任成本制的企业，成本中心、利润中心和投资中心都需要利用大数据仓库的资源，通过数据挖掘技术进行责任预算的编制以及实际中心数据和相关市场数据的确定，并且通过实际数据和预算数据的对比分析，对各中心的绩效做出评价与考核。

本章小结

本章介绍了大数据在财务管理领域的思维变革与大数据技术在财务管理中的具体应用。通过阐述大数据的本质、认识论及其对传统因果关系思维的挑战，指出在大数据时代，相关性分析的重要性日益凸显。通过对大数据技术发展的梳理，分析其在财务管理中包括会计核算、监督、预测、决策、规划和控制等方面的应用，强调大数据对会计工作的效率和质量促进作用，探讨大数据对会计人员技能要求的影响。深入分析了大数据对财务管理的深远影响，以及适应这一变革的必要性。

思考题

1. 思考大数据时代下，财务会计与管理会计如何实现深度融合，并探讨这种融合对企业决策支持系统的影响。

2. 大数据技术在会计核算和监督职能中的具体实现方式及其对会计信息质量提升的作用是什么？

3. 探讨大数据技术如何推动管理会计从传统的财务数据分析向全面业务数据分析转变，并分析其对企业决策支持的影响。

第二章

财务大数据分析的流程与方法

知识目标

- 理解财务大数据的构成与特征
- 了解财务大数据的分析技术
- 掌握数据挖掘方法与算法

育人目标

- 强化数据安全与隐私保护意识
- 提升信息素养和批判性思维
- 激发创新精神和实践能力

思维导图

- 财务大数据分析的流程与方法
  - 财务大数据的分析技术
    - 财务大数据处理技术
    - 财务大数据存储技术
    - 财务大数据可视化技术
  - 财务大数据分析的数据基础
    - 财务大数据的数据范围
    - 财务大数据的数据来源
    - 财务大数据的数据类型
  - 财务大数据分析的主要步骤
    - 需求分析
    - 数据采集
    - 数据预处理
    - 数据分析
    - 数据展现
    - 报告撰写
  - 财务大数据的挖掘
    - 数据挖掘的定义
    - 数据挖掘的对象
    - 数据挖掘的步骤
    - 数据挖掘的方法

章前导读

大数据时代，数据在云端

为了迎合大数据时代的需求，许多企业正将计算和处理的环节转移到“云”中。这就意味着不必购买硬件和软件，只需将之安装到自己的数据中心，然后对基础设施进行维护，企业就可以在网上获得想要的功能。软件即服务(Software as a Service,SaaS)公司开创了在网上以“无软件”模式为客户关系管理(CRM)应用程序交付的先例。这家公司随后建立了一个服务生态系统，以补充其核心的CRM解决方案。

与此同时，亚马逊也为必要的基础设施铺平了道路——使用亚马逊Web服务(AWS)在云中计算和存储。亚马逊在2003年推出了AWS，希望从其运营的基础设施服务上获利。

随后，亚马逊继续增加其基础设施服务，让开发商迅速提供新的服务器、存储器及数据库。

亚马逊也引进了特定的大数据服务，其中包括Amazon MapReduce(一项开源Hadoop-MapReduce服务的亚马逊云版本)以及Amazon RedShift(一项数据仓库按需解决方案)。亚马逊预计该方案每年每太字节的成本仅为1 000美元——不到公司一般内部部署数据仓库花费的1/10，换言之，通常公司每年每太字节的成本超过1万美元。同时，亚马逊公司提供的在线备份服务Amazon Glacier提供低成本数字归档服务，该服务每月每千兆字节的费用仅为0.01美元，约合每年每太字节120美元。

和其他供应商相比，亚马逊有两大优势：第一，它具有非常著名的消费者品牌；第二，它也从支持网站而获得的规模经济以及其基础设施服务的其他广泛客户中受益。虽然其他一些著名公司也提供云基础设施，包括谷歌及其谷歌云平台，还有微软及其Windows Azure，但亚马逊已为此铺平了道路，并以AWS占据了有利位置。但所有这些云服务胜过传统服务的优势在于，顾客只为使用的东西消费。这尤其对创业公司有利，可以避免高昂的先期投入。

第一节　财务大数据的分析技术

从本质上看，大数据分析技术就是从类型各异和数量庞大的数据中能够快速有效地获取并加以分析有价值信息的技术。随着大数据在财务领域被广泛关注，大量新的技术不断涌现，不仅如此，这些技术已经成为当前大数据采集、处理与存储、应用与呈现的重要工具。在这些逐渐涌现的大数据技术当中，我们主要介绍大数据处理、存储和可视化技术。

一、财务大数据处理技术

随着大数据时代的到来，海量且复杂成为数据的重要特征，随之而来的是不断丰富并发展的大数据处理技术。合理地运用大数据处理技术能够使原本庞大的数据变得井然有序，从而为人类社会的发展做出更为突出的贡献。

（一）大数据挖掘与分析

与小样本数据相比，大数据呈现出多样性与动态异质性，对大数据进行分析更具有意义。但大数据处理需要借助于大数据的挖掘和分析技术，提升数据质量与可信度，以及提升对数据语义的理解。数据挖掘与分析在整个大数据处理流程中是很重要的部分。目前，实务中常用的数据挖掘工具有：

1. Enterprise Miner

Enterprise Mine(EM)是 SAS 推出的一个集成数据挖掘系统，允许使用和比较不同的技术，同时还集成了复杂的数据库管理软件。它在一个工作空间中按照一定的顺序添加各种可以实现不同功能的节点，然后对不同节点进行相应的设置，最后运行整个工作流程，便可以得到相应的结果。

2. IBM SPSS Modeler

IBM SPSS Modeler 封装了先进的统计学和数据挖掘技术来预测信息，并将相应的决策方案部署到现有的业务系统和业务过程中，从而提高企业效益。IBM SPSS Modeler 拥有直观的操作界面、自动化的数据准备和成熟的预测分析模型，结合商业技术可以快速建立预测性模型。

3. SQL Server

Microsoft 的 SQL Server 集成了数据挖掘提供的决策树算法、聚类分析算法、Naive Bayes 算法、关联规则算法、时序算法、神经网络算法、线性回归算法等 9 种常用的数据挖掘算法。

4. Python

Python 是一种面向对象的解释型计算机程序设计语言，它拥有清晰的数据结构，并且能够用简单而又高效的方式进行编程。但是 Python 并不提供专门的数据挖掘环境，而是提供众多的扩展库：NumPy、SciPy 和 Matplotlib 等科学计算扩展库分别为 Python 提供了快速进行数组处理、数值运算以及绘图功能；Scikit-learn 库中包含很多分类器的实现以及聚类相关算法。正因为有了这些扩展库，Python 才成为数据挖掘常用的语言。

5. WEKA

WEKA(Waikato Environment for Knowledge Analysis)是一款知名度较高的开源机器学习和数据挖掘软件。高级用户可以通过 Java 编程和命令行来调用其分析组件。同时，WEKA 也为普通用户提供了图形化界面，称为 WEKA Knowledge flow Environment 和

WEKA Explorer,可以实现预处理、分类、聚类、关联规则、文本挖掘、可视化等功能。

6. KNIME

KNIME(Konstanz Information Miner)是基于java开发的,可以扩展使用WEKA中的挖掘算法,采用类似数据流的方式来建立分析挖掘流程。挖掘流程由一系列功能节点组成,每个节点有输入/输出端口,用于接收数据或模型,导出结果。

7. RapidMiner

RapidMiner也称为YALE(Yet Another Learning Environment),使用图形化界面,采用类似Windows资源管理器中的树状结构来组织分析组件,树上每个节点表示不同的运算符。YALE为各个环节(包括数据处理、变换、探索、建模、评估等)提供了大量的运算符。YALE是用Java开发的,基于WEKA构建的,可以调用WEKA中的各种分析组件。RapidMiner有拓展的套件Hadoop,可以和Hadoop集成起来,在Hadoop群上运行任务。

8. TipDM数据挖掘建模平台

TipDM数据挖掘建模平台是基于Python语言、用于数据挖掘建模的开源平台。它采用B/S结构,用户不需要下载客户端,可通过浏览器进行访问。平台支持数据挖掘流程所需的主要过程:数据探索(相关性分析、主成分分析、周期性分析等)、数据预处理(特征构造、记录选择、缺失值处理等)、构建模型(聚类模型、分类模型、回归模型等)和模型评价(R-squared、混淆矩阵、ROC曲线等)。用户可在没有Python编程基础的情况下通过拖拽的方式进行操作,将数据输入输出、数据预处理、挖掘建模、模型评估等环节通过流程化的方式进行连接,以达到数据挖掘的目的。

数据挖掘与数据分析都是在数据中提取一部分有价值的信息,尽管两者之间存在着一定的联系,如部分分析人员会使用SPSS等编程工具来进行设计分析,而部分数据挖掘人员会在结果表达与分析方面借助一些数据分析的手段,但两者在侧重点与实现手法上还是略有差异的,主要表现为:

(1)虽然数据挖掘与数据分析都是对数据进行分析与处理等各项操作,然后从中获取有价值的信息,但是数据挖掘一般通过编程来实现,需要编程语言,而数据分析则不同,它一般是借助现有的分析工具来实现的。

(2)进行数据分析时要深入了解行业,同时可以将数据与业务紧密结合在一起,而数据挖掘却不用过多地了解行业的专业知识。

(3)虽然数据挖掘与数据分析都需要懂统计学知识,并运用其中一些常用的处理方法,但是数据挖掘更重视的是技术层面,需要将其与数学和计算机相结合,而数据分析则需要将统计学、营销学、心理学、金融学、政治学等方面结合在一起再进行综合分析。

(二)大数据采集、预处理

数据库、文本、图片或视频、网页等各类非结构化、结构化以及半结构化数据都体现了数据的多样化,同时也是大数据的一个重要特点。因此从数据源采集数据再进行预处理与集成操作是大数据处理的第一个步骤,可以为后续流程提供统一且高质量的数据集。

1. 大数据采集

在大数据处理流程中最为基础的一步是数据采集。大数据采集体系通常可以分为两个部分，即智能感知层与基础支撑层。

智能感知层主要是通过数据传感网络、无线射频网络以及智能识别网络与资源接入系统，将非结构化、半结构化、结构化的海量数据进行智能化识别、定位或接入，从而实现大数据的采集。基础支撑层则主要是提供大数据服务平台中所需的物理介质，如数据库资源、物理传输资源以及物联网资源等。

目前通常采用传感器收取、射频识别、数据检索分类工具和条形码技术等进行数据采集。但是由于移动设备的出现，大量的移动软件被广泛应用，移动设备本身也成了大数据采集的工具，进一步加快了信息的流通速度与采集精度。

2. 大数据预处理

大数据预处理就是对已经采集到的数据进行适当的处理，之后再进一步集成存储。数据预处理技术主要有数据清理、数据集成和数据变换。其中数据清理可以将一些噪声数据和异常数据剔除，同时纠正数据中存在的不一致现象。对于数据集成来说，可以将来自不同数据源的数据合并在一起，进行数据存储，就像数据仓库。此阶段的数据集成属于初步集成。数据变换则是改进一些涉及距离度量的挖掘算法中的精度与有效性，然后把不同度量的数据进行归一化，让数据更能体现价值所在。因此，在进行数据分析之前运用数据预处理技术可以大大提升数据分析的质量，同时可以提升分析的速度与准确性。

3. 大数据集成

大数据集成指将经过采集和预处理后的数据进行转换，从而形成单一或便于处理的结构形式，为之后的数据分析奠定基础。

大数据集成的过程中一般会采用一些数据过滤器，然后通过聚类或关联分析的规则方法，把那些异常数据过滤掉，以此来防止这些数据对最终的结果造成不利影响，之后再将整理过的数据进行集成与存储。

目前一般是针对特定种类的数据建立专门的数据库，然后将这些不同种类的数据信息分门别类放置，这样不仅可以有效地减少数据库查询与访问的时间，同时还提升了数据提取的速度。

二、财务大数据存储技术

目前大数据时代下的数据已经达到了 PB 级别，甚至有些已经达到了 EB 级别。业界针对不同类型的海量数据提供了不同的存储技术。

(一)分布式文件系统技术

大数据存储与管理是在大数据处理当中首要考虑的问题。一般会在大规模集群的环境中采用可扩展的分布式存储技术来提供极为强大的数据存储与并发访问能力。分布式文件系统技术即利用不同的存储节点将大规模海量数据用文件的形式保存，然后再用分布式系统进行管理。该技术主要是将大的任务分解成诸多小任务，然后通过多个处理器或多个计算机节点参与计算来解决各类复杂问题。

目前，作为支持大数据应用基础的文件系统，分布式文件系统中的典型产品有谷歌的GFS与Hadoop的HDFS。GFS能够处理大容量的文件，一般都在10MB以上，就算是GB级别的数据量也很常见。GFS作为开源的分布式文件系统，能够提供高吞吐量用来访问应用程序中的数据，是一种适用于超大数据集的应用程序。

(二)海量数据存储技术

海量数据存储技术主要有以下三种：

1. 虚拟存储技术

虚拟存储技术主要是将存储虚拟化，通过提供虚拟存储空间给用户，让用户根据需求对该空间进行任意的分割或合并，以及重新组合，同时将其分配给特定的主机或应用程序，以此来实现隐藏或屏蔽具体的物理设备的特性。换言之，从物理存储设备到单一逻辑资源池的映射即存储虚拟化的核心内容。

存储虚拟化不仅可以提升存储的利用率，还能够降低成本，在简化的同时进行存储管理。目前基于网络的虚拟化存储技术已经成为一种趋势，它的优势可在数据大集中或异地容灾等应用中体现出来，例如开放性、可扩展性等。

2. 集群系统技术

近年来，由于集群系统拥有极高的性价比以及良好的可扩展性，因此集群系统技术在HPC领域中得到了广泛的应用。在集群系统中，数据共享是最基本的需求。目前被广泛应用的网络文件系统一般是NFS或FIFS。

例如运用Linux集群系统技术进行计算任务时，首先计算节点会通过NFS协议从存储中获取数据，之后再进行计算，最终将计算所得的结果写入存储系统当中。在整个运行过程中，计算任务数据读写的输入与输出会在开始与结束阶段体现出极其强大的负载，但是在算的过程中却基本没有负载产生。由于Linux集群系统的强大处理能力，动辄会达到几十个，有时甚至能够达到上百个Tflops(每秒浮点运算次数)，因此运用Linux技术进行计算处理所需要花费的时间也随之越来越短。

3. 网格存储系统技术

网格存储系统技术是用若干相互连接的独立存储节点进行数据存储的方法。使用这类方法可以在不通过任何一个中央交换节点的情况下实现节点之间的通信。每个存储节点都包含自己的存储媒介、微处理器、索引容量以及管理层。典型的网格存储中，几个节点可以共享一个交换开关，但是每个节点至少与一个其他节点集相连。

三、财务大数据可视化技术

面对海量的数据，如何将其清晰地展现给用户是大数据处理所面临的巨大挑战。虽然对于大数据处理来讲，数据分析才是其核心所在，但是用户所关心的通常是其展示的结果。

由于大数据在进行结果分析时存在关联关系极为复杂等特点，因此，如何通过图形化、图像化以及动画化等技术和方法展示结果显得尤为重要。

可视化技术不仅能够迅速且有效地简化与提炼数据，让大量的数据经过交互之后再提供给用户，还能够让用户从复杂的数据中更快、更好地获取到新的发现。在科学或工程计算领域中，利用形象的图形向用户展示结果已经成为最理想的展示方式。现在常用的可视化技术有原位分析、标签云、历史流和空间信息流等。

第二节　财务大数据分析的数据基础

大数据是一种行业术语，通常是指无法在一定时间范围内用常规软件工具完成提取、存储、共享、分析和处理的复杂数据集合。这些数据产生于人们的各种行为，一直存在却未能被有效地开发和利用。在以云计算为代表的互联网技术创新的推动下，大数据的价值逐渐显露出来，大数据成为企业新的无形资产，具有了资本的属性。

未来企业的经营发展会越来越依赖数据。对大数据的运用影响着企业发挥其管理职能，而财务管理作为企业管理的重要组成部分，只有主动适应大数据时代的变化，才能更好地发挥其作用，更好地服务于企业经营管理和决策，为企业创造更大的价值。大数据的广泛运用正推动着企业财务管理向着高效、协同、精细化的方向发展。大数据时代下，财务管理的边界在不断拓展，使财务数据与业务数据、内部数据与外部数据、结构化数据与非结构化数据逐渐连接起来。

一、财务大数据的数据范围

(一)财务数据

财务数据是财务人员从企业各个业务部门汇集得来的，对企业当前财务状况和经营成果进行描述的数据，如采购数据、生产数据、销售数据等，通过汇总、整理、加工成财务数据，然后输出成果，比如进行纳税申报，向业务部门和管理层提供财务分析、财务预算与预测、财务报告等。

财务人员应当充分利用财务数据，挖掘其潜在价值。一方面，通过对财务数据进行分析，评价企业财务指标所反映的问题，预测企业发生财务困境的可能性，为企业健康运营保驾护航。另一方面，财务人员可以通过指标，计算分析企业偿债能力、营运能力和盈利能力等具体运营状况，便于管理层直接了解企业目前的经营效率。财务数据是对业务活动结果的综合反映，但并不反映业务活动的过程，使得财务分析结果缺乏立体感，不能有力支持企业的经营管理决策。

(二)业务数据

业务数据是由企业相关部门的业务人员通过自身的业务系统直接产生的数据，是未经过预处理的初始数据。不同的业务部门根据其业务性质能够产生显性数据、隐性数据和相关的深度数据。如采购部门生成的显性数据有采购合同、采购订单、运费单等，对应的隐性数据则包括价格高低、质量好坏、运输成本高低等，进一步挖掘的深度数据为应付账款周期、采购周期、供应商管理数据等；又如生产部门，其生成的显性数据有领料单、BOM单、生产工时、维修工时等，对应的隐形数据为产能利用率、人工效率、废品率等，深度数据可能包括产品市场情况、产品生命周期、产品链分析数据；同理，销售部门能够生成销售小票、客户统计单、销售合同、产品清单、产品价格表等显性数据，销售政策、产品品质、品牌价值等隐性数据，品类管理、市场占有率、产品生命周期、客户管理数据、竞争对手数据等深度数据。

这里列示的只是企业经营数据中的冰山一角，现实中哪怕是一家小企业，也能产生许多数据。即使是负责打扫卫生的保洁部门，也会产生诸如拖把、消毒水、保洁人员工资或者保洁外包费等业务数据，进而转换成管理费用等财务数据。无论财务数据还是业务数据，都是企业经营数据。其主要区别在于单个零散的业务数据很难直接为经营决策提供支持，而经过进一步加工提炼的财务数据可以。

就企业而言，业务数据分析主要有三方面的作用：一是对业务进行改进优化，包括企业用户体验的改进和对公司资源分配方面的优化；二是帮助业务发现机会，利用数据发现人们思维上的盲点，进而发现新的业务机会；三是创造新的商业价值，主要是在数据价值的基础上形成新的商业模式。

财务数据是财务人员根据企业已经发生的交易或事项进行记录、计量和报告生成的数据。虽然财务数据显示了业务活动的结果，但是无法揭示企业业务活动的具体实施过程。这一现象使得财务数据无法分析企业具体业务活动的效率，无法给予管理层企业业务活动层面的决策支持。因此，财务人员要提高财务数据决策支持度，必须将财务数据与业务数据相融合，在向管理层提供分析报告时，不仅仅局限于数据结果的分析，还可以提供业务经营活动的决策支持。

(三)关联数据与信息

在大数据驱动的环境下，企业应能够在大量、复杂的关联数据与信息中选择出精准、有效的数据，并通过数学方法和统计方法对其进行处理和分析，挖掘出数据背后所反映出的信息，从而做出更具有前瞻性、科学性的财务决策。这类关联数据与信息包含管理当局的影响力、政府政策的变化、利率水平及行业发展趋势等。

管理当局和政府的行动常常会带来行业惯例和战略方面的重大变化。大数据时代为企业制定财务政策提供了有力的数据信息支持。企业在制定财务政策时，通过数据挖掘获取所需的信息，成为制定有效财务政策、实现价值可持续增长的重要手段。具体可从企业融资、投资、营运、分配环境四个方面看，通过对国家金融政策、金融市场信息、国家财税和价格政策、经济环境、通货膨胀、各行业投资信息、国家关于股利分配的政策、债务契约约束、行业股利分配特征等关联数据信息的分析，来预测利率、股价、市场系统性风险、经济周期等因素的变化，从而帮助企业选择可行的融资、投资、应收账款信用政策和股利分配方案。

行业的发展不是一成不变的，在不同阶段会呈现不同的趋势，影响行业发展的因素有产品革新、技术变革、营销革新、服务创新、企业规模的扩展和缩减等。对于企业来说，应当把握行业趋势，通过行业数据的挖掘，及时做出调整，为企业制定有效的财务战略，才能迎来更长远的发展。

二、财务大数据的数据来源

大数据应用中的数据来源是关键点之一，在分析财务大数据的时候，需要重视大数据中的数据来源，只有这样，才能够做好具体分析。现代管理中，互联网和物联网应用程序产生了大部分的数据。首先我们需要看这个应用程序是否有数据支撑，数据资源是否可持续，来源渠道是否可控，数据安全和隐私保护方面是否有隐患。然后要看这个应用程序的数据资源质量如何，是好数据还是坏数据，能否保障这个应用程序的实效。

采集精准的目标数据，是数据分析合理有效的前提。数据的来源有很多种，要不断实践、勇于尝试，才能发掘出满足业务需求的数据来源。

我们可以把数据分为来自组织机构内的内部数据和来自组织机构外的外部数据。

（一）内部数据

内部数据是指企业自身日常经营管理中收集、整理的数据，主要有生产数据、库存数据、订单数据、电子商务数据、销售数据、客户关系管理数据等，随着企业自动化设备的大量启用，机器和传感器会产生越来越多的数据。内部数据具有较好的可控性，数据质量一般也有保证，但数据覆盖范围有限，需要借助其他资源渠道。

在内部数据中，财务数据是主要的数据之一。财务数据是各类信息的综合集成，涉及人、财、物方方面面。财务人员作为数据的处理者、计量者、分析者和报告者，理应在大数据分析中发挥关键作用。企业内部财务数据是由资产负债表、利润表、现金流量表及所有者权益变动表共同构成的数据集合，是对企业经营状况、财务成果及资金运作的综合概括和高度反映，与财务人员后续的工作核算管理、成本费用管理、财务报表分析管理息息相关。

（二）外部数据

外部数据是指来源于企业外部的数据，如互联网数据、其他供应商的付费数据等。对于企业来说，互联网是数据的海洋，是获取各种数据的主要途径之一。互联网数据包括国家统计数据，各地方政府公开数据，上市公司的年报、季报，研究机构的调研报告，各种信息平台提供的零散数据等。随着数据需求的加大，市场上催生了一些产品化数据交易平台，提供多领域的付费数据资源，可以按需购买使用。分析者也可自行通过网络采集软件（这些软件具有很好的内容收集作用），按照设定好的规则自动抓取互联网上的信息。

对于从互联网采集数据来说，技术能力是关键，既要有能力获得足够大的量，又要有能力筛选出有用的内容。对于从第三方获取的数据，需要特别关注数据交易的稳定性。

大数据技术扩展了管理会计的数据范围。除企业内部数据外，财务人员可以利用的外部数据包括上市公司公告数据库、宏观经济数据库、市场交易数据库、行业数据库以及诸如电子邮件、影像、博客、微信和其他社交媒体等涵盖的非结构化数据。

目前各行各业都已经意识到大数据带来的机会，企业开始热衷于运用大数据分析企业的各项活动。财务人员应该学习各种大数据的收集方法，不仅仅局限于企业内部数据，也可以收集与企业相关的外部数据。典型的公开的数据有以下几种。

(1)中华人民共和国国家统计局的数据。国家统计局官网上所有的数据都是免费的，并且在网站主页的最下面有相关链接，包含很多的地方数据以及国际组织的数据等。

(2)中国产业信息网的数据。中国产业信息网上的数据主要涉及以下行业：能源、电力、冶金、化工、汽车、安防、环保、医药、IT、通信、数码、传媒、金融、培训、服装、工艺品等。此外，国务院发展研究中心信息网、中国证券监督管理委员会网站、上海证券交易所网站、深圳证券交易所网站等也提供许多经济类数据。

(3)网站分析类数据，如百度指数、谷歌趋势、腾讯云分析等数据。

(4)电商数据，如阿里价格指数、淘宝魔方、京东智圈、淘宝排行榜等数据。

(5)数据分析机构提供的数据，如艾瑞、埃森哲、德勤等数据分析机构发布的数据。

尽管上面列举了大量的数据源，但要满足具体企业或机构的需要，也常常有困难。采集合适的大数据，是数据分析合理有效的前提。数据的来源有很多种，要不断实践、勇于尝试，才能发掘出满足业务需求的数据，同时，单是获得数据还不够，大部分情况下还需要注重细节，如对数据的说明、数据产生背景以及其他能帮助理解的数据，如果没有这些细节，对数据的正确解读可能就会有困难。

三、财务大数据的数据类型

在实际应用中，我们会碰到各种各样数据格式的数据库，如 RDBMS 关系型数据库(MS SQLServer、Oracle、MySQL 等)，NoSQL 非关系型数据库(mangoDB、Cassandra、CouchDB、Redis、Hadooph Base 等)，以及其他不同类型数据库。大数据是一个数据集合，按照数据组织方式的不同，我们一般将其分为结构化数据、半结构化数据和非结构化数据三类。

(一)结构化数据

结构化数据，简单来说就是数据库，也称作行数据，是通过二维表结构来逻辑表达和实现的数据。结构化数据严格地遵循数据格式与长度规范，可以通过固有键值获取相应信息，且数据的格式固定，主要通过关系型数据库进行存储和管理，其缺点是难以扩充。如企业所用的人事系统、财务系统、ERP 系统中的数据都是结构化的。传统的结构化数据在业务流程中需要严格遵守相关规范要求，强化数据的安全性，展现真实的交易事件，故其可以展现经济业务的本质。表 3-1 所示的序时账数据就是一个结构化数据的例子。

表 3-1　　结构化数据示例

日期	类别	凭证号	摘要	科目编码	科目名称	借方	贷方	制单人	会计年度	会计期间
2024/12/6	记	1	借备用金	122102	其他应收款-部门	500.00	0.00	刘某	2024	12
2024/12/6	记	1	借备用金	1001	库存现金	0.00	500	刘某	2024	12
2024/12/6	记	2	提取备用金	1001	库存现金	10 000.00	0.00	刘某	2024	12
2024/12/6	记	2	提取备用金	100201	工行存款	0.00	10 000.00	刘某	2024	12
2024/12/6	记	3	预付货款	1123	预付账款	102 080.00	0.00	刘某	2024	12
2024/12/6	记	3	预付货款	100201	工行存款	0.00	102 080.00	刘某	2024	12
2024/12/28	记	4	销售商品	1122	应收账款	2 326 960.00	0.00	刘某	2024	12
2024/12/28	记	4	销售商品	6001	主营业务收入	0.00	2006000.00	刘某	2024	12
2024/12/28	记	4	销售商品	22210103	销项税额	0.00	320 960.00	刘某	2024	12

(二)非结构化数据

非结构化数据是企业重要的信息资产，本质上是结构化数据之外的一切数据，难以用预定义的模型进行描述，不容易组织和格式化，一般存储在非关系数据库中，使用 NoSQL 进行查询。收集、处理和分析非结构化数据也是一项重大挑战，因为它可能是文本的或非文本的，也可能是人为生成的或机器生成的。简单地说，非结构化数据就是字段可变的数据，包括所有格式的办公文档、文本、图片、XML、HTML、各类报表、图像和音频/视频信息及传感器、移动终端、社交网络产生的数据。

典型的人为生成的非结构化数据包括但不限于：

(1)文本文件：文字处理、电子表格、演示文稿、电子邮件、日志等生成的数据(大部分亦可归类为半结构化数据)；

(2)社交媒体或网站数据：微博、博客、照片共享网站等平台生成的数据；

(3)移动通信数据：QQ、微信、电话录音、协作软件等生成的数据；

(4)媒体文件：照片、音频、视频等格式的文件。

典型的机器生成的非结构化数据包括但不限于：

(1)卫星图像：天气数据、地形、军事活动等；

(2)科学数据：矿产勘探、空间勘探、地震图像、大气数据等；

(3)数字监控：监控照片和视频等；

(4)传感器数据：交通、天气等。

举个例子，若需给水果拍照，用语言描述水果的口感，甚至给每个水果做一个网页，这些数据都是非结构化数据，它们不直接对应某个属性，需要相对复杂的方式来分析才能知道其含义。现代网络产生了大量非结构化数据，传统的数据分析工具和方法已经难以完成对它们的分析。

非结构化数据与企业的价值相关性更强，具有独立性和客观性，可提高会计数据质量，展现经济业务实质的真实性，有利于提高会计信息化水平。

进入大数据时代后，结构化和非结构化数据发生了本质性的逆转。过去绝大多数的数据是结构化数据，而现在非结构化数据正呈现快速增长的趋势，这也促使大数据时代的会计数据体系进一步完善。该体系基于传统结构化数据，将独立客观且与企业价值相关的非结构化数据作为辅助信息和补充信息，提高会计数据信息质量，保证会计信息与企业价值之间的相关性。财务分析人员必须学会从海量的网络资源中搜集并筛选与自己的分析对象和分析目的相关性较强的资料信息，这些资料信息可能是结构化数据，例如金融数据库等，也可能是非结构化数据，例如网页等。而通过对大数据时代相关数据信息的综合分析，可促使企业经济效益得到一定的提升。

（三）半结构化数据

半结构化数据是结构化数据的一种形式（结构化数据与半结构化数据都是有基本固定结构的数据），它并不符合关系型数据库或其他以数据表形式关联起来的数据结构，但包含相关标记，用来分隔语义元素以及对记录和字段进行分层。因此，它也被称为自描述的结构。其本质，就是介于结构化数据（如关系型数据库、面向对象数据库中的数据）和非结构化数据（如声音、图像文件等）之间的数据，可以通过灵活的键值调整获取相应信息，且数据的格式不固定。同一键值下存储的信息可能是数值型的，可能是文本型的，也可能是列表，如电子邮件、用 windows 处理的文字、日志文件、XML 文档、XBRL 文档、JSON 文档和在网上看到的新闻等。

举例来说，一个对人员档案的半结构化 XML 文件如图 3-1 所示，而其对应的结构化数据见表 3-2。

```
<person>
<name>张三</name>
<age>18</age>
<gender>female</gender>
```

图 3-1 人员档案的 XML 文档

表 3-2 人员档案的结构化数据描述

Name（名字）	Age（年龄）	Gender（性别）
张三	18	female（女性）

第三节 财务大数据分析的主要步骤

财务大数据分析的主要步骤包括需求分析、数据收集、数据预处理、数据分析、数据展现、报告撰写。

一、需求分析

在进行数据分析前，首先应明确分析的对象是什么，为什么要开展数据分析，通过数据分析要解决什么问题。分析目的确定之后梳理分析思路，搭建分析框架，把分析目的分解成若干个不同的分析要点，即如何具体开展数据分析，需要从哪几个角度进行分析；采用哪些分析指标。

二、数据收集

数据分析是建立在大量数据基础上的，因此在确定分析目的和内容后，需要按照确定的数据分析框架，对相关的数据进行收集和整合，这一过程称为数据收集。数据收集是数据分析的基础，如何获取足够的、可用的数据是数据收集过程中需要解决的主要问题。随着网络技术的发展和普及，互联网成为大量信息的载体，也成为数据分析的主要数据来源。网络爬虫是目前数据收集的主要手段，在本书后续章节中，将介绍利用 Python 语言编写网络爬虫并进行网络数据收集的相关内容。

（一）数据质量

在数据分析的道路上，数据收集是重中之重。收集的数据质量直接决定了后续的分析是否准确。质量好的数据具有全面、多维、真实、准确、时效好等多个特点。

1. 全面

全面是指数据的数量较多，而且能够代表整体数据的各个部分，数据量足够支撑分析需求。比如要对员工的差旅费用是否合规进行分析，就需要采集差旅费发生的时间、地点、金额，及公司费用标准等数据。

2. 多维

多维数据更能满足分析需求。多维是指用户能灵活、快速自定义数据的多种属性和不同类型，从而满足不同的分析目标。比如还是分析员工的差旅费用，如果与预算数据进行关联，就可以判断该费用是否超出预算；如果和研发项目进行关联，就可以分析该项目的投入产出比等。

3. 真实

数据必须真实准确地反映客观的实体存在或真实的业务。真实可靠的原始统计数据是企业统计工作的灵魂，是一切管理工作的基础，是经营者进行正确经营决策必不可少的第一手资料。

4. 准确

准确也叫可靠。可靠的数据可以使分析结果准确、可靠，助力决策。不可靠的数据可能造成严重的问题，会导致有缺陷的、糟糕的决策。

5. 时效好

时效好的数据是指比较新还有效用的数据。

（二）数据收集准备

1. 明确数据驱动目标

数据收集切忌大而全。数据分析需求是随着产品不断迭代的，应明确长远和当前阶段的分析需求，让分析更有目的性，技术执行更高效。

2. 按需收集数据

带着需求和分析目标去收集数据，不仅避免了数据冗余带来的无从下手的困境，也避免了全量收集之后却不知道要分析什么的尴尬。

（三）确定数据收集的方向

1. 系统内部收集

在系统内部收集的数据是工作中最常见的数据。要进行数据分析的公司肯定会有自己的数据（比如成本、收益等数据），这些数据一般会保存在数据库中，常用的数据库有 Oracle 与 Teradata。数据挖掘师可以通过 SQL 语言提取想要的数据表，并进行数据的收集。

系统内部数据与企业的生产相关，涉及用户信息的保密与商业机密等问题，所以一般都是有项目或者有研究课题时才能获取。

2. 系统外部收集

在系统外部收集的数据是宏观和公开的数据。这些数据大部分不是针对某一家公司的运营与生产情况，而是更加偏重社会环境以及行业的经济形势。

系统外部采集数据的源头众多，采集方法也有很多种，手工处理或者网络爬虫都是可选的方法。

三、财务大数据的预处理

完成数据收集工作后，采集到的数据可能是海量的、杂乱无章的、难以理解的，因此需要对其进行加工和处理，提取并推导出对所要解决的问题有价值、有意义的数据以便展开数据分析，这一过程被称为数据预处理。数据预处理是数据分析前必不可少的阶段。

（一）数据清洗

数据清洗是对数据进行重新审查和校验的过程，目的在于删除重复信息、纠正存在的错误，并检查数据一致性。

数据清洗从名字上也看得出，就是把“脏”的“洗掉”，是发现并纠正数据文件中可识别的错误的最后一道程序，包括检查数据一致性、处理无效值和缺失值等。因为数据仓库中的数据是面向某一主题的数据的集合，这些数据从多个业务系统中抽取而来且包含历史数据，这样就避免不了有错误数据，或者有的数据相互之间有冲突，这些错误或有冲突的数据显然是我们不想要的，称为“脏数据”。我们要按照一定的规则把“脏数据”“洗掉”，这就是数据清洗。

数据清洗主要包括缺失值清洗、格式内容清洗、逻辑错误清洗、非需求性数据清洗、关联性验证。

1. 缺失值清洗

缺失值是数据清洗中的常见问题，处理缺失值有很多方法，主要有：

(1)确定缺失值比例。对每个字段都计算其缺失值比例，然后按照缺失值比例和字段重要性，分别制定策略。

(2)去除不需要的字段。不需要的字段直接删掉即可，但强烈建议每做一步清洗都备份一下，或者在小规模数据上试验成功后再处理全量数据，不然删错了会追悔莫及。

(3)填充缺失内容。可以业务知识或经验推测填充缺失值；或以同一指标的计算结果(均值、中位数、众数等)填充缺失值；抑或以不同指标的计算结果填充缺失值。

(4)重新取数。如果某些指标非常重要且缺失率高，那就需要向取数人员或业务人员了解是否有其他渠道可以获得相关数据。

2. 格式内容清洗

如果数据是由系统日志生成的，那么通常在格式和内容方面，会与元数据的描述一致。而如果数据是由人工收集或用户填写而来的，则有很大可能性在格式和内容上存在一些问题，简单来说，格式内容问题有以下几类：

(1)时间、日期、数值、全半角等显示格式不一致。这种问题通常与输入端有关，在整合多来源数据时也有可能遇到，将其处理成一致的格式即可。

(2)内容中有不该存在的字符。去除不需要的字符即可。

(3)内容与该字段应有内容不符。比如姓名栏写了性别，身份证号栏写了手机号等，均属这种问题。该问题的特殊性在于：并不能简单地删除，因为既有可能是人工填写错误，也有可能是前端没有校验，还有可能是导入数据时部分或全部列没有对齐，因此要详细列出问题类型。

3. 逻辑错误清洗

逻辑错误清洗是指使用简单逻辑推理就可以直接发现有问题的数据，防止分析结果走偏。其主要内容如下：

(1)去除重复值，即去重。有的分析师喜欢把去重放在第一步，但建议把去重放在格式内容清洗之后，比如：存在多个空格导致清洗工具认为“陈丹奕”和“陈 丹奕”不是一个人，这样就会使去重失败。

(2)去除不合理值。比如：有人填表时乱填成年龄 200 岁，身高 4 米，这种不合理值要么删掉，要么按缺失值处理。

(3)修正矛盾内容。比如：身份证号是 11010319800209 * * * *，然后年龄填 18 岁。这时候需要根据字段的数据来源，来判定哪个字段提供的信息更为可靠，去除或重构不可靠的字段。

4. 非需求性数据清洗

这一步说起来非常简单，就是把不要的字段删了，但实际操作起来会遇到很多问题，例如:把看上去不需要但实际上对业务很重要的字段删了;某个字段觉得有用,但又没想好怎么用,不知道是否该删;一时看走眼,删错字段了。

处理前两种情况的建议:如果数据量没有大到不删字段就没办法处理的程度,那么能不删的字段尽量不删。第三种情况的处理方式是勤备份数据。

5. 关联性验证

如果你的数据有多个来源,那么有必要进行关联性验证。例如,你有汽车的线下购买信息,也有线上问卷登记的车辆信息,两者通过姓名和手机号关联,那么要看同一个人线下登记的车辆信息和线上问卷登记的车辆信息是不是同一辆,如果不是,需要调整或去除数据。

(二)数据转换

数据转换是将数据从一种格式或结构转换为另一种格式或结构的过程。数据转换对于数据集成和数据管理等活动至关重要。

数据转换包含以下几种处理方法。

1. 平滑处理

平滑处理能帮助除去数据中的“噪声”,主要技术方法有分箱(Bin)方法、聚类方法和回归方法。

2. 合计处理

合计处理是对数据进行总结或合计操作。例如,将每天的数据经过合计操作可以获得每月或每年的总额。这一操作常用于构造数据立方或对数据进行多粒度的分析。

3. 数据泛化处理

数据泛化处理是用更抽象(更高层次)的概念来取代低层次或数据层的数据对象。例如,街道属性可以泛化到更高层次的概念,如城市、国家;数值型的属性如年龄属性,可以映射到更高层次的概念,如年轻、中年和老年。

4. 规格化处理

规格化处理是指将有关属性数据按比例映射到特定的范围之中。例如,将工资收入属性值映射到 0 到 1 的范围内。

5. 属性构造处理

属性构造处理是指根据已有属性集构造新的属性,以帮助数据处理的过程。

下面将着重介绍属性构造处理中的规格化处理。规格化处理就是将一个属性取值范围映射到一个特定范围之内,以消除数值型属性因大小不一而造成挖掘结果的偏差,常常用于神经网络、基于距离计算的最近邻分类和聚类挖掘的数据预处理。对于神经网络,采用规格化处理后的数据不仅有助于确保学习结果的正确性,而且会帮助提高学习的效率。对于基于距离计算的最近邻分类和聚类挖掘,通过规格化处理可以帮助消除因属性取值范围不同而影响挖掘结果的公正性。常用的规格化方法有最大最小规格化方法、零均值规格化方法和十基数变换规格化方法。

(三)数据集成

从广义上来说,在企业中,由于开发时间或开发部门的不同,往往有多个异构的、在不同软硬件平台上同时运行的信息系统，这些系统的数据源彼此独立、相互封闭，使得数据难以在系统之间交流、共享和融合，从而形成了“信息孤岛”。随着信息化应用的不断深入，企业内部、企业与外部进行信息交互的需求日益强烈，急切需要对已有的信息进行整合，连通“信息孤岛”，共享信息，即进行数据集成。

我们这里主要讲解狭义的数据集成，也就是指将多份数据合并成数据集的过程和方法。数据集成最常见的两种方法：数据关联与数据合并，前者可以理解为将两份数据表做左右连接，如图 3-2 所示，后者可以理解为将两份数据表做上下连接，如图 3-3 所示。

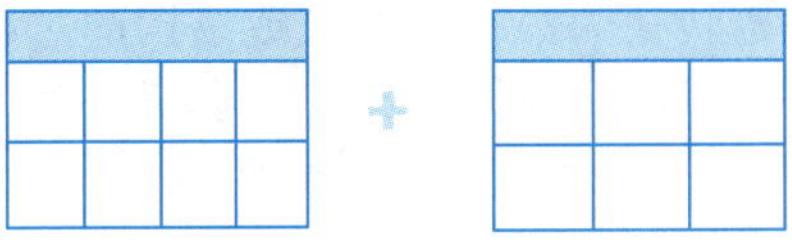

图 3-2　数据关联

图 3-3　数据合并

1. 数据关联

数据关联必须要有关联条件，一般是指左表的主键或其他唯一约束字段（即没有重复值）与右表的主键或其他唯一约束字段相等（相同）。

（1）左连接

左连接是以左表为基础，根据关联条件将两表连接起来的。结果会将左表所有的数据条目列出，而右表只列出满足左表关联条件的部分。左连接全称为左外连接，是外连接的一种，如图 3-4 所示。

ID	A	B	C
1	11	21	31
2	12	22	32
3	13	23	33

ID	D	E	F
2	42	52	62
3	43	53	63
4	44	54	64

ID	A	B	C	D	E	F
1	11	21	31			
2	12	22	32	42	52	62
3	13	23	33	43	53	63

图 3-4　左连接

（2）右连接

右连接是以右表为基础，根据关联条件将两表连接起来的。结果会将右表所有的数据条目列出，而左表只列出满足右表关联条件的部分。右连接全称为右外连接，也是外连接的一种，如图 3-5 所示。

ID	A	B	C
1	11	21	31
2	12	22	32
3	13	23	33

ID	D	E	F
2	42	52	62
3	43	53	63
4	44	54	64

ID	A	B	C	D	E	F
2	12	22	33	42	52	62
3	13	23	33	43	53	63
4				44	54	64

图 3-5　右连接

(3)内连接

内连接只显示满足关联条件的左右两表的数据记录,不符合条件的数据不使用,如图 3-6 所示。

ID	A	B	C
1	11	21	31
2	12	22	32
3	13	23	33

ID	D	E	F
2	42	52	62
3	43	53	63
4	44	54	64

ID	A	B	C	D	E	F
2	12	22	33	42	52	62
3	13	23	33	43	53	63

图 3-6　内连接

(4)全连接

全连接是指满足关联条件的左右表数据相连,不满足条件的各表数据均保留,无对应数据的内容为空,如图 3-7 所示。

ID	A	B	C
1	11	21	31
2	12	22	32
3	13	23	33

ID	D	E	F
2	42	52	62
3	43	53	63
4	44	54	64

ID	A	B	C	D	E	F
1	11	21	31			
2	12	22	33	42	52	62
3	13	23	33	43	53	63
4				44	54	64

图 3-7　全连接

(5)数据关联的笛卡尔积问题

数据关联时如果关联条件设置不当,极有可能出现笛卡尔积问题,体现为系统无响应。这是因为关联条件中左表的规则字段里存在多个重复值,那么数据集成时的计算量就会翻多倍;如果右表的规则字段也有重复值时,这个计算量将会相当惊人,随着关联的数据量级提高,计算量会呈指数级增长。

2. 数据合并

数据合并,也称为数据追加,是指对多份数据字段基本完全相同的数据进行上下连接,比如将两个公司的利润表合并成一个利润表。

如同数据关联,数据合并也需要指定连接条件,不同的是数据关联一般指定一个字段作为连接条件就可以,而数据合并涉及多列字段合并,需要指定一张表的每列字段对应另一张表的哪些字段,也就是需要将多个字段作为连接条件。

四、数据分析

完成数据预处理后,即可使用适当的数据分析方法和工具对处理过的数据进行分析,提取有价值的信息,形成有效结论。常用的数据分析方法包括描述性统计、决策分析、时间序列分析、相关分析、回归分析等。常用的数据分析工具和语言包括 excel,r 语言、python 语言、SPSS、SAS 等。

五、数据展现

数据本身通常是枯燥的,俗话说"字不如表","表不如图",因此数据分析的结果往往通过表格和图形的方式呈现,常用的数据图表包括柱形图、折线图、散点图、饼图、雷达图、金字塔图、帕累托图等。借助这些可视化的数据展现手段,能更直观地表述数据分析的结果。

六、报告撰写

完成相关图表的制作后,便可以总结数据分析的目的、过程、结果及观点等内容,形成数据分析报告,从而对整个数据分析结果进行呈现,以供决策者参考。数据分析报告的常用表现形式是文档或者演示文稿。

第四节 财务大数据的挖掘

一、数据挖掘的定义

数据挖掘是指从大量的数据中通过算法搜索隐藏信息的过程。数据挖掘是一种决策支持过程,它基于人工智能、机器学习、模式识别、统计学、数据库、可视化技术等,高度自动化地分析企业的数据,做出归纳性的推理,从中挖掘出潜在的知识和模式,帮助决策者调整市场策略,减少风险,做出正确的决策。

二、数据挖掘的对象

数据挖掘的对象可以是任何类型的数据源,可以是关系数据库这类包含结构化数据的数据源;也可以是数据仓库、文本、多媒体数据、空间数据、时序数据、web 数据这类包含半结构化数据甚至是异构型数据的数据源。

三、数据挖掘的步骤

很多软件供应商和数据挖掘顾问公司提供了一些数据挖掘过程模型来指导用户一步步地进行数据挖掘工作。数据挖掘过程主要包括定义问题、建立数据挖掘库、分析数据、准备数据、建立模型、评价模型和实施。

(一)定义问题

在开始数据挖掘之前最先的也是最重要的要求就是了解数据和业务问题。必须要对目标有一个清晰明确的定义,即决定想干什么。比如,想提高电子信箱的利用率时,想做的可能是"提高用户使用率",也可能是"提高每一次用户使用的价值",为解决这两个问题而建立的模型几乎是完全不同的,必须做出决定。

(二)建立数据挖掘库

建立数据挖掘库包括以下几个步骤:数据收集、数据描述、选择、数据质量评估和数据清洗、合并与整合、构建元数据、加载数据挖掘库、维护数据挖掘库。

(三)分析数据

分析数据的目的是找到对预测输出影响最大的数据字段,决定是否需要定义导出字段。如果数据集包含成百上千的字段,那么浏览分析这些数据将是一件非常耗时和累人的事情,这时需要选择一个具有良好界面和功能强大的工具软件来协助完成这些事情。

（四）准备数据

这是建立模型之前的最后一步数据准备工作。可以把此步骤分为四个部分：选择变量、选择记录、创建新变量、转换变量。

（五）建立模型

建立模型是一个反复的过程。需要仔细考察不同的模型以判断哪个模型对待解决的问题最有用。先用一部分数据建立模型，然后再用剩下的数据来测试和验证这个模型。测试和验证数据挖掘模型需要把数据至少分成两个部分，一个用于模型测试，另一个用于模型验证。

（六）评价模型

模型建立好之后，必须评价得到的结果，解释模型的价值。通过测试集中得到的准确率对用于建立模型的数据有意义。在实际应用中，需要进一步了解错误的类型和由此带来的相关费用有多少。经验证明，有效的模型并不一定是适用的模型。造成这一点的直接原因就是模型中隐含的各种假定不一定合理，因此，直接在现实世界中测试模型很重要。先在小范围内应用，取得测试数据，觉得满意之后再向大范围推广。

（七）实施

模型建立并经验证之后，有两种主要的使用方法。第一种是提供给分析人员作为参考；第二种是把此模型应用到不同的数据集上。

四、数据挖掘的方法

数据挖掘分为有指导的数据挖掘和无指导的数据挖掘。有指导的数据挖掘是利用可用的数据建立一个模型，这个模型是对特定属性的描述。无指导的数据挖掘是在所有的属性中寻找某种关系。具体而言，分类、估值和预测属于有指导的数据挖掘；关联规则和聚类属于无指导的数据挖掘。

（一）分类

首先从数据中选出已经分好类的训练集，在该训练集上运用数据挖掘技术建立一个分类模型，再将该模型用于对没有分类的数据进行分类。

（二）估值

估值与分类类似，但估值最终的输出结果是连续型的数值，估值的量并非预先确定。估值亦可作为分类前的准备工作。

（三）预测

预测通过分类或估值来进行。通过分类或估值得出一个模型，如果对于检验样本组而言，该模型具有较高的准确率，则可将该模型用于对新样本的未知变量进行预测。

（四）关联规则

关联规则或相关性分组的目的是发现哪些事情总是一起发生的。

（五）聚类

聚类是自动寻找并建立分组规则的方法，通过判断样本之间的相似性，把相似样本划分在一个簇中。

本章小结

本章节全面探讨了财务大数据分析的流程与方法，从技术、数据基础到分析步骤，构建了一个系统的框架。首先，分析了大数据处理技术，包括数据挖掘、采集、预处理与集成，以及存储和可视化技术等。其次，讨论了财务大数据的数据范围、来源和类型，分别介绍了内部数据与外部数据以及结构化、半结构化和非结构化数据的区别。最后，介绍了财务大数据分析的主要步骤，包括需求分析、数据收集、数据预处理、数据分析、数据展现和报告撰写。通过本章学习，能够掌握财务大数据分析的技能，为财务大数据分析工作奠定坚实的基础。

思考题

1. 举例思考财务数据和业务数据的区别与联系。

2. 进入国家统计局官网查询近 20 年的全国 GDP 数据及其增长情况，以及各行业数据的增长情况，并做简要分析。

3. 结构化数据、半结构化数据和非结构化数据分别具有什么特征？凭证、差旅出行线路图、XBRL 财务报表分别属于什么类型的数据？

实践应用篇

第四章

Python 在财务大数据中的应用

知识目标

- 解 Python 变量的命名规则和基本数据类型
- 理解 Python 中字符串定义及使用方法
- 掌握列表、元组、字典、集合的定义规则及常用方法
- 掌握流程控制中条件语句和循环语句的应用

育人目标

- 培养严谨的编程态度，提升专业素养
- 激发创新思维，探索数据价值
- 弘扬开源共享精神，助力技术发展

思维导图

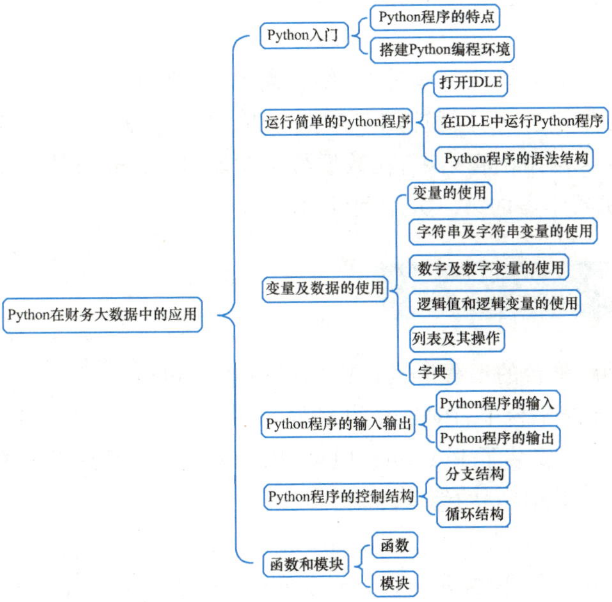

章前导读

近年来，临沭县审计局认真落实研究型审计要求，坚持把研究型思维贯穿审计全过程，不断研究创新审计方式、方法，在民生、社保等领域，积极运用以 SQL Server、ArcGis、Oracle 和 Python 等大数据技术为代表的先进技术手段，进行关联或叠加分析比对，通过整体或穿透式审计，快速找出存在的问题，深入挖掘问题背景、实质和原因，形成内容精练、重点突出、分析透彻、建议可行的审计专报等，为科学决策提供参考依据，提升审计结果影响力。

——《临沭县审计局以研究型审计提升审计质效》

（临沭融媒，2025.01.16）

第一节 Python 入门

一、Python 程序的特点

Python 是一种面向对象的解释型计算机程序设计语言，是一个高层次的结合了解释性、编译性、互动性和面向对象的脚本语言。随着大数据分析的飞速发展和人工智能应用的广泛普及，Python 成了全球增长最快的主流编程语言之一，具有以下特点：

（1）Python 是一种高级程序设计语言，语法极其简单易懂，非常容易上手。

（2）Python 是一种效率极高的语言，相比于其他语言，使用 Python 编程时，程序包含的代码更少，编写的程序更加易于阅读、调试和扩展。

（3）Python 也是一种免费开源的编程语言，任何人都可以自由地阅读它的源代码、对它做改进等。

Python 正是因为具有语法简单易学、编程高效、免费开源、可移植等优点，才成为有史以来最盛行的编程语言之一，广泛应用于数据分析、数据挖掘、人工智能、机器学习等领域。

根据 KDnuggets 网站调查结果，在数据科学领域，Python 自从 2017 年来，一直是数据分析、数据科学与机器学习的第一大编程语言。

二、搭建 Python 编程环境

Python 是一种跨平台的编程语言，可以运行在 Windows、Linux、OS X 等操作系统中，但是在不同的操作系统平台上，Python 的安装存在一些区别。在大多数的 Linux 和 OS X 操作系统平台上都默认安装了 Python。但是 Windows 操作系统并没有。本章主要讲解在 Windows 平台上搭建 Python 的编程环境。

搭建 Python 编程环境的步骤如下所述：

（1）访问 Python 官网下载页面（http://www. python. org/downloads/），如图 4-1 所

示。在下载页面，有最新版的 Windows 系统下的 Python 安装程序，单击 Download Python 3.10.2 按钮，即可下载。

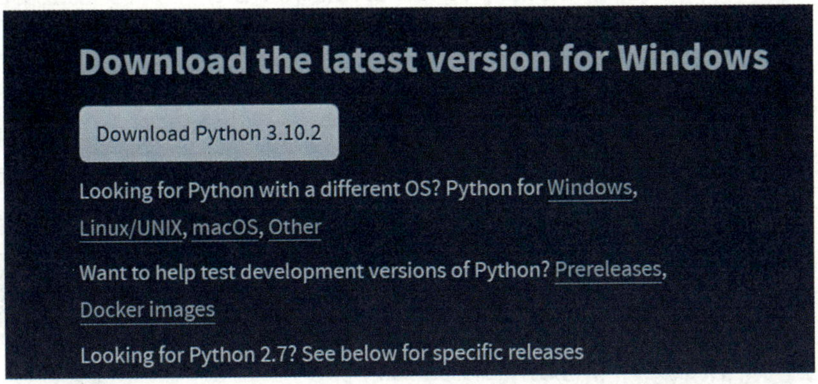

图 4-1 Python 官网下载页面

Python 有两个主要的版本，一般称为 Python 3 和 Python 2。Python 3 和 Python 2 语法上有些差异，并且不兼容，可以看成两门不同的语言。因为 Python 3 是 Python 2 的优化版本(改进了一些语法和模块，增加了新的语法，统一了字符编码等)，且比 Python 2 更加符合时代发展的趋势，所以本章主要介绍 Python 3 的安装及使用。

(2)单击 Python3 的下载按钮，会进入 Python 3 版本的下载页面。在下载页面的最下方，有 Python 当前版本在不同系统中的不同安装程序文件。Python 下载版本的选择如图 4-2 所示。对于现在主流的 64 位 Windows 操作系统计算机，选择最后一条“Windows installer(64-bit)”。

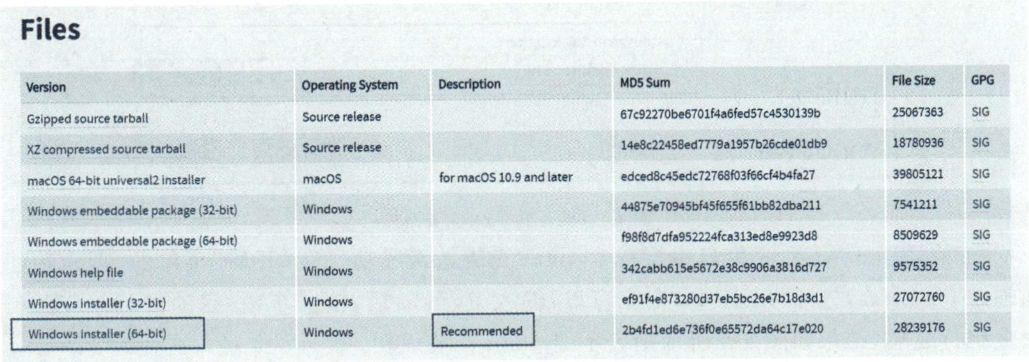

Files

Version	Operating System	Description	MD5 Sum	File Size	GPG
Gzipped source tarball	Source release		67c92270be6701f4a6fed57c4530139b	25067363	SIG
XZ compressed source tarball	Source release		14e8c22458ed7779a1957b26cde01db9	18780936	SIG
macOS 64-bit universal2 installer	macOS	for macOS 10.9 and later	edced8c45edc72768f03f66cf4b4fa27	39805121	SIG
Windows embeddable package (32-bit)	Windows		44875e70945bf45f655f61bb82dba211	7541211	SIG
Windows embeddable package (64-bit)	Windows		f98f8d7dfa952224fca313ed8e9923d8	8509629	SIG
Windows help file	Windows		342cabb615e5672e38c9906a3816d727	9575352	SIG
Windows installer (32-bit)	Windows		ef91f4e873280d37eb5bc26e7b18d3d1	27072760	SIG
Windows installer (64-bit)	Windows	Recommended	2b4fd1ed6e736f0e65572da64c17e020	28239176	SIG

图 4-2 Python 下载版本的选择

(3)下载完毕后，双击运行安装程序，弹出如图 4-3 所示的安装界面。本书使用的是 Python 3.10.2 安装软件。

在如图 4-3 所示的安装界面中，首先，务必要勾选 Add Python 3.10 to PATH 复选框，这样可自动将 Python 路径配置到系统的环境变量中。

其次，可以通过选择图 4-3 中的 Customize installation 选项，在弹出的设置界面中将默认的较长的 Python 安装路径更改为 C:\Python\Python310，方便后期使用。配置 Python 安装路径如图 4-4 所示，可以在该界面下的文本框中直接输入安装路径，或者单击 Browse 按钮选择相应的安装路径。

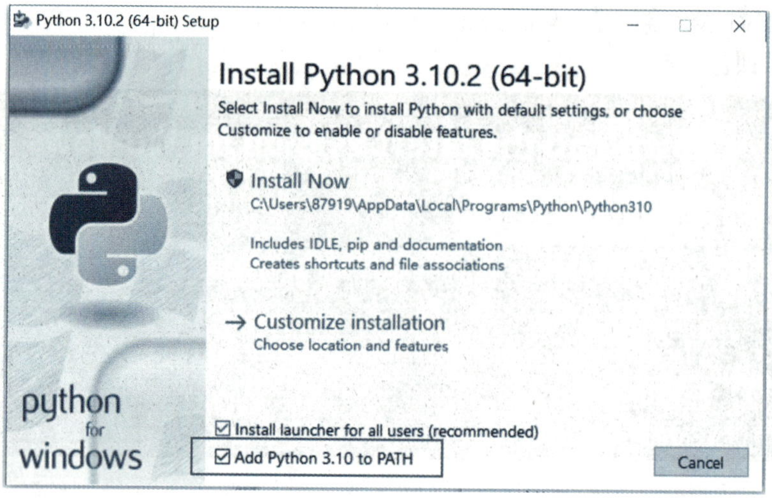

图 4-3　Python 安装界面

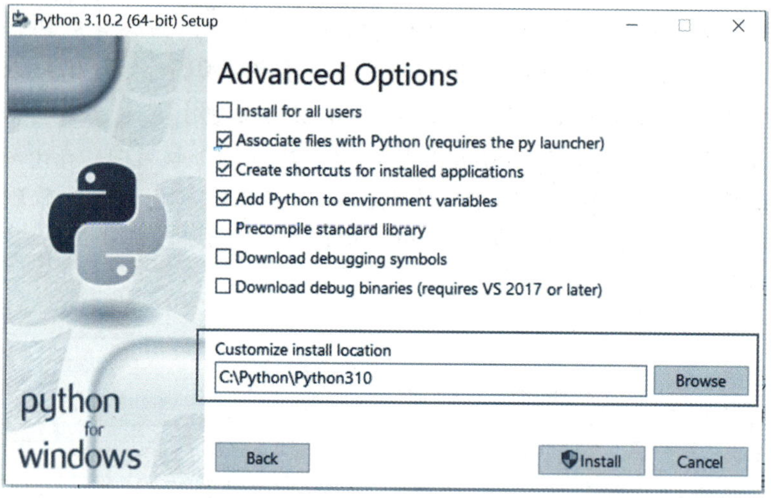

图 4-4　配置 Python 安装路径

（4）在 Windows 命令窗口中检查 Python 安装是否成功。在“开始”菜单的“搜索”栏里面输入 cmd. exe，打开 Windows 命令窗口，输入 Python 后，按回车键，启动 Python 交互式命令执行终端，结果如图 4-5 所示则表示 Python 安装成功。

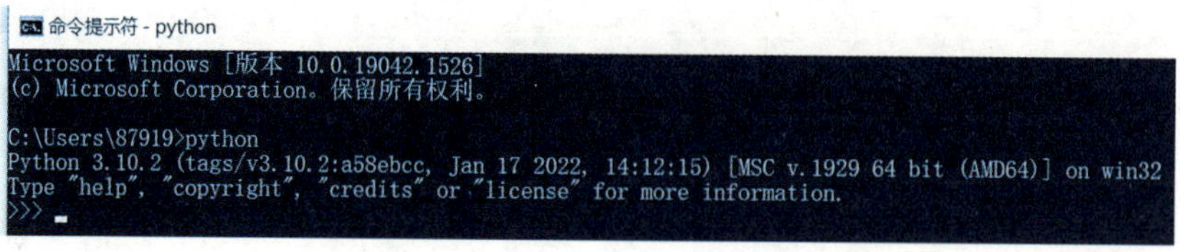

图 4-5　启动 Python 交互式命令执行终端

如图 4-5 所示，命令执行终端显示了系统安装的 Python 版本，最后的符号>>>是一个提示符，表示可以输入 Python 命令。在交互式命令执行终端输入命令后按回车键，系统将执行 Python 命令并输出结果。

如果出现如下问题，就是 Windows 操作系统不知道应将 Python 安装在系统的哪个目录下，需要把 Python 的安装目录加入系统环境变量里面。

```
C:\Users>python
'python' 不是内部或外部命令，也不是可运行的程序或批处理文件。
```

第二节 运行简单的 Python 程序

一般通过 Python 安装程序自带的 IDLE(Integrated Development and Learning Environment，集成开发和学习环境，简称集成开发环境)来运行 Python 程序。

一、打开 IDLE

(1)找到 idle.bat 文件。可以通过 Windows 系统自带的搜索功能来查找，也可以直接在 Python 安装目录下查找(本书为 C:\Python\Python310\Lib\idlelib)。可以通过右击“发送到桌面快捷方式”方便下一次的使用。

(2)双击 idle.bat 文件，弹出 Python IDLE 交互式命令执行窗口，此时已经完成了打开 IDLE 的操作。

二、在 IDLE 中运行 Python 程序

在 IDLE 中运行 Python 程序有两种方法。

方法 1 通过 IDLE 直接执行语句。

在>>>提示符后面输入 Python 代码，即可以显示输出。

学习编程语言的第一个程序，一般都是在屏幕上显示消息“Hello world!”。用 Python 编写这样的程序，只需要在交互式命令执行终端用 print()函数输出信息。Python IDLE 交互式命令执行窗口如图 4-6 所示。

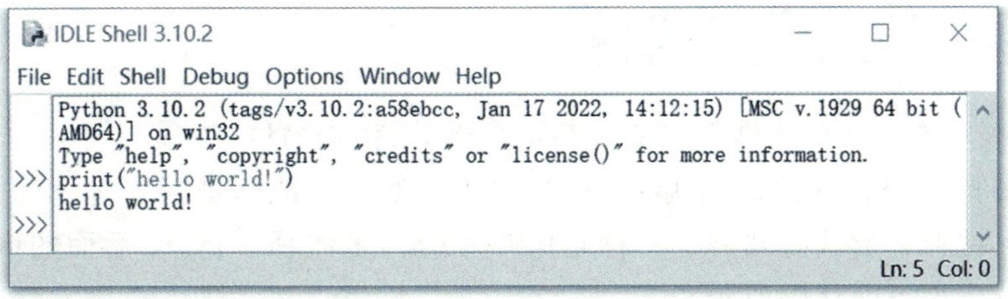

图 4-6 Python IDLE 交互式命令执行窗口

其中，>>>提示符后面表示代码命令行，没有>>>提示符表示是输出的结果。请动手试一试，编写 Python 代码，在屏幕上输出消息“Hello Python world!”，代码如下：

```
>>>print("Hello Python world!")
Hello Python world!
```

方法 2 通过 IDLE 建立 py 源程序文件。

当解决比较复杂的问题时，需要编写多行代码而后执行。可以通过 Python IDLE 建立

和编写 py 源程序文件。方法如下：

第 1 步　选择 IDLE 窗口中的 File→New File 命令，新建一个空白文档。

第 2 步　选择 File→Save 命令，将文件保存为 hello_world. py 文件；选择文件所在的位置为 C:\Python 文件夹。

第 3 步　在 hello_world. py 文件中输入显示消息“Hello world!”的代码并保存。

运行 py 文件有如下两种方法。

(1)选择 Run→Run Module 命令，或者按 F5 键，即可通过 Python IDLE 运行 py 文件，如图 4-7 所示，并给出运行结果。

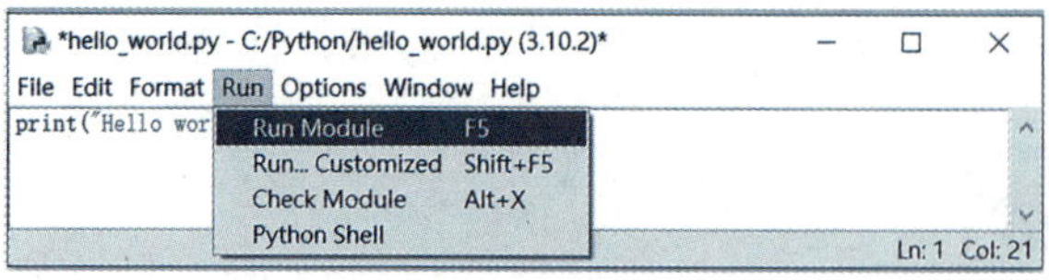

图 4-7　通过 Python IDLE 运行 py 文件

(2)在 Windows 命令终端窗口 cmd. exe 中运行 hello_world. py 文件，命令为 python c:\python\hello_world. py。在命令终端运行 py 源程序后结果如图 4-8 所示。

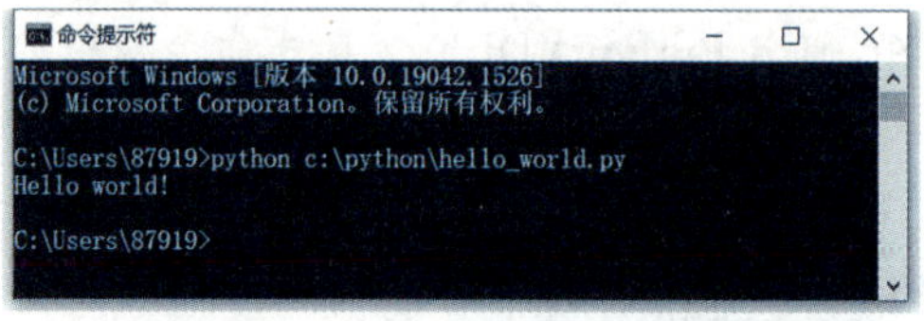

图 4-8　在命令终端运行 py 源程序

注意

如果此时命令终端为 Python 交互式命令执行窗口，可以先通过在>>>示符后输入 exit ( )函数或者 quit( )函数来退出 Python 环境。然后再执行 python c:\python\hello_world. py，获得输出结果，如图 4-8 所示。

三、Python 程序的语法结构

Python 程序语法的格式框架主要包括两个部分：代码缩进、注释。

在编写多行 Python 代码来求解问题时，为了方便程序能够被轻松地读懂，一般要为程序添加注释。注释的形式有两种。一种是用井号(#)来注释一行，# 后面的内容不管写什么都不会执行。如下面代码所示：

```
#这是一行 python 注释
print ("Hello python world!")
```

另一种是用两个三引号(''')来注释多行，两个三引号(''')之间的部分为注释内容，将不会被执行。如下面代码所示：

```
'''这是多行注释，用三个单引号
这是多行注释，用三个单引号'''
print ("Hello python world!")
```

注释内容要尽量以简洁清晰的语言把代码的功能讲清楚,方便今后的代码阅读和修改等。

Python 程序运行时,根据缩进来解读代码,不考虑空行,所以空行一般用来增加程序的可读性,对于程序的运行没有影响。缩进一般是 4 个空格。

注意

并不是所有代码都可以通过缩进来包含其他代码,否则会出现 unexpected indent 错误。如下所示,代码中误用了一个多余的缩进。

```
print("Life is short, I use Python!")
    print("Me too!")
```

运行代码后错误信息为:

```
File "C:/Python/untitledl.py,line 8
print("Me too!")
^
IndentationError:unexpected indent
```

Python 语法结构的说明是通过在交互式运行终端输入 import this 命令获得的,相关代码及运行结果如下:

```
>>> import this
Beautiful is better than ugly.
Explicit is better than implicit.
Simple is better than complex.
Complex is better than complicated.
Flat is better than nested.
Sparse is better than dense.
Readability counts.
Special cases aren't special enough to break the rules.
Although practicality beats purity.
Errors should never pass silently.
Unless explicitly silenced.
In the face of ambiguity, refuse the temptation to guess.
There should be one—and preferably only one—obvious way to do it.
Although that way may not be obvious at first unless you're Dutch.
Now is better than never.
Although never is often better than right now.
If the implementation is hard to explain, it's a bad idea.
If the implementation is easy to explain, it may be a good idea.
Namespaces are one honking great idea—let's do more of those!
```

Python 具有设计理念和哲学。例如,Python 以编写优美的代码为目标,而优美的代码应当具有简洁明了、命名规范、风格相似等优点。在这种设计哲学的指引下,Python 逐渐发展成为一种特别简明友好、容易上手、功能强大的语言,在编程序时可以慢慢体会。

第三节 变量及数据的使用

变量(Variable)是指在程序中可以发生改变的量。变量一般包含变量名和变量值两部分,变量值就是各种各样的数据。

Python一般通过定义变量来处理多种数据,如数字、字符串、字符等。虽然程序中可以直接使用数据,但是为了方便使用一般会将数据保存到变量中。变量可以看成一个小箱子,专门用来“盛装”程序中的数据。每个变量都拥有独一无二的名字,通过变量的名字就能找到变量中的数据。

一、变量的使用

变量是通过“变量名=值”这一方法定义的。在编程语言中,“=”与数学意义上“相等”的含义不同,表示赋值运算符,即将右侧的值存放到左侧的变量中。

在hello_world.py程序文件中添加一个名为message的变量,用来存储“Hello world!”消息内容。只需要在开始添加一行语句,代码如下:

```
message = 'Hello world!'
```

然后将print('Helloworld!')改写成print(message),得到的输出与之前一模一样,其中,print()函数输出变量值,即字符串的内容。

进一步修改程序为helloworld.py,文件代码如下:

```
# helloworld.py 程序文件
message='Hello world!'
print(message)

message = 'Welcome to our Python world!'
print(message)
```

运行程序,会得到如下两行输出:

```
Hello world!
Welcome to our Python world!
```

由此可见,在程序中可以随时修改变量的值,而变量只能保存最后修改的值。另外,中间的空行是为了方便阅读程序,并不会对输出造成任何影响。

在解决复杂问题时,经常要使用变量来简化程序的逻辑。变量的命名需要遵循如下规则。

(1)变量只能包含字母、数字和下划线,变量名的第一个字符可以是字母或下划线,但不能是数字。例如,_name、name_1、_name_1等都是正确的变量名,但是1name、1_name等都是错误的变量名。

(2)变量名区分大小写并且不能包含空格,可以使用下划线或首字大写来分隔较长的变量名中的单词,如first name不是变量名,但是first_name、firstname、firstname是3个不同的变量名。

(3)python 的关键词和函数名不能用作变量名，如 print、if、True、False 等。在使用变量的过程中，最容易出现命名错误："nameerror：name′mesage′is not defined"。相关代码及运行结果如下：

```
>>> message = "Welcome to our Python world!"
>>> print(mesage)
Traceback (most recent call last):
        File "<pyshell#2>", line 1, in <module>
            print(mesage)
NameError: name 'mesage' is not defined
```

如果出现这样的错误，那么表明变量名的书写有误，仔细比较并改正错误后，程序就可以正常运行了。

在 Python 中，变量是可以发生变化的量，在 Python 中变量是没有类型之分的，但是 Python 中数据有类型之分，包括 Python 内置数据类型、自定义类型，如图 4-9 所示。

- 数据类型
  - Python 内置数据类型
    - 数值类型
      - 整数型(Int)
      - 浮点型(Float)
      - 复数型(Complex)
    - 布尔型(Bool)
    - 序列
      - 字符串类型(String)
      - 列表(List)
      - 元组(Tuple)
    - 映射——字典(Dictionary)
  - 自定义类型——类(Class)

图 4-9 Python 支持的数据类型

一般通过 type()函数查看数据或数据变量的类型。相关代码及运行结果如下：

```
>>> type("hello")
<class 'str'>
>>> message = "hello"
>>> type(message)
<class 'str'>
>>> message = False
>>> type(message)
<class'bool'>
```

二、字符串及字符串变量的使用

在 Python 中，用两个单引号或者两个双引号表示的一串字符，就是字符串。例如：

```
"Life is short, use Python. "
'人生苦短，我用 python.'
```

字符串中可以嵌套其他成对出现的引号，双引号表示的字符串里面应该嵌套单引号才不会出错，而单引号表示的字符串里面要嵌套双引号才不会出错。如果多个单引号或多个双引号嵌套出现，则会有问题。

(一)用 len( )函数得到字符串的长度

在 Python 中不管是对于英文字符还是中文字符,用 len( )函数得到的字符串长度都是 1。相关代码及运行结果如下:

```
>>> len("Hello!")
6
>>> len("你好!")
3
```

(二)用 title( )、upper( )、lower( )方法改变字符串的大小写形式

Python 为字符串以及字符串变量提供了一系列方法,可以直接调用并改变字符串的显示形式。若提供的方法是属于对象(如字符串、列表、字典等)的函数,则可以由对象用( )直接调用。

相关代码及运行结果如下:

```
>>> print("Life is short, use 'Python'!".title( ))
Life Is Short, Use 'Python'!
>>> print("Life is short, use 'Python'!".upper( ))
LIFE IS SHORT, USE 'PYTHON'!
>>> print("Life is short, use 'Python'!".lower( ))
life is short, use 'python'!
```

其中,title( )方法是将字符串里面每一个英文字符的首字母大写,upper( )方法是将字符串中所有的英文字母变成大写形式,lower( )方法是将字符串中所有的英文字母变成小写形式。

因为'the'和'The'是不相同的字符串,所以如果要计算一篇英文文章中某些单词出现的频率,先要通过 title( )方法或者 upper( )方法或者 lower( )方法把字符串中所有单词的不同形式调整为统一形式。

(三)字符串的拼接

在实际求解问题时,还会经常遇到将多个字符串变量的内容拼接在一起后打印显示出来的情况。Python 使用加号(+)来拼接字符串,可以方便地将字符串和字符串变量拼接起来。

motto.py 程序代码如下:

```
# motto.py 程序文件
motto = 'Life is short, you need Python.'
name = 'bruce Eckel'
message = name.title( ) + 'said:"' + motto+'"'
print(message)
```

运行结果为:

```
Bruce Eckel said: " Life is short, you need Python. "
```

(四)字符串中转义字符的使用

字符串打印显示出来时往往要进行格式的控制,如果要换行,可以使用转义字符'\n'来实现;如果要添加制表符,那么可以使用转义字符'\t'来实现。字符'\t'和'\n'都是 ASCII 码

中的控制字符，不能直接显示，所以通过\的形式来进行控制显示。

如下面“转义字符.py”程序文件所示。

```
# 转义字符.py 程序文件
Header='排名\t 姓名\t 成绩'
stu1= '1\t 小明\t 100'
stu2= '2\t 小王\t91'
print(Header +'\n'+ stu1 +'\n'+stu2)
```

运行结果：

```
排名  姓名  成绩
 1    小明   100
 2    小王   91
```

(五)字符串索引

字符在字符串中的编号叫作“索引”。Python 中字符串索引从 0 开始，一个长度为 L 的字符串最后一个字符的位置是 $L-1$。Python 允许使用负数从字符串右边末尾向左边进行反向索引，最右侧索引值是−1，向左依次减 1。字符串的两种索引见表 4-1。

表 4-1　字符串的两种索引

h	e	l	l	o	,		S	a	m	!
0	1	2	3	4	5	6	7	8	9	10
−11	−10	−9	−8	−7	−6	−5	−4	−3	−2	−1

字符串索引还包括单个索引和范围索引。

1. 单个索引

单个索引是指访问字符串中的指定位置。格式为字符串名[索引值]。

相关代码及运行结果如下：

```
>>> message = "Hello, Sam!"
>>> message[0]
'H'
>>> message[-1]
'!'
```

2. 范围索引

范围索引是通过两个索引值确定一个位置范围，并返回这个范围的子字符串的过程。格式为字符串名[start:end]。其中，start 和 end 都是整数型数值，这个子序列从索引 start 开始直到索引 end 之前结束。相关代码及运行结果如下：

```
>>> message[7:10]
'Sam'
>>> message[0:1]
'H'
>>> message[-3:-1]
'am'
>>> message[7:-1]
'Sam'
```

三、数字及数字变量的使用

在求解数值类问题时，经常会用到数字的计算，在 Python 中，数字一般包括整数、浮点数和复数。整数在程序中的表示方法和数学上一样，如 100、−1 等。

浮点数也就是小数，可以用数学上的写法，如 1.23、3.14 等。但是对于很大或很小的浮点数一般用科学计数法表示，用 e 来替代 10^9。例如，1.23×10^9，就写成 1.23e9，或者 12.3e8，0.000 012 写成 1.2e−5，等等。

复数由实部和虚部构成，虚部以字母 j 或 J 结尾。如，3+4j 就是一个复数，实部是 3，虚部是 4。可以直接用 $a+b$j 的形式创建复数，也可以用 complex(real, imag)函数构造。

数值运算的操作见表 4-2。

表 4-2　　数值运算的操作

操　作	操作含义
$x+y$	x 与 y 之和
$x-y$	x 与 y 之差
x * y	x 与 y 之积
x/y	x 与 y 之商(结果为浮点数)
x//y	x 与 y 之商的整数部分(向下取整)
x%y	取模运算(x 与 y 之商的余数)
x * * y 或 pow(x,y)	x 的 y 次幂
abs(x)	x 的绝对值

Python 将不带小数点的数字称为整数，将带小数点的数字称为浮点数。在 Python 的交互式命令运行终端，可以直接求解整数和浮点数算术运算表达式的值。相关代码及运行结果如下：

```
>>>3+9/3
6.0
>>>(9-3)/2
3.0
>>> 15 //6
2
>>>15%6
3
>>>2 * * 3
8
>>> pow(2,3)
8
>>> abs(3-6)
3
>>> 0.1+0.1
0.2
```

```
>>>0.1+0.2
0.30000000000000004
>>> 0.11 * 3
0.33
>>>0.2 * 3
0.6000000000000001
>>>0.3 * 3
0.8999999999999999
```

从上面的运行实例可以看出，Python 在进行浮点数计算时，其结果的小数位数是不固定的，有时多有时少。这种情况是由计算机内部数字的表示方式决定的，一般是不影响使用的。

如果要把数字和字符串拼接起来，先使用 str( )函数将数字类型变成字符类型，然后进行拼接。相关代码及运行结果如下：

```
>>> year = 2025
>>>message = 'Good bye, ' + str(year-1)
>>> print(message, '!')
Good bye, 2024!
```

请动手试一试，如果不使用 str( )函数，系统会报告什么样的错误信息。

四、逻辑值和逻辑变量的使用

逻辑值包括 True(真)和 False(假)两个，一般通过关系运算和逻辑运算来获得。

Python 中的关系运算与 excel 中的关系运算一样，都是为了完成两个运算对象的比较，并产生逻辑值 True(真)或 False(假)。

关系运算符包括小于(<)、大于(>)、小于或等于(<=)、大于或等于(>=)、等于(==)、不等于(!=或者<>)。

在进行关系运算时，数值按照大小比较，英文字符串按照字符的 ASCII 码值进行比较，中文字符串按照机内码的大小进行比较，如下所示。

```
>>>'the' == 'The'
False
>>>'the'!='The'
True
>>> '123' > 'abc'
False
>>> '我' > '你'
True
>>>7>9
False
>>>2.1<=5.4
True
```

Python 的逻辑运算符包括三个：and、or 和 not，即与运算、或运算和非运算。

A and B：与运算，表示并且。当 A 为真并且 B 也为真时，逻辑值为真(True)；当 A 或 B 为假时，逻辑值为假(False)。

A or B：或运算，表示或者。当 A 为真或者 B 为真时，逻辑值为真(True)；当 A 和 B 均为假时，逻辑值为假(False)。

not A：非运算，表示对 A 取反。当 A 为假时，逻辑值为真(True)；当 A 为真时，逻辑值为假(False)。

相关代码及运行结果如下：

```
>>> True and True
True
>>> True and False
False
>>> True or True
True
>>> True or False
True
>>> not True
False
>>> not False
True
```

已知三个数 a、b、c，判断这三个数是否能构成三角形的条件为两边之和大于第三边，逻辑表达式为“a+b>c and b+c>a and a+c>b”；判断这三个数是否能构成直角三角形的条件为勾股定理，逻辑表达式是为“a * * 2+b * * 2 == c * * 2 or a * * 2+c * * 2 == b * * 2 or b * * 2+c * * 2 == a * * 2”。相关代码及运行结果如下：

```
>>>a=20
>>>b= 25
>>>c=9
>>>a+b>c and b+c>a and a+c>b
True
>>>a**2+b**2==c**2 or a**2 +c**2==b**2 or b**2+c**2==a**2
False
```

五、列表及其操作

列表是一组按照一定顺序排列的，由各种类型的数据元素组成的集合。简单地说，列表是一组信息的集合，它可以将成组的数据按照顺序集合起来存放，是 Python 数据分析中最强大的功能之一。

在 Python 中，用方括号([ ])来表示列表，以下均为列表数据。

```
>>>['A', 'B','C','D','E','F', 'G']
['A','B','C', 'D', 'E','F', 'G']
```

```
>>>[1,2,3,4,5,6,7,8,9,0]
[1,2,3,4,5,6,7,8,9,0]
>>>['A', 'B', 'C', 7,8,9]
['A', 'B', 'C', 7,8,9]
>>>[[1,2,3], 'hello', 88, True, False]
[[1, 2, 3], 'hello', 88, True, False]
```

由上面的列表数据可以看出，即使列表中数据元素的类型不一致，也能构成列表数据。另外，列表元素也可以是列表。其中，全部列表元素均为字符串的列表简称为字符串列表，全部列表元素均为数字的列表简称为数字列表。

英文字符串有一个简单的将字符串转换为列表的方法，就是 split( )方法，如下面例子所示，通过 split( )方法，将英文句子按照空格划分为多个单词，得到由字符串的单词构成的一个列表数据。相关代码及运行结果如下：

```
>>> "This is a bike. ".split( )
['This', 'is', 'a', 'bike. ']
```

下面是某人一年 12 个月的体重数据(单位为 kg)。

```
weight = [62, 65, 65, 64, 64, 63, 62, 63, 63,63,63,62]
```

当进行数据分析以及数据可视化时，一般数据会存放在列表里面，可以通过数字列表来使用实际的数据。例如，要对某产品一周的销售额进行分析，就可以建立如下数字列表。

```
sales = [1000, 2100, 1500, 3400, 5600, 4000, 5000]
```

(一)访问列表元素

访问列表元素包括访问一个列表元素，以及访问一段列表元素，分别通过列表元素的下标和列表切片来实现。

1. 通过列表元素的下标/索引来访问单个列表元素

列表元素在列表中的编号叫作“索引”，也称为下标。一般的列表元素索引从 0 开始，从左往右依次增加 1。索引值也可以从右往左，最右侧索引值是−1，向左依次减 1。

访问单个列表元素一般通过列表变量加下标的方式。语法格式为 ls[i]。其中，ls 表示列表名，i 表示下标或索引。相关代码及运行结果如下：

```
>>> Guests = ["David", "Tom", "Alex", "Jim", "Bob"]
>>> Guests[0]
'David'
>>>Guests[4]
'Bob'
>>> Guests[ -1]
'Bob'
```

这种列表变量加上下标的方法还可以用来修改、引用列表的数据。相关代码及运行结果如下：

```
>>> Guests[0]= 'Peter'
>>> Guests
['Peter', 'Tom', 'Alex', 'Jim', 'Bob']
```

```
>>> message = Guests[0].upper() + ', Welcome to our Python class!'
>>> print(message)
PETER, Welcome to our Python class!
```

2. 通过列表切片来访问某一段列表元素

Python 可以使用切片的方式来引用某一段列表的数据，语法格式：ls[start:end]。通过列表切片得到一个从索引 start 开始直到索引 end 之前结束的子列表，因此不包括列表元素 ls[end]。

另外，冒号表示区间，冒号前后的区间值都可以省略。省略前面的区间值表示从头开始；省略后面的区间值表示一直到列表的最后才结束；前后区间值都省略表示切片产生的是整个列表。相关代码及运行结果如下：

```
>>> lists[2:3]
[77]
>>> lists[:3]
[33,55,77]
>>> lists[3:]
[11,44]
>>> lists[:]
[33, 55, 77, 11, 44]
```

如果要对列表中的某一段数据，如每 2 个或每 3 个元素中取一个，可以通过 ls[start:end:step]设置步长 step 为 2 或 3。相关代码及运行结果如下：

```
>>> lists[0:5:2]    # 每 2 个元素只取第 1 个，也就是说每隔 1 个元素取 1 个
[33,77,44]
>>> lists[::2]
[33, 77, 44]
>>> lists[::3]    # 每 3 个元素只取 1 个，也就是说每隔 2 个元素取 1 个
[33,11]
```

(二)列表的操作方法

列表的操作方法包括添加和删除列表元素、对列表元素进行排序，以及对列表进行反转等。列表的操作方法见表 4-3。

表 4-3　　列表的操作方法

操作方法	描述
ls.append(x)	在列表 ls 尾部添加元素 x
ls.insert(pos, x)	在列表 ls 下标为 pos 的位置插入元素 x
ls.remove(x)	删除列表 ls 中的元素 x
ls.sort()	对列表 ls 所有元素进行升序排序
ls.sort(reverse=True)	对列表 ls 所有元素进行降序排序
ls.reverse()	对列表 ls 所有元素进行反转

1. 用 append( )方法和 remove( )方法添加和删除列表元素

列表中的元素是有顺序的，可以通过 append( )方法在列表尾部添加元素，用 insert( )方法在列表指定位置添加元素，用 remove( )方法删除给定的列表数据。相关代码及运行

结果如下：

```
>>> Guests. append("Alice")
>>> Guests
['Peter', 'Tom', 'Alex', 'Jim', 'Bob', 'Alice']
>>> Guests. insert(0,"David")
>>> Guests
['David', 'Peter', 'Tom', 'Alex', 'Jim', 'Bob', 'Alice']
>>> Guests. remove("Jim")
>>> Guests
['David', 'Peter', 'Tom', 'Alex', 'Bob', 'Alice']
```

2. 用 sort( )方法对列表元素进行排序，用 reverse( )方法对列表进行反转

相关代码及运行结果如下：

```
>>> Guests. sort( )
>>> Guests
['Alex', 'Alice', 'Bob', 'David', 'Peter', 'Tom']
>>> Guests. reverse( )
>>> Guests
('Tom', 'Peter', 'David', 'Bob', 'Alice', 'Alex']
```

(三)操作列表的函数

除了可以通过上面给出的方法来操作列表，Python 还给出了用来操作列表的函数。

1. len( )函数和 sorted( )函数

len( )函数可以给出列表的长度，即列表元素的个数。相关代码及运行结果如下：

```
>>> len(Guests)
6
```

sorted( )函数可以返回一个有序状态的列表，但是不会改变原来的列表数据。注意：前面给出的 sort( )方法会改变原来的列表数据。相关代码及运行结果如下：

```
>>> Guests=[' David ', ' Peter', 'Tom', 'Alex', 'Bob', 'Alice']
>>> sorted(Guests) ＃执行 sorted( )函数后 Guests 变量的值并没有发生变化
['Alex', 'Alice', 'Bob', 'David', 'Peter', 'Tom']
>>>Guests
['David',"Peter', 'Tom', 'Alex', 'Bob', 'Alice']
>>>Guests. sort( ) ＃执行 sorted( )函数后 Guests 变量的值发生了变化
>>> Guests
['Alex', 'Alice', 'Bob', 'David', 'Peter', 'Tom']
```

2. 数字列表的计算函数：min( )、max( )、sum( )函数

Python 提供了一些函数来进行简单的数字列表的计算，例如 min( )函数用来求最小值；max( )函数用来求最大值；sum( )函数用来求和。相关代码及运行结果如下：

```
>>> lists = [33,55,77,11,44]
>>> max(lists)
77
```

```
>>> min(lists)
11
>>>sum(lists)
220
```

(四)遍历列表

在实际应用中,要处理的列表数据可能成千上万个,例如对某个列表的所有数据元素依次进行一定的操作,为了能够高效地处理列表中的每一个数据元素,首先要学会用 for 循环语句遍历一个列表,包括用 for 循环语句遍历列表元素和列表下标两种方法。

1. 用 for 循环语句遍历列表元素

用 for 循环语句遍历列表元素的语法格式为:

```
for 元素、变量 in 列表变量
    子语句块
```

for 循环语句的功能是,将列表变量中的每一个数据元素依次放到元素变量中,然后执行子语句块的内容。

如下面的 Guests1. py 程序文件所示:

```
# Guests1.py 程序文件
Guests = ['David', 'Peter', 'Tom', 'Alex', 'Jim', 'Bob', 'Alice']
for guest in Guests:
    print(guest, guest.upper( ))
```

运行结果:

```
David DAVID
Peter PETER
Tom TOM
Alex ALEX
Jim JIM
Bob BOB
Alice ALICE
```

由上面的例子可以看出,通过 for 循环语句可以将 Guests 列表中的每一个数据元素依次放到 guest 变量中,然后执行 print(guest,guest. upper( ))语句。

使用 for 循环语句时要注意以下两点:

(1)for 循环语句后面一定要有冒号,否则会产生语法错误。

(2)其子语句必须要有空白缩进。上面例子中 print(guest,guest. upper( ))语句前面的空白缩进表示该语句为前面语句的子语句。Python 正是通过语句前面的空白缩进来控制程序结构的。例如,下面的 Guests2. py 程序文件所示:

```
# Guests2. py 程序文件
Guests= ['David', 'Peter', 'Tom']
for guest in Guests:
    print(guest, guest.upper( ))
    print("Welcome to our Python class!")
```

运行结果：

```
David DAVID
Welcome to our Python class!
Peter PETER
Welcome to our Python class!
Tom TOM
Welcome to our Python class!
```

而如果代码 print("Welcome to our Python class!")前面没有添加空白缩进，则该语句不是包含在 for 循环语句中的，只能被执行一次。例如，下面的 Guests3. py 程序文件所示：

```
# Guests3. py 程序文件
Guests = ['David', 'Peter', 'Tom']
for guest in Guests:
    print(guest, guest. upper( ))
print("Welcome to our Python class!")
```

运行结果：

```
David DAVID
Peter PETER
Tom TOM
Welcome to our Python class!
```

2. 用 for 循环语句遍历列表下标

因为列表元素可以通过下标来访问，所以可以通过遍历列表下标的方法来遍历列表。用 for 循环语句遍历列表下标的语法格式：

```
for 下标变量 in 下标列表:
    子语句块
```

其中，下标列表一般通过 range( )函数自动生成。

range( )函数可以用来自动生成两个整数之间的一系列整数值。例如，rang(a,b)生成从 a 到 b−1 的整数，但不包含 b。如下面例子所示：

```
for i in range(1,5):
    print(i)
```

运行结果：

```
1
2
3
4
```

然而，range(1,5)所产生的数据本身不是列表，但是可以通过 list( )函数强制将类型转换为数字列表。相关代码及运行结果如下：

```
>>>range(1,5)
range(1,5)
>>>list(range(1,5))
[1,2,3,4]
```

range( )函数产生的一系列连续的数值往往用来作为列表的下标，与变量一起访问列表数据。如下面的 Sales. py 程序文件所示：

```
# Sales. py 程序文件
sales = [1000, 2100, 1500, 3400, 5600, 4000, 5000]
for i in range(1,7):
    print(sales[i-1])
```

运行结果：

```
1000
2100
1500
3400
5600
4000
```

六、字典

字典是由一系列键值对组合而成的数据结构，用花括号({})来表示。键值对是组织数据的一种重要方式，广泛应用在 Web 系统中，如用户画像。将京东等网站在后台收集的用户数据，根据用户社会属性、生活习惯和消费行为等信息而抽象出的一个标签化的用户模型，简称为用户画像。下面是一个简单的字典，它存储了一个用户的姓名、年龄和所在城市信息。代码如下：

```
>>> user = {'name':'Wang Lin', 'Age':18, 'Location': 'Wuhan'}
```

其中，键值对通过冒号(:)相互关联起来，键一般是属性名称，如'name'、'Age'、'Location'，值一般是属性的数据值，如'Wang Lin'、18、'Wuhan'等。

键值对通过冒号相互关联，可以通过键的信息来访问值的信息。语法格式：dict[key]，其中，dict 表示字典名，key 为键名。相关代码及运行结果如下：

```
>>> user = {'name': 'Wang Lin', 'Age':18, 'Location': 'Wuhan'}
>>> user['name']
Wang Lin
>>> user['Age']
18
>>> user['Location']
Wuhan
```

键值对的基本思想是将“值”信息关联一个“键”信息，进而通过键信息查找对应的值信息，这个过程叫作映射。Python 中通过字典实现映射。

(一)添加、修改和删除字典元素

通过 dict[new_key]= new_value 为字典添加键值对。运用下面代码给 user 字典变量添加 preference 和 occupation 属性，并设置属性值分别为 sports 和 student。

```
>>> user['preference']= 'sports'
>>> user['occupation']= 'student'
>>>user
```

```
{'name': 'Wang Lin', 'Age': 18, 'Location': 'Wuhan', 'preference': 'sports', 'occupation': 'student'}
```

也可以先建立一个空字典,再添加一些键值对。添加空字典的代码如下:

```
user() ={ }
```

字典的键不能修改,只能修改键对应的值信息。即通过 dict[key]= new_value 来修改键 key 对应的值为 new_value,如下面代码所示。

```
>>> user['Age'] = user['Age']+1
>>> user
{'name':'Wang Lin', 'Age': 19, 'Location':'Wuhan', 'preference': 'sports', 'occupation': 'student'}
```

对于不再需要的键值对,可以通过 del dict[key]来删除。下面代码为删除 user 字典变量的 occupation 属性。

```
>>> del user['occupation']
>>> user
{'name': 'Wang Lin', 'Age': 19, 'Location': 'Wuhan', 'preference': 'sports'}
```

(二)字典的常用操作方法

字典的常用操作方法及描述见表 4-4。

表 4-4　字典的常用操作方法及描述

操作方法	描述
d. keys()	返回字典 d 的所有键信息
d. values()	返回字典 d 的所有值信息
d. items()	返回字典 d 的所有键值对
d. get(key, default)	如果字典 d 存在键 key,则返回键 key 对应的值 d[key],否则返回默认值 default
d. clear()	删除字典 d 的所有键值对

常见的用法包括以下两种:

(1)通过 for 循环语句来访问用户字典中的所有信息。下面代码所示为访问 user 字典的所有键值对信息。

```
user ={'name':'Wang Lin', 'Age':18, 'Location':'Wuhan'}
for key, value in user. items( ):
    print(key,':',value)
```

运行结果:

```
name: Wang Lin
Age:18
Location: Wuhan
```

(2)通过 get( )方法来统计词频。下面代码所示为通过字典及其方法来统计字符串的词频情况。

```
>>>S = "a an a the an An A A"
>>> words = S. lower(). split()
>>> words
['a', 'an', 'a', 'the', 'an', 'an', 'a', 'a']
>>> counts = {}
```

```
>>> for word in words:
>>> counts[word]= counts.get(word,0)+ 1
>>> counts
{'a':4, 'an': 3, 'the': 1}
```

其中,counts.get(word,0)表示如果字典 counts 中存在键 word,则返回对应的值,否则返回默认值 0。如下面例子所示:

```
>>>counts. get('an',0)          # 已知 counts = ('a':4, 'an': 3, 'the': 1)
3
>>> counts.get('one',0)
0
>>> counts
{'a':4, 'an': 3, 'the': 1}
>>> counts['one']= counts.get('one',0)+1 #给'one'的值增加 1
>>> counts
{'a': 4, 'an': 3, 'the': 1, 'one': 1}
```

第四节 Python 程序的输入输出

在处理问题时,往往需要根据数据来进行分析。数据的输入一般包括两种:一种是用户直接用 input( )函数输入数据;另一种是从文件读入相关的数据。数据的输出一般也包括两种:一种是用户直接用 print( )函数输出数据;另一种是通过将数据写入文件中输出数据。

一、Python 程序的输入

(一)使用 input( )函数输入数据

用户使用 input( )函数输入数据,相关代码及运行结果如下:

```
>>> name = input("What's your name?")
What's your name? Lily
>>> name
'Lily'
```

由此可见,input( )函数将用户输入赋值给变量,而函数里面的字符串只起一个提示作用,即提示用户此时需要输入什么样的数据信息。

input( )函数从控制台获得用户的一行输入,无论用户输入什么内容,input( )函数都以字符串类型返回结果。相关代码及运行结果如下:

```
>>> input( )
3
'3'
>>>a = input("请输入一个整数:")
请输入一个整数:10
```

```
>>>a
'10'
>>> type(a)
< class 'str'>
```

注意

input( )函数输入的数据默认都是字符串形式的,如果需要输入数字类型的数据,可以在 input( )函数输入之后,再通过 eval( )函数强制转换为数字类型。

eval( )函数可以去掉字符串最外层的引号,并按照 Python 语句方式执行去掉引号后的字符内容。相关代码及运行结果如下:

```
>>> eval("print('Hello world!')")
Hello world!
>>> eval("1+1")
2
>>> eval(input())
1+2
3
```

用 input( )函数输入的一般都是需要与用户交互的、少量的信息。当要一次性输入大量数据时,往往从文件直接读取。

(二)从文件读取相关的数据

从文件中读取数据包括以下 4 个步骤。

(1)根据文件名和路径,用 open( )函数打开文件。

(2)用 read( )方法将文件内容全部读入一个变量中。

(3)将文件数据存放在变量中,通过变量来处理。

(4)用 close( )方法关闭文件。

已知一个文本文件 company. txt 内容如下所示。

企业名称:星辰科技

成立年份:2018

CEO:李星云

主营:AI 芯片与云计算

简介:星辰科技专注边缘计算,为物流、制造企业提供低功耗算力方案,2024 年完成 C 轮融资,估值 50 亿元。

访问该文件的程序文件 readfile1. py 如下所示。

```
# readfile1. py 程序文件
file_object = open( 'company. txt', 'r', encoding= 'utf-8') #'r'表示以只读方式打开文件
                    # encoding 表示设置编码格式,防止读文件时出现乱码
contents = file_object. read()
print(contents)
file_object. close()
```

运行结果:

```
企业名称：星辰科技
成立年份：2018
CEO：李星云
主营：AI 芯片与云计算
简介：星辰科技专注边缘计算，为物流、制造企业提供低功耗算力方案，2024 年完成 C 轮融资，估值 50 亿元。
```

读文件时要注意如下两点。

(1)因为 read_file.py 和 company.txt 都在一个文件夹下面，所以读取文件时，并没有指定路径，当这两个文件不在同一个文件夹下面时，需要为 company.txt 文件指定路径。代码如下(注意，路径里面要用反斜杠)：

```
file_object = open('C:/Python/company.txt', 'r', encoding= 'utf-8')
```

(2)read( )方法一次性将文本文件所有内容全部读入 contents 变量中，这也是读取文件常用的方法。如果要一行一行地读取，可以使用 file_object 文件变量的 readline( )方法。代码如下：

```
#readfile2.py 程序文件
file_object = open('C:/Python/company.txt', 'r', encoding = 'utf-8')
#'r'表示以只读方式打开文件，encoding 表示设置编码格式，防止读文件时出现乱码
contents= file_object.readline()
print(contents)
file_object.close()
```

运行结果：

```
企业名称：星辰科技
```

如果要将每一行内容都读取出来，可以用 for 循环语句，代码如下：

```
#readfile3.py 程序文件
file_object = open('C:/Python/company.txt', 'r', encoding= 'utf-8')
#'r'表示以只读方式打开文件，encoding 表示设置编码格式，防止读文件时出现乱码
for line in file_object:
    print(line)
file_object.close()
```

运行结果：

```
企业名称：星辰科技

成立年份：2018

CEO：李星云

主营：AI 芯片与云计算

简介：星辰科技专注边缘计算，为物流、制造企业提供低功耗算力方案，2024 年完成 C 轮融资，估值
50 亿元。

```

从结果可以看出，每一行的结尾都多了一个空行，可以通过字符串方法 rstrip( )去掉字符串结尾多余的空行。代码如下：

```
#readfile4.py 程序文件
file_object = open('C:/Python/company.txt', 'r', encoding = 'utf-8')
for line in file_object:
    print(line.rstrip())
File_object.close()
```

运行结果：

```
企业名称:星辰科技
成立年份:2018
CEO:李星云
主营:AI 芯片与云计算
简介:星辰科技专注边缘计算,为物流、制造企业提供低功耗算力方案,2024 年完成 C 轮融资,估值 50 亿元。
```

二、Python 程序的输出

(一)使用 print( )函数输出数据

使用 print( )函数进行数据输出时,经常会用到字符串的 format ( )方法对输出内容进行格式化。下面的例子分别对输出的字符串和数字进行格式化。

前面两条语句对字符串进行了格式化,后面一条语句对输出的数字进行了格式化。

```
>>>print("{ }曰:学而时习之,不亦说乎。".format("孔子"))
孔子曰:学而时习之,不亦说乎。
>>> print("{ }曰:学而时习之,不亦{ }。".format("孔子","说乎"))
孔子曰:学而时习之,不亦说乎。
>>>print("{ }曰:学而时习之,不亦{ }。".format(1,2))
1 曰:学而时习之,不亦 2。
```

字符串 format ( )方法的语法格式：

```
<模板字符串> format(<逗号分隔的参数>)
```

模板字符串由一系列用花括号({ })表示的槽组成,用来表示输出参数的位置和格式。槽可以通过关键字或位置与输出的参数相对应。如下面代码所示：

```
>>> print('{名字}今天{动作}'.format(名字='陈某某',动作='拍视频'))
陈某某今天拍视频
>>>print('{1}今天{0}'.format('拍视频','陈某某'))
陈某某今天拍视频
>>> print('{0}今天{1}'.format('陈某某','拍视频'))
陈某某今天拍视频
```

第一条语句通过关键字来命名要输出的参数,通过关键字与模板字符串中的槽进行对应。第二条和第三条语句通过 format ( )函数中参数的位置(默认从 0 开始)来与模板字符串中的槽进行对应。

模板字符串中还可以通过槽对输出进行格式控制，其语法格式：

```
{<参数序号>：<格式控制标记>}
```

格式控制标记包括填充、对齐和宽度。如果格式控制标记的位置出现字符^、< 、>，则分别表示居中对齐、左对齐、右对齐；如果出现数字表示宽度；如果是其他字符，一般表示填充。如下面代码所示：

```
>>> print('{:^14}'. format('陈某某'))
              陈某某
>>> print('{:*<14}'.format('陈某某'))
陈某某***********
>>>print('{:&>14}'.format('陈某某'))
&&&&&&&&&&& 陈某某
```

(二)写入文件

写入文件与读文件类似，步骤如下：

(1)根据文件名和路径，用 open( )方法打开文件，打开时需要特别指出是写入的模式。

(2)通过 write ( )方法将各种数据写入文件。

(3)用 close ( )方法关闭文件。

将多种数据写入 example. txt 程序文件的代码如下：

```
# write_example. py 程序文件
message = "Life is short, I use Python!"
file_object = open('C:/Python/example. txt', 'w')
file_object. write(message)
file_object. write("3. 14159")
file_object. write("Hello Python world!")
file_object. close()
```

运行程序后，example. txt 文件内容如下：

```
Life is short, I use Python! 3. 14159Hello Python world!
```

如果希望写入一句后自动换行，直接将转义字符'\n'放在要换行的地方即可。

第五节　Python 程序的控制结构

程序由顺序结构、分支结构和循环结构三种基本结构组成。

程序的顺序结构是按照线性顺序依次执行的一种运行方式。程序的分支结构包括单分支结构、二分支结构和多分支结构，通过 if 条件语句来实现。程序的循环结构一般通过 for 循环语句和 while 循环语句来实现。下面分别介绍分支结构和循环结构。

一、分支结构

(1)单分支 if 条件语句的语法格式：

```
if(条件表达式)
   子语句块
```

注意

if条件语句的语法格式必须包括括号、冒号以及缩进的语句块。

在实际的数据处理过程中，往往要根据数据的取值来给出相应的操作。例如对于某个学生的成绩数据，如果大于或等于90分，则输出“优秀”。代码如下：

```
Score =92
if(score>=90):
  print("优秀")
```

这是最简单的if条件语句，是单分支结构，根据条件的判断来执行相应的操作。

(2)二分支if-else语句的语法格式：

```
if(条件表达式):
  子语句块1
else
  子语句块2
```

在实际的数据处理过程中，往往要对整个列表数据进行判断，根据数据的不同取值来给出相应的操作。例如对于一组学生的成绩数据，如果大于或等于60分，则输出“及格”；如果小于60分，则输出“不及格”。这里需要用到if-else语句，代码如下：

```
# score1.py 程序文件
scores = [67,89,57,90,49]
for score in scores:
  if(score>=60):
    print(score, ",", "及格")
  else:
    print(score, ",","不及格")
```

运行结果为：

```
67,及格
89,及格
57,不及格
90,及格
49,不及格
```

(3)多分支if-elif-else语句的语法包含多个if条件语句的嵌套使用。其中，三分支语句的语法格式：

```
if(条件表达式):
  子语句块1
elif(条件表达式):
  子语句块2
else:
子语句块3
```

对于上一组学生的成绩数据，如果为90～100分，则输出“优秀”；如果为60～89分，则输出“及格”；如果小于60分，则输出“不及格”。对于这样多种选择的情况，需要用到if-elif-else语句的多分支结构。这个问题的求解代码如下：

```
# score2.py 程序文件
scores = (67, 89, 57, 90, 49)
for score in scores:
    if(score>=90 and score<=100):
        print(score, ",", "优秀")
    elif(score>=60):
        print(score, ",", "及格")
    else:
        print(score,",", "不及格")
```

运行结果：

```
67,及格
89,及格
57,不及格
90,优秀
49,不及格
```

二、循环结构

(一)for 循环语句

for 循环语句的语法格式：

```
for 循环变量 in 遍历结构:
子语句块;
```

其中，遍历结构可以是字符串、文件、range( )函数、列表数据等。子语句块可以是单条语句或多条语句。

例如，下面的程序 square1.py 用 for 循环语句产生一组由 1～10 的平方数组成的列表。

```
# square1.py 程序文件
nums =[ ]
for i in range(1,11):
    num= i**2
    nums.append(num)
print(nums)
```

运行结果：

```
[1, 4, 9, 16, 25, 36, 49, 64, 81, 100]
```

下面的程序 evenList1.py 用 for 循环语句构建 10 以内的偶数组成的列表。

```
# evenList1.py 程序
even =[ ]
for i in range(10):
    if i%2==0:
        even.append(i)
print(even)
```

运行结果：

```
[0, 2, 4, 6, 8]
```

(二)列表解析式

列表解析式也称列表生成式，是将 for 循环语句和创建新元素的表达式合并成一行来构建新列表。列表解析式的语法格式：

```
新列表=[表达式 for 元素 in 可迭代对象 if 条件]
```

其中，if 条件语句可以省略。

例如，下面的程序 square2. py 用列表解析式产生一组由 1～10 的平方数组成的列表。

```
# square2. py 程序文件
nums = [(i+1) ** 2 for i in range(10)]        # i 的取值为 0～9,(i+1)取值为 1～10
print(nums)
print(type(nums))
```

运行结果：

```
[1, 4, 9, 16, 25, 36, 49, 64, 81, 100]
< class 'list' >
```

下面的程序 evenList2. py 用列表解析式构建 10 以内的偶数组成的列表。

```
# evenList2. py 程序
even =[i for i in range(10) if i % 2==0]
print(even)
```

运行结果：

```
[0, 2, 4, 6, 8]
```

从上面的例子可以看出，列表解析式与 for 循环语句都能得到相同的结果。但是列表解析式不仅简化了代码，增强了可读性，而且运行效率更高。

(三)while 循环语句

while 循环语句用于在某条件下，循环执行子语句。语法格式为：

```
while 判断条件:
子语句块;
```

判断条件是逻辑表达式，当判断条件为真时，执行子语句块；当判断条件为假时，循环结束。如下面的 while. py 程序代码所示：

```
# while. py 程序文件
current_number =0
while current_number <=5:
    print(current_number)
    current_number += 1
```

运行结果：

```
0
1
2
3
4
5
```

(四)break 语句和 continue 语句

在 Python 中可以通过 break 语句和 continue 语句来提前结束循环，这两个语句的区别在于：break 用来跳出当前层次的循环，即跳出最内层的循环，脱离该循环后程序从循环语句后代码继续执行；而 continue 用来结束当前当次循环，但并不跳出当前循环。如下面的 breakcontinue. py 程序代码所示：

```
# breakcontinue, py 程序文件
for i in "the number changes":
    if i =='n':
        break
    else:
        print( i, end = " ")
print( )
for i in "the number changes":
    if i == 'n':
        continue
    else:
        print(i, end = "")
```

运行结果：

```
the
the umber changes
```

第六节　函数和模块

在 Python 程序中，函数将一系列处理代码集中在一起，实现了代码的复用。开发者既可以自己编写函数，也可以直接使用已有的函数。在 Python 中有很多集成大量函数的软件包，用户可以直接使用，这些软件包又被称为模块或软件库。

一、函数

函数是一个可以实现特定功能的代码块，通过函数名来调用，可以有零个或多个输入参数，也可以有零个或一个返回值。函数定义的语法结构如下：

```
def 函数名(<参数列表>):
    <函数体>
    return<返回值列表 >
```

其中，def 是保留字，用来定义函数；return 也是保留字，用来返回函数值。

Python 中预先定义了一些函数，例如 print( )、len( )、type( )等，都称为内嵌函数。定义和使用函数首先要确定函数的输入参数和返回值，包括如下 3 种情况。

(1)无参数输入,无返回值。如下面 greetings1. py 程序中,用函数实现一组字符输出:

```
# greetings1. py 程序文件
def greetings():
    print("Season's greetings and best wishes for the New Year!")
greetings()
```

运行结果:

```
Season's greetings and best wishes for the New Year!
```

(2)有参数输入,无返回值。如下面 greetings2. py 程序中,根据输入的参数,用函数实现一组字符串输出。因为输入的参数 names 为一个列表,所以结合 for 循环语句对列表中的每一个人进行了问候。代码如下:

```
# greetings2. py 程序文件
def greetings(names):
for name in names:
    print(name + ',' ,"Season's greetings and best wishes for the New Year!")
names = ["David", "Tom", "Alice"]
greetings(names)
```

运行结果:

```
David, Season's greetings and best wishes for the New Year!
Tom, Season's greetings and best wishes for the New Year!
Alice, Season's greetings and best wishes for the New Year!
```

(3)有参数输入,有返回值。如下面 pure_text. py 程序中,用函数实现将输入的文本全部变为小写,并去除里面的标点符号,返回一组字符串。代码如下:

```
#pure_text. py 程序文件
def pure_text(texts):
    texts = texts. lower()
    for ch in texts:
        if ch in ",. !?<>:;'{}[]()":
            texts = texts. replace(ch, '')
    return texts

texts= "To be, or not to be that is the question: Whether it is nobler in the mind to suffer! The slings and
arrows of outrageous fortune. Or to take arms against a sea of troubles. And by opposing end them. "
texts = pure_text(texts)
print(texts)
```

运行结果:

```
to be or not to bethat is the question whether it is nobler in the mind to suffer the slings and arrows of
outrageous fortune or to take arms against a sea of troubles and by opposing end them
```

由上面的例子可以发现,使用函数后,主程序中包含的代码大大减少,逻辑变得十分简单。基于函数的这一大优点,在 Python 中一般把函数代码存储在单独的 py 文件中,这样的文件也称为模块。在编写主程序时,只需要用 import 语句导入相应的模块,即可调用模块里面的函数。任何人都可以编写一些模块,只要把编写的模块放到网上,便可以供他人使用。

二、模块

模块分为标准库和第三方库两种。

(一)标准库

Python 自身提供的一组模块称为标准库。当安装好 Python 之后,标准库就默认安装了,用户使用标准库中的函数时,只需要先导入相关的模块即可。常用的标准库包括 math、time、re、random 库等,以 math 库为例进行介绍。

math 库用来实现数学中的乘方、开方、对数等运算。

通过 import math 命令导入 math 库。math 库的常用函数见表 4-5。

表 4-5　　math 库的常用函数

函数	含义
pi	π 的近似值,15 位小数
e	e 的近似值,15 位小数
ceil(x)	向上取整
floor(x)	向下取整
pow(x, y)	指数运算,x 的 y 次方
log(x)	对数,以 e 为基
log10(x)	对数,以 10 为基
sqrt(x)	平方根
exp(x)	x 次幂,以 e 为基

导入 math 库后,通过 math 库来调用相应的函数,代码如下:

```
>>> import math
>>> math.pi
3.141592653589793
>>> math.e
2.718281828459045
>>> math.pow(2,3)
8.0
```

在编写 py 程序时,可以用以下两种方法导入并使用 math 库。

方法 1:使用 import 命令导入。导入以及使用 math 库的代码如下:

```
import math
print(math.pi)
print(math.pow(2,3))
```

方法 2:使用 from…import 命令导入。导入以及使用 math 库的代码如下:

```
from math import pi,pow
print(pi)
print(pow(2,3))
```

这两种方法得到的结果是一致的。

（二）第三方库

对于没有纳入标准库的模块，统称为第三方库。Python 的强大之处在于可以方便地安装和使用第三方库，目前 Python 拥有几十万个第三方库，覆盖大数据分析技术几乎所有领域，例如网络爬虫、数据分析、文本处理、数据可视化、Web 开发、机器学习，以及游戏开发等。

1. 第三方库的获取和安装

第三方库需要安装之后才能使用，一般使用 pip 命令。安装命令：

```
pip install 模块名
```

例如，在 Python 集成开发环境 IDLE 中要使用第三方库 psutil 时，需要先在 Windows 命令窗口进行安装。

psutil 是一个跨平台的库，能够轻松实现获取系统运行的进程和系统利用率（包括 CPU、内存、磁盘、网络等）等信息。它主要用来做系统监控、性能分析、进程管理。

安装 psutil 库的操作步骤如下：

第一步，在“开始”菜单的“搜索”栏里面输入 cmd. exe，打开 Windows 命令窗口。

第二步，输入命令 pip install psutil 后按回车键，看到 Successfully installed psutil－5.9.0 则表示 psutil 库安装成功，如图 4-10 所示。另外，图 4-10 中 WARNING 提示信息可以忽略，也可以根据提示升级 pip 命令。

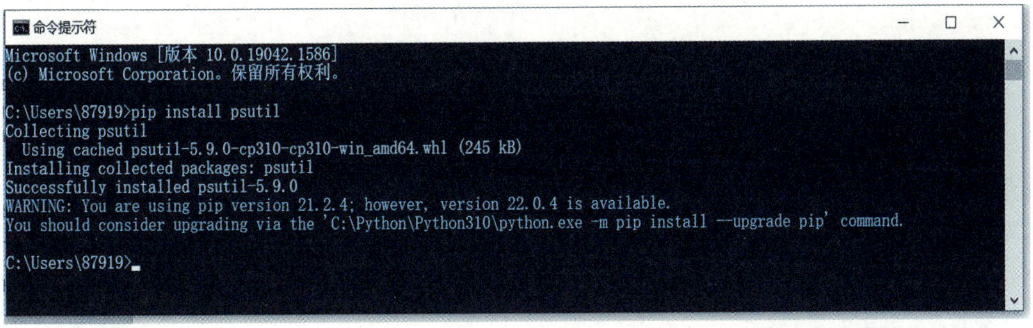

图 4-10　安装 psutil 库

psutil 库安装完成后，在 IDLE 中使用的相关代码和运行结果如下：

```
>>> import psutil
>>> psutil.cpu_percent( )                 #查看 CPU 的使用率
18.0
>>> psutil.cpu_count( )                   #查看 CPU 的逻辑个数
8
>>>psutil.cpu_count(logical = False) #查看 CPU 的物理个数
4
```

2. 第三方库的卸载

可以通过 pip uninstall 命令来卸载第三方库。卸载命令：

pip uninstall 模块名

卸载前可以通过 pip list 命令查看当前系统中安装的第三方库。

在 Windows 命令窗口查看并卸载第三方库 psutil 的方法如图 4-11 所示。

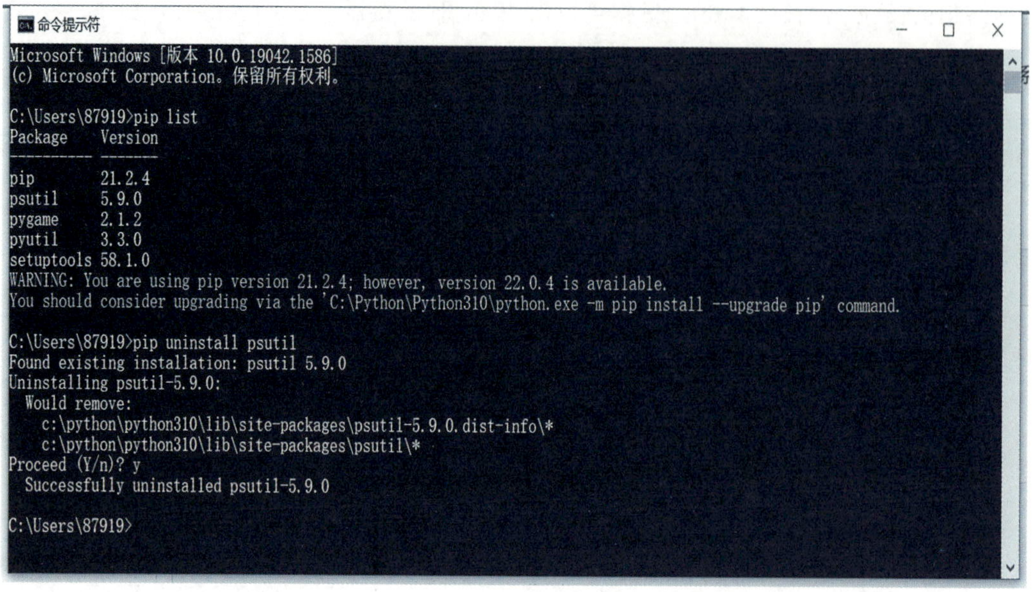

图 4-11 查看并卸载 psutil 库

3. 常用的第三方库

Python 一直致力于开源和开放，并建立了世界上较大的编程和计算生态。Python 计算生态里除了标准库函数，还包括大量的第三方库。因此，Python 提供了第三方库索引功能(PYPI)。PYPI 网页列出了几乎所有的第三方库的基本信息。这些第三方库几乎涵盖了大数据分析的所有领域。

本章小结

本章介绍了 Python 在财务大数据中的应用。作为大数据分析的常用工具，Python 是数据分析、数据科学与机器学习的第一大编程语言，可较轻松执行几乎所有的大数据分析操作。本章介绍了 Python 在进行程序设计时的语法基础和操作示例，以及大数据分析常用的分析方法及案例，主要包括搭建 Python 编程环境、Python 变量的使用，Python 中的不同数据类型的定义和操作示例，Python 程序的控制结构、文件的读写、函数和模块等内容。

通过本章的学习，掌握 Python 的基本语法，为后续 Python 数据获取与分析打下良好的基础。Python 作为数据分析、数据科学与机器学习的第一大编程语言，在学习过程中除了要学会本章介绍的基础语法内容外，还需要学习模仿一些已有的 Python 案例应用，逐步提高编程水平。

思考题

1. 请结合实际编程场景，举例说明不同类型数据之间的相互转换在数据处理中的应用价值，并分析转换过程中可能遇到的问题及解决方法。

2. 请对比分析 if-elif-else 多分支结构与嵌套的 if-else 结构在处理复杂条件判断时的优缺点，结合具体案例说明在何种情况下更适合使用哪种结构。

3. 请思考在处理大规模数据时，如何高效地利用列表和字典进行数据的存储、查询和更新操作？

第五章

数据采集

知识目标

- 掌握 Python 编程语言的基础语法
- 掌握 Pandas 等数据处理库的使用
- 能够使用 Python 改写脚本，实现数据的自动采集

育人目标

- 培养严谨的数据伦理意识
- 强化团队合作与沟通能力
- 培养持续学习与创新能力

思维导图

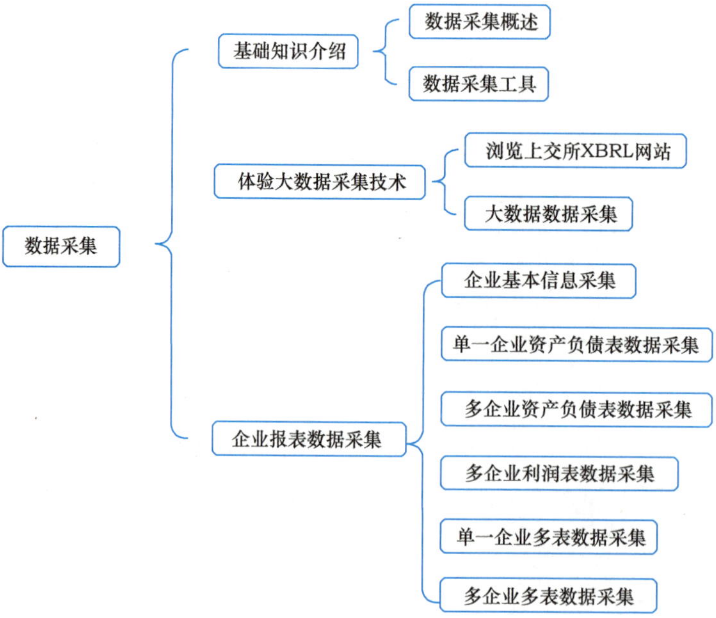

章前导读

数据权之争

拥有了数据就等于夺取了行业制高点，飞友网络科技公司(以下简称飞友科技)首席执行官郑先生深知个中道理。最近几年，随着移动互联网的兴起，一类关于航班动态的应用程序开始出现。通过一套算法，数据工程师们将机场航班实时动态转换成直观的信息，再传递给用户，让用户能够及时了解到航班的起飞、到达、延误、取消、返航、备降等状态，从而帮助用户更高效地安排行程计划。

目前这个市场上主要有三款应用产品，分别是航班管家、飞常准和航旅纵横。飞常准正是飞友科技推出的一款应用。三款应用中，航班管家和飞常准都是民营企业，上线时间较早，用户数较多；航旅纵横虽然上线晚，却是由央企中国民航信息集团(简称中航信)开发的，大有后来居上的趋势。随着这个细分市场呈现三足鼎立的局面，一个问题浮出水面。数据是这个行业最重要的资源，但是目前中航信垄断了大部分行业信息，使得航班管家、飞常准必须通过购买和交换才能获得自己所需要的数据。

第一节　基础知识介绍

一、数据采集概述

(一)数据采集的概念

数据采集，又称数据获取，是指将数据从数据源采集到可以支持大数据架构环境的过程。数据采集是数据挖掘、数据分析的一个环节，在数据处理过程中是非常基本的操作步骤，也是数据分析道路上的重中之重。再好的分析原理、建模算法，没有高质量的数据都是没有用的。数据采集的质量直接决定了后续的分析是否准确。

(二)数据采集的特征

(1)采集规模大。应充分考虑企业规模和数据规模的增长，提前做好数据信息积累的准备。

(2)采集范围。应采集数量较多的数据，而且该数据能够代表整体数据的各个部分数据面，足够支撑分析需求。

(3)采集维度。数据更重要的是能满足分析需求，应灵活、快速自定义数据的多种属性和不同类型，从而满足不同的分析目标。

(4)采集时效。提高数据采集的及时性，从而提高后续数据应用的及时性。

(三)数据采集的数据源

数据采集的数据源包括内部数据和外部数据。内部数据主要包括业务数据和财务数据。外部数据主要包括国家统计数据、地方政府公开数据、上市公司的年报、季报以及研究机构的调研报告等。

（四）数据采集的方法

进行数据采集时，需明确数据驱动目标，按需采集数据，并合理选择数据采集的工具和手段。

1. 从数据库中采集

传统企业会使用 MySQL、Microsoft SQL Server 或 Oracle 等关系型数据库来存储数据，而随着大数据时代的到来，Redis、MongoDB 和 HBase 等 NoSQL 数据库也常用于数据的存储。企业可在采集端部署大量数据库，以支持完成大数据的采集工作。

2. 从系统日志中采集

系统日志采集主要是收集公司业务平台日常产生的大量日志数据，供离线和在线的大数据分析系统使用。

3. 从网络数据中采集

网络数据采集是指通过网络爬虫或网站公开应用程序编程接口（Application Programming Interface，API）等从网站上获取数据信息的过程。这种方式可将网络中的非结构化数据、半结构化数据从网页中提取出来，存储在本地的存储系统中。

4. 感知设备数据采集

感知设备数据采集是指通过传感器、摄像头和其他智能终端自动采集信号、图片或录像来获取数据。

二、数据采集工具

数据采集工具包括火车采集器、集搜客、八爪鱼、网络爬虫等，本部分重点介绍网络爬虫。

（一）网络爬虫的基本概念

网络爬虫，也叫网络蜘蛛，是一种用来自动浏览万维网的网络机器人。其早期目的为编纂网络索引，之后广泛应用在数据采集、信息监控等领域。简单来说，网络爬虫就是获取网页并提取和保存信息的自动化程序。

（二）网络爬虫的基本术语

1. URL（统一资源定位符）

URL 是一种带有参数、格式统一的网络资源地址表示形式，在万维网（WWW）中用于指定文件资源所在地址，又称网址。它最初是由蒂姆·伯纳斯·李发明的，用来作为万维网的地址，现在已经被万维网联盟编制为互联网标准 RFC1738。

2. 客户端

客户端也称为用户端，是指与服务器相对应，为客户提供本地服务的一种程序。请求和访问资源是客户端的主要功能之一，除了一些只在本地运行的应用程序之外，一般安装在普通的客户端上需要与服务端相互配合运行。较为常用的客户端如万维网使用的浏览器、收寄电子邮件时的电子邮件客户端，以及即时通信的客户端等。

3. 网络服务器

网络服务器也称为万维网服务器，一般指网站服务器，是驻留于因特网上某种类型计算机的程序，可以向浏览器等网站客户端提供文档，也可以放置网站文件，让全世界的用户浏览，还可以放置数据文件，让全世界的用户下载。服务端的主要功能是接收请求并提供资源的响应。

（三）网络爬虫的基本原理

网络爬虫是模拟用户在浏览器或者某个应用上的操作，把操作的过程，结合背后的原理，用程序模拟出来，并实现自动化的程序。当我们在浏览器中输入一个 URL 后回车，后台会发生什么？简单来说这段过程经历了以下四个步骤：

（1）查找域名对应的 IP 地址；

（2）向 IP 对应的服务器发送请求；

（3）服务器响应请求发回网页内容；

（4）浏览器解析网页内容。

从上面的步骤中，我们可以看出，网络爬虫的本质是浏览器的 HTTP 请求。

第二节　体验大数据数据采集技术

一、浏览上交所 XBRL 网站

（一）任务描述

上海证券交易所（简称上交所）创立于 1990 年 11 月 26 日，位于上海浦东新区。截至 2024 年末，沪市上市公司家数达 2 278 家，总市值 52.4 万亿元。上交所对所有上市公司的财报数据都是以 XBRL 实例文档的形式提供的。

XBRL（可扩展商业报告语言）是 XML（可扩展的标记语言）于财务报告信息交换的一种应用，是目前应用于非结构化信息处理尤其是财务信息处理的较有效技术。XBRL 在资本市场信息披露中的应用，使上市公司、监管机构、交易所、会计师事务所、投资者、研究机构、证券信息服务商等信息加工者与使用者能够以更低的成本、更高的效率实现信息交换和共享，有效提高了信息披露的透明度和监管水平，促进了资本市场的健康有序发展。

通过 XBRL 教学网站，体验如何使用该网站，如何搜索企业，如何选择报告类型，如何查看公司股票代码等信息，后续数据采集时会使用到这些信息。

（二）操作步骤

（1）单击右侧进入系统，如图 5-1 所示，系统会自动跳转到上海证券交易所教学专用 XBRL 页面。

（2）查看页面，单击页面中任意企业名称，进入详情页面查看企业的财报等信息，如图 5-2 所示。

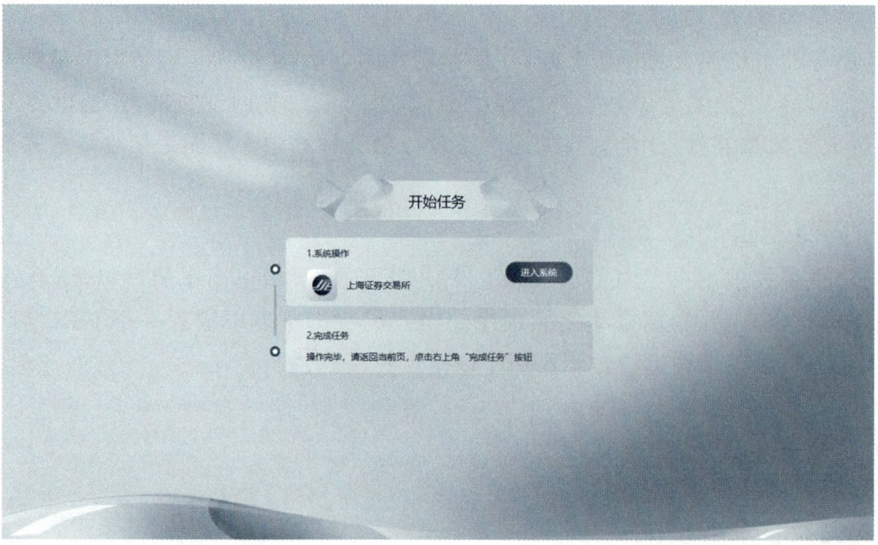

图 5-1　进入上海证券交易所系统

图 5-2　查看页面

（3）找到搜索框，输入你想查看的企业简称或股票代码，如图 5-3 所示。

图 5-3　搜索企业

(4)找到报告类型筛选框,选择你想查询的报告类型,如图 5-4 所示。

图 5-4 选择报告类型

(5)单击搜索,查看基本信息、资产负债表、利润表等信息,如图 5-5 所示。

指标/年份	2023	2022	2021	2020	2019
公司法定中文名称	江西铜业股份有限公司	江西铜业股份有限公司	江西铜业股份有限公司	江西铜业股份有限公司	江西铜业股份有限公司
公司法定代表人	郑高清	郑高清	郑高清	郑高清	龙子平
公司注册地址	中华人民共和国江西省贵溪市冶金大道15号	中华人民共和国江西省贵溪市冶金大道15号	中华人民共和国江西省贵溪市冶金大道15号	中华人民共和国江西省贵溪市冶金大道15号	中华人民共和国江西省贵溪市冶金大道15号
公司办公地址邮政编码	330096	330096	330096	330096	330096
公司国际互联网网址	http://www.jxcc.com	http://www.jxcc.com	http://www.jxcc.com	http://www.jxcc.com	http://www.jxcc.com
公司董事会秘书姓名	涂东阳	涂东阳	涂东阳	(由董事长代行董秘职责)	(由董事长代行董秘职责)
公司董事会秘书电话	0791-82710117	0791-82710117	0791-82710117	0791-82710116	0791-82710117
公司董事会秘书电子信箱	jccl@jxcc.com	jccl@jxcc.com	jccl@jxcc.com	jccl@jxcc.com	jccl@jxcc.com
报告期末股东总数	127,076	146,730	176,349	134,012	117,486
每10股送红股数	0	0	0	0	0
每10股派息数(含税)	6	5	0	1	1
每10股转增数	0	0	0	0	0
本期营业收入(元)	521,892,512,166	479,938,045,193	442,767,670,161	318,563,174,638	240,360,336,134
本期营业利润(元)	0	0	0	0	0
利润总额(元)	8,379,816,963	7,491,838,634	7,301,376,933	3,336,405,746	3,160,813,177
归属于上市公司股东的净利润(元)	6,606,109,122	5,993,964,274	5,635,567,528	2,320,394,755	2,466,407,065
归属于上市公司股东的扣除非经常性损益的净利润(元)	5,373,810,736	6,417,038,713	7,094,461,239	2,774,208,504	2,228,726,694

注意:
1、本系统展示数据来自于上市公司提交的XBRL格式报告,信息仅供参考,请以对应报告的PDF版本为准
2、为对比方便,数值型字段的单位统一转换为基本单位(如百万元转换为元),实际披露的数值及单位请以对应报告的PDF版本为准

图 5-5 查看信息

二、大数据数据采集

(一)任务描述

体验大数据技术在数据采集中的应用。进入新道代码编辑器,打开数据采集文件夹下的任务 1 文件夹,双击脚本文件浦发银行 2019 年一季度基本信息.py,运行文件,在 XBRL 教学网站中采集浦发银行 2019 年一季度基本信息。

(二)操作步骤

(1)单击新道代码编辑器数据采集文件夹下的任务 1 文件夹,如图 5-6 所示。

图 5-6　单击任务 1 文件夹

(2)找到任务 1 脚本,双击脚本文件,如图 5-7 所示。

图 5-7　双击脚本文件

(3)单击运行按钮,如图 5-8 所示。

(三)数据采集代码逻辑

(1)导入以下两个 Python 库文件:requests、pandas。

```
import requests
import pandas as pd
```

(2)输入浦发银行对应的股票代码和股票简称在 code 变量中。

```
code = [("600000", "浦发银行")]
```

(3)输入采集的报表年份在 year 变量中 。

```
year = ["2019"]
```

(4)输入采集的报表类型在 report_period_id 变量中。

```
report_period_id = ["4000"]
```

图 5-8 单击运行按钮

(5)输入请求链接在 url 变量中。

```
url = ["https://ssecurity.seentao.com/debug/security/security.info.get"]
```

(6)使用 pandas 库文件的缩写 pd 打开文件"中英指标对照"。

```
name_file = pd.read_excel('数据采集/中英文对照表/中英指标对照.xlsx', sheet_name='sz_info')
```

(7)将两列数据转换为字典类型，对照翻译指标名称。

```
name_dir = dict(zip(name_file['en'], name_file['ch']))
```

(8)使用 pandas 库建立一个 DataFrame 表，便于存储采集到的数据。

```
data = pd.DataFrame()
```

(9)利用 try ... except ... 逻辑对数据采集过程进行处理，再利用 for 循环逻辑，对该类数据进行采集。

```
try:
    for S_id in code:
        stock_id = S_id[0]
        for b in report_period_id:
            try:
                postdata = {"stockId": stock_id, "reporttype": b, "callType": "collection"}
                json_data = requests.post(url[0], postdata).json()['result']
                df = pd.DataFrame(json_data)
                df = df[df['reportyear'].isin(year)]
                data = pd.concat([data,df])
            except Exception as e:
                print(e)
                continue
```

```
        data.rename(columns=name_dir, inplace=True)
        print(data)
        end_data = data[name_file['ch']]
        end_data.to_excel('数据采集/任务 1/浦发银行 2019 年 1 季度基本信息数据采集结果.xlsx',
encoding='utf-8', index=False)
    except Exception as e:
        print('采集失败', e)
```

(10)运行代码,采集数据。

第三节　企业报表数据采集

一、企业基本信息采集

(一)任务描述

利用大数据技术,在 XBRL 教学网站采集江西铜业 2020 年基本信息。进入新道代码编辑器,打开数据采集文件夹下的任务 2 文件夹,双击脚本文件企业基本信息采集.py,参考操作步骤中的内容,将脚本文件中缺失的代码补齐后运行脚本,采集江西铜业的基本信息。

(二)操作步骤

1. 打开脚本文件

单击新道代码编辑器数据采集文件夹下的任务 2 文件夹,找到任务 2 脚本,双击脚本文件,如图 5-9 所示。

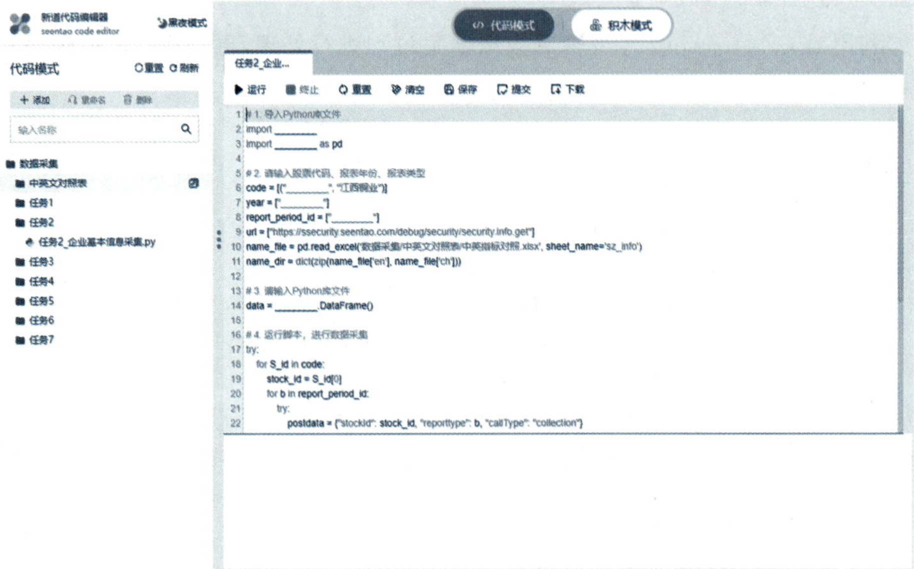

图 5-9　打开任务 2 文件

2. 导入 Python 库文件

导入以下两个 Python 库文件：requests、pandas，如图 5-10 所示。

```
import ________
import ________ as pd
```

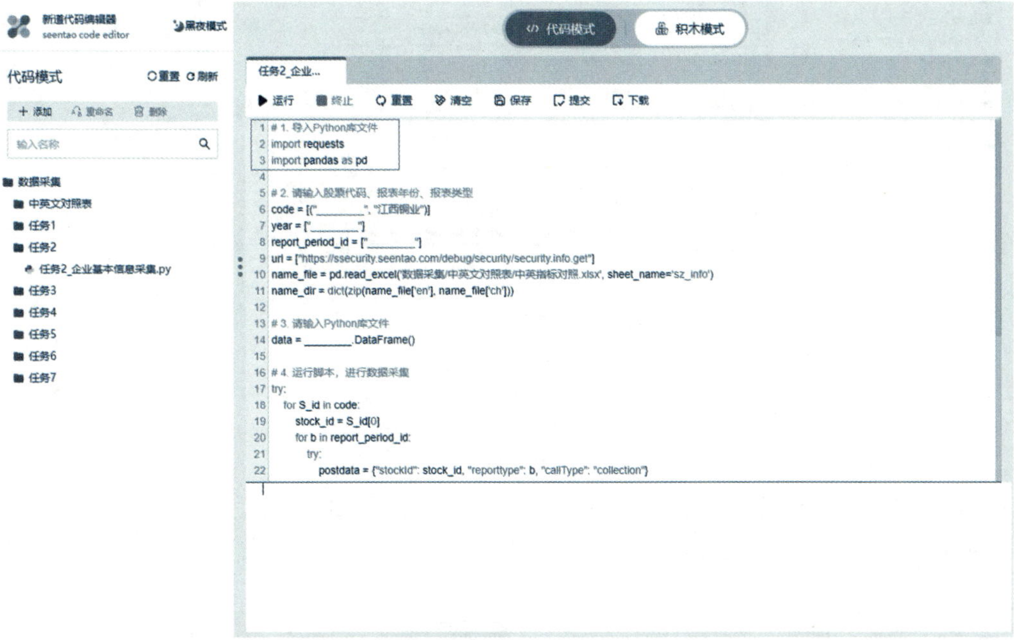

图 5-10　在任务 2 中导入 Python 库文件

3. 输入股票代码、报表年份、报表类型

（1）将江西铜业股票代码 600362 输入 code 变量的________中，如图 5-11 所示。

```
code = [("________", "江西铜业")]
```

（2）将采集的报表年份 2020 输入 year 变量的________中，如图 5-11 所示。

```
year = ["________"]
```

（3）将采集的年份报表类型 5000 输入 report_period_id 变量的________中，如图 5-11 所示。

```
report_period_id = ["________"]
```

（4）输入请求链接在 url 变量中，如图 5-11 所示。

```
url = ["https://ssecurity.seentao.com/debug/security/security.info.get"]
```

（5）使用 pandas 库文件的缩写 pd 打开文件“中英指标对照”，如图 5-11 所示。

```
name_file = pd.read_excel('数据采集/中英文对照表/中英指标对照.xlsx', sheet_name='sz_info')
```

（6）将两列数据转换为字典类型，对照翻译指标名称，如图 5-11 所示。

```
name_dir = dict(zip(name_file['en'], name_file['ch']))
```

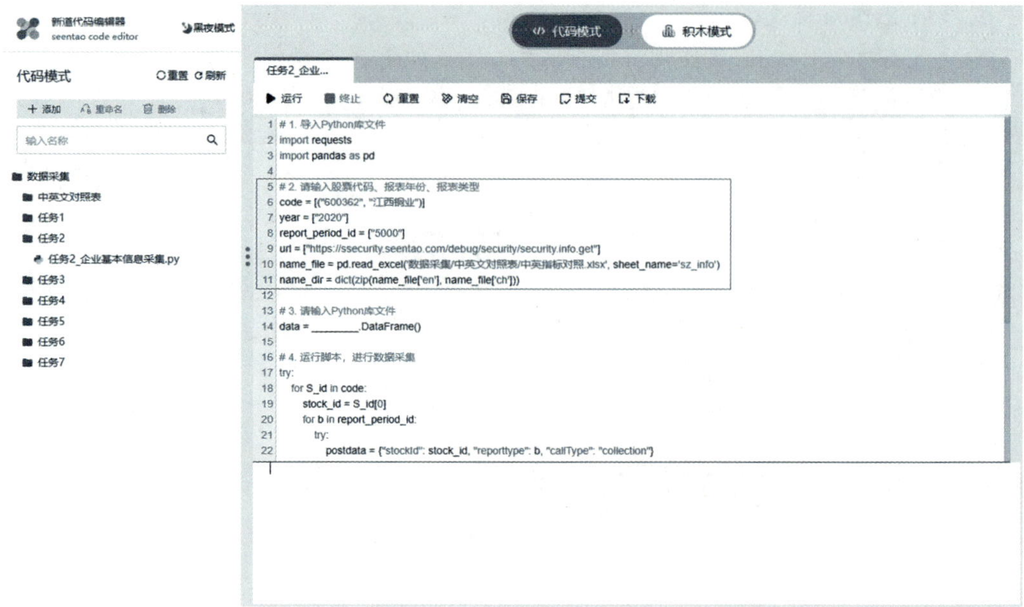

图 5-11　在任务 2 中输入股票代码、报表年份、报表类型

4. 输入 Python 库文件

将 pandas 库文件的缩写 pd 输入在________中，如图 5-12 所示。

```
data = ________.DataFrame()
```

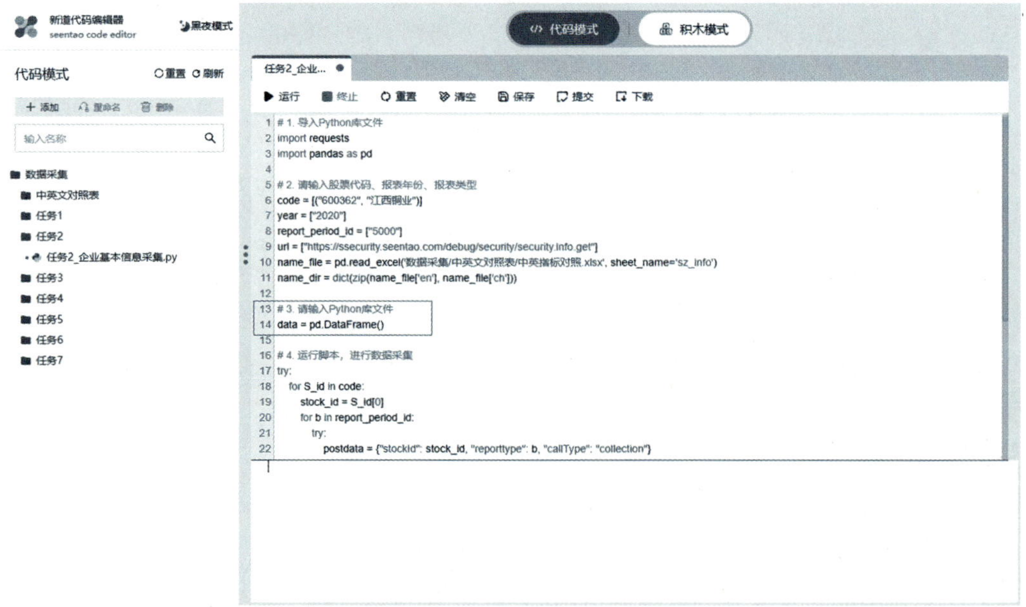

图 5-12　在任务 2 中输入 Python 库文件

5. 运行脚本，进行数据采集

利用 try ... except ... 逻辑对数据采集过程进行处理，再利用 for 循环逻辑，对该类数据进行采集，如图 5-13 所示。

```
try:
    for S_id in code:
        stock_id = S_id[0]
        for b in report_period_id:
            try:
                postdata = {"stockId": stock_id, "reporttype": b, "callType": "collection"}
                json_data = requests.post(url[0], postdata).json()['result']
                df = pd.DataFrame(json_data)
                df = df[df['reportyear'].isin(year)]
                data = pd.concat([data,df])
            except Exception as e:
                print(e)
                continue

    data.rename(columns=name_dir, inplace=True)
    print(data)
    end_data = data[name_file['ch']]
    end_data.to_excel('数据采集/任务 2/江西铜业基本信息数据采集结果.xlsx', encoding='utf-8', index=False)
except Exception as e:
    print('采集失败', e)
```

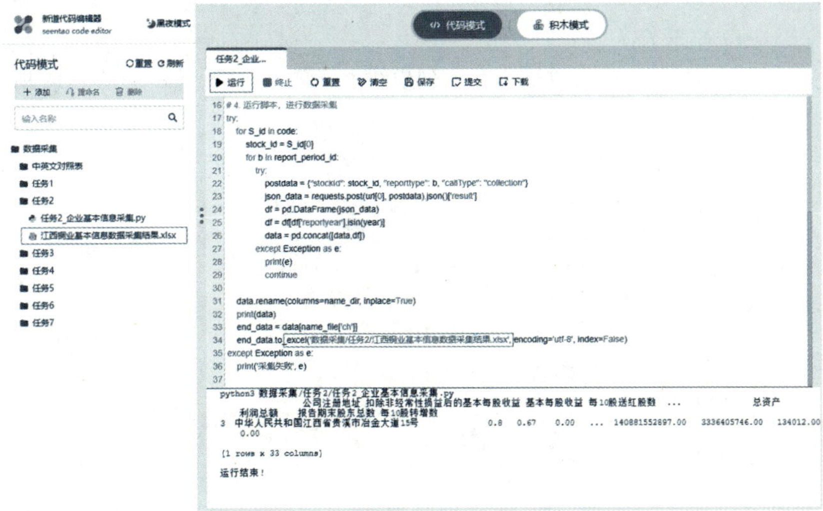

图 5-13　运行任务 2 脚本

二、单一企业资产负债表数据采集

(一)任务描述

利用大数据技术，在 XBRL 教学网站采集浦发银行 2021 年年度资产负债表。进入新道代码编辑器，打开数据采集文件夹下的任务 3 文件夹，双击脚本文件单一企业资产负债表数据采集.py，参考操作步骤中的内容，将脚本文件中缺失的代码补齐后运行脚本，采集浦发银行的资产负债表。

（二）操作步骤

1. 打开脚本文件

单击新道代码编辑器数据采集文件夹下的任务 3 文件夹，找到任务 3 脚本，双击脚本文件，如图 5-14 所示。

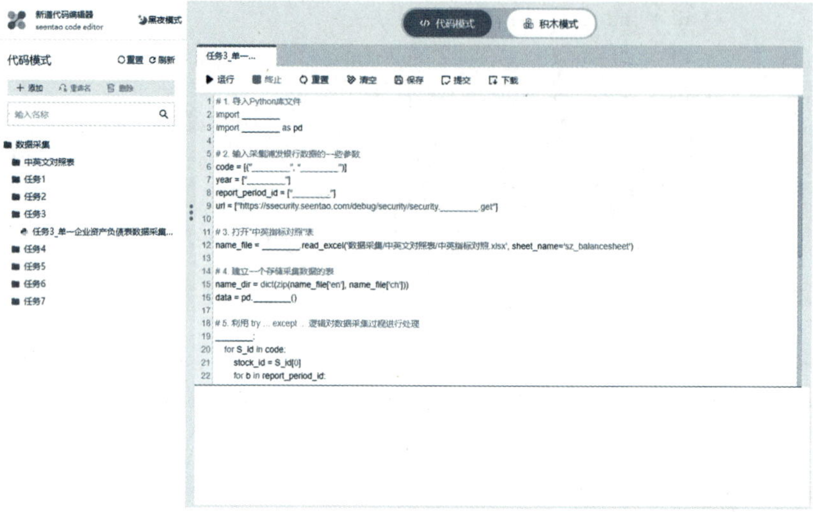

图 5-14　打开任务 3 文件

2. 导入 Python 库文件

分别将以下两个 Python 库文件输入在下列横线上：requests、pandas，如图 5-15 所示。

```
import ________
import ________ as pd
```

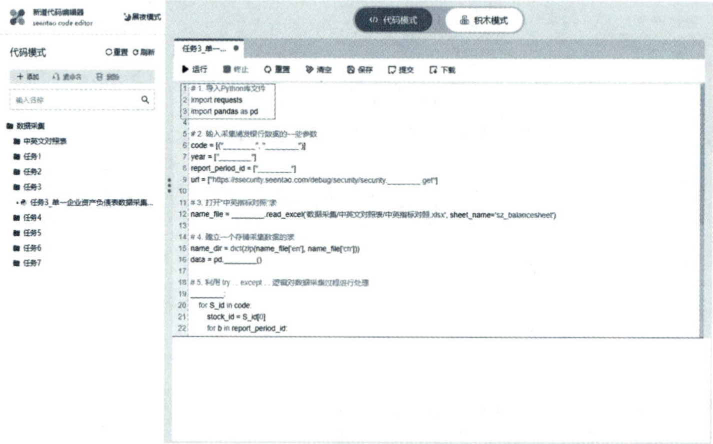

图 5-15　在任务 3 中导入 Python 库文件

3. 输入采集浦发银行数据的一些参数

(1)在 code 变量中，输入对应的股票代码 600000，对应的股票简称浦发银行，如图 5-16 所示。

```
code = [("________", "________")]
```

(2)在 year 变量中，输入采集的报表年份 2021，如图 5-16 所示。

```
year = ["________"]
```

(3)在 report_period_id 变量中，输入采集的报表类型 5000，如图 5-16 所示。

```
report_period_id = ["________"]
```

(4)在 url 变量中，输入请求链接中资产负债表的英文名称 balancesheet，如图 5-16 所示。

```
url = ["https://ssecurity. seentao. com/debug/security/security. ________. get"]
```

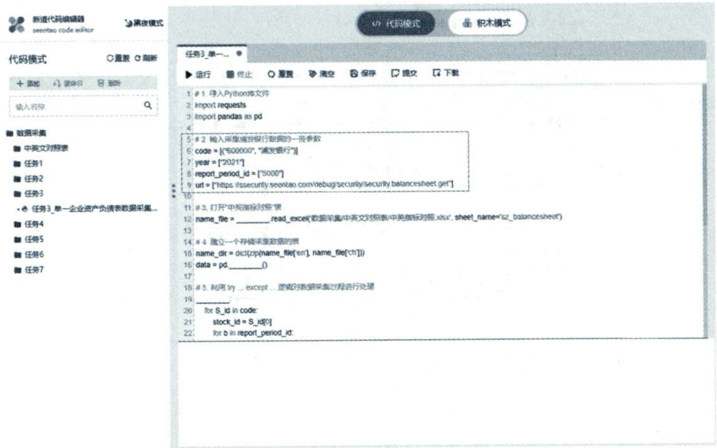

图 5-16　输入采集浦发银行数据的一些参数

4. 打开“中英指标对照”表

使用 pandas 库文件的缩写 pd 打开文件“中英指标对照”表，如图 5-17 所示。

```
name_file = ________. read_excel('数据采集/中英文对照表/中英指标对照. xlsx', sheet_name='sz_balancesheet')
```

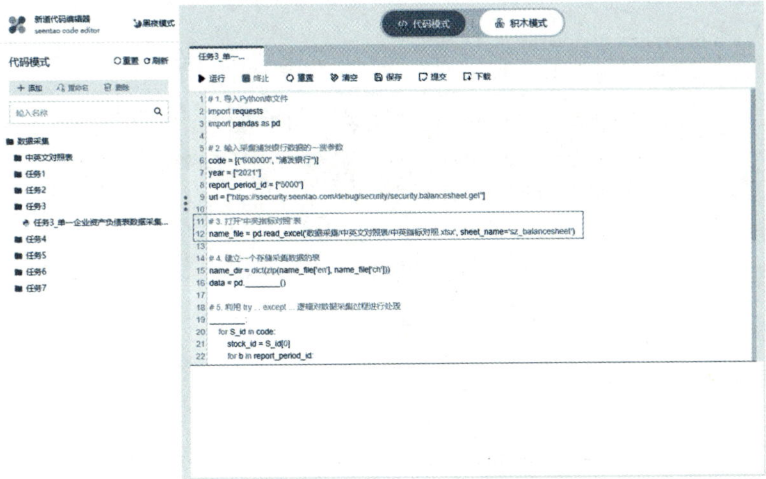

图 5-17　打开“中英指标对照”表

5. 建立一个存储采集数据的表

（1）对照翻译指标名称，将两列数据转换为字典类型，如图 5-18 所示。

```
name_dir = dict(zip(name_file['en'], name_file['ch']))
```

（2）使用 pandas 库建立一个 DataFrame 表，便于存储采集到的数据，如图 5-18 所示。

```
data = pd. ________()
```

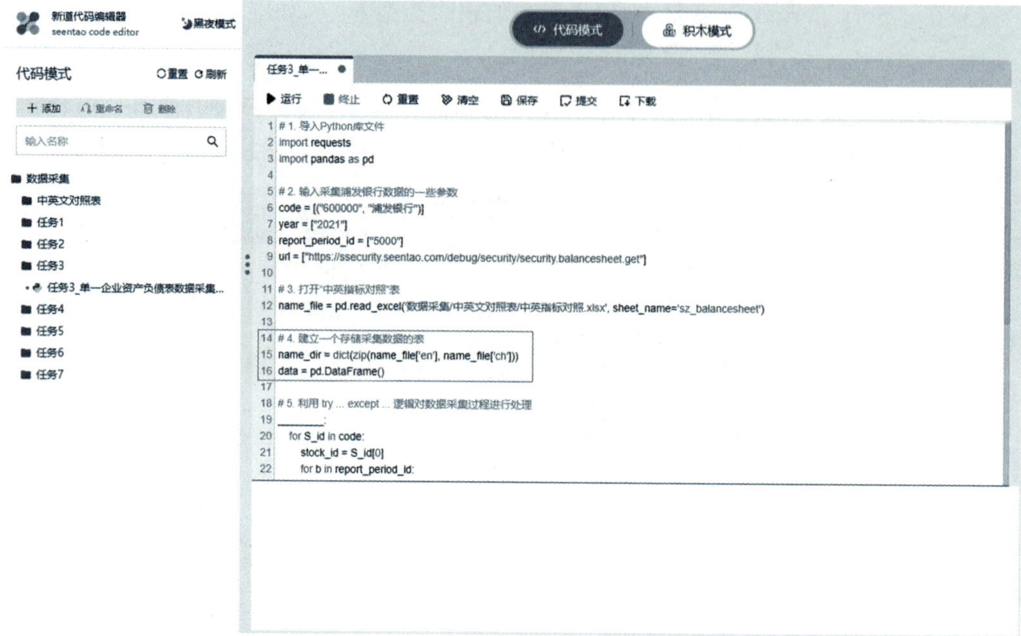

图 5-18　建立一个存储采集数据的表

6. 对数据采集过程进行处理

利用 try ... except ... 逻辑对数据采集过程进行处理，如图 5-19 所示。

```
________:
    for S_id in code:
        stock_id = S_id[0]
        for b in report_period_id:
            try:
                postdata = {"stockId": stock_id, "reporttype": b, "callType": "collection"}
                json_data = requests. post(url[0], postdata). json()['result']
                df = pd. DataFrame(json_data)
                df = df[df['reportyear']. isin(year)]
                data = pd. concat([data,df])
            except Exception as e:
                print(e)
                continue

    data. rename(columns=name_dir, inplace=True)
    print(data)
```

```
        end_data = data[name_file['ch']]
        end_data.to_excel('数据采集/任务 3/浦发银行 2021 年资产负债表采集结果.xlsx', encoding=
'utf-8', index=False)
except Exception as e:
        print('采集失败', e)
```

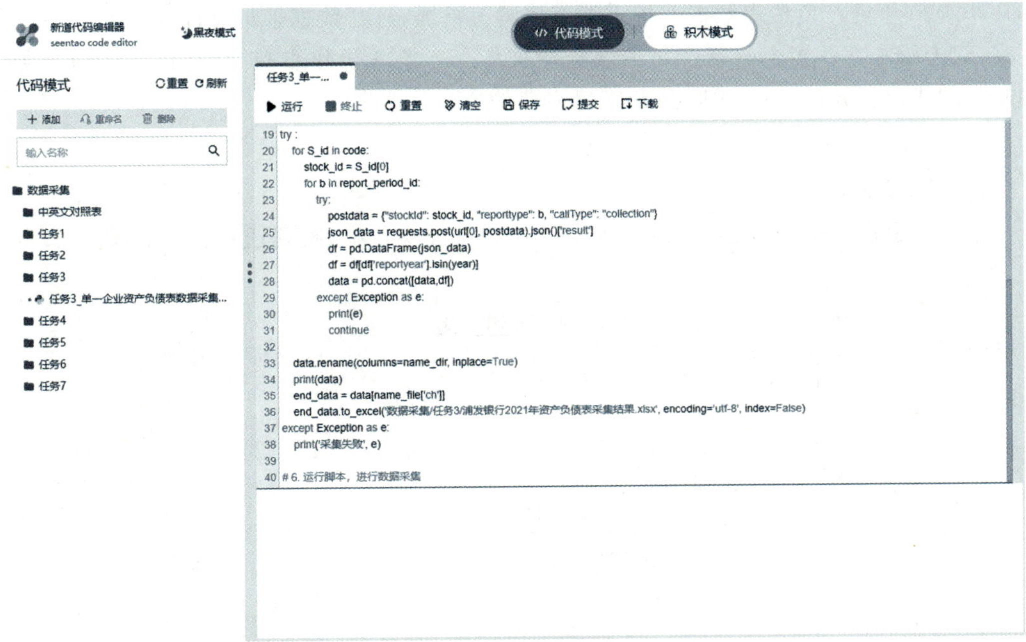

图 5-19　对数据采集过程进行处理

7. 进行数据采集

运行脚本，进行数据采集，如图 5-20 所示。

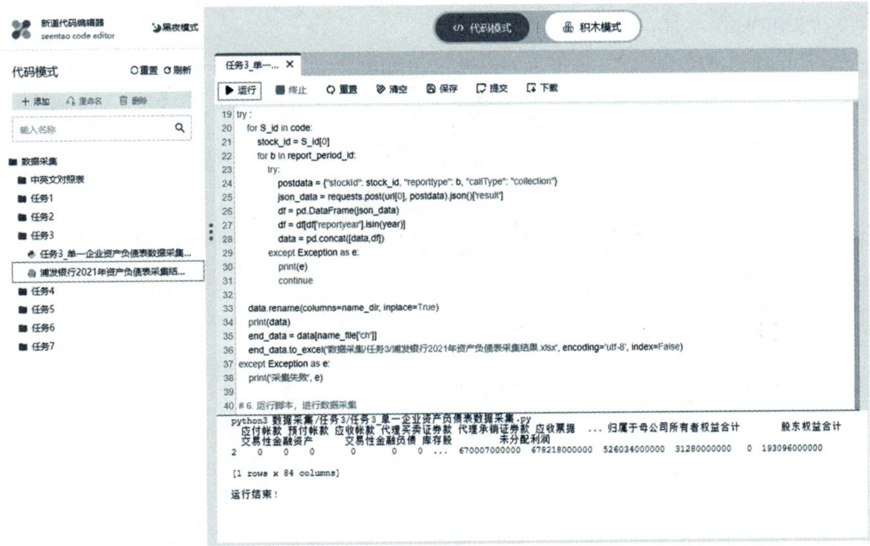

图 5-20　运行任务 3 脚本，采集数据

二、多企业资产负债表数据采集

(一)任务描述

利用大数据技术，在 XBRL 教学网站采集美克家居、柳钢股份、三一重工、贵州茅台 2019—2020 年资产负债表数据。进入新道代码编辑器，打开数据采集文件夹下的任务 4 文件夹，双击脚本文件多企业资产负债表数据采集. py，参考操作步骤中的内容，将脚本文件中缺失的代码补齐后运行脚本，采集多家企业的资产负债表。

(二)操作步骤

1. 打开脚本文件

单击新道代码编辑器数据采集文件夹下的任务 4 文件夹，找到任务 4 脚本，双击脚本文件，如图 5-21 所示。

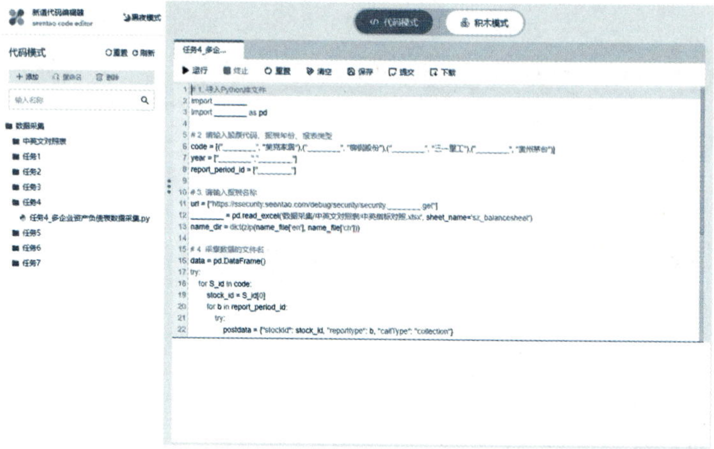

图 5-21　打开任务 4 文件

2. 导入 Python 库文件

请导入以下两个 Python 库文件：requests、pandas，如图 5-22 所示。

```
import ________
import ________ as pd
```

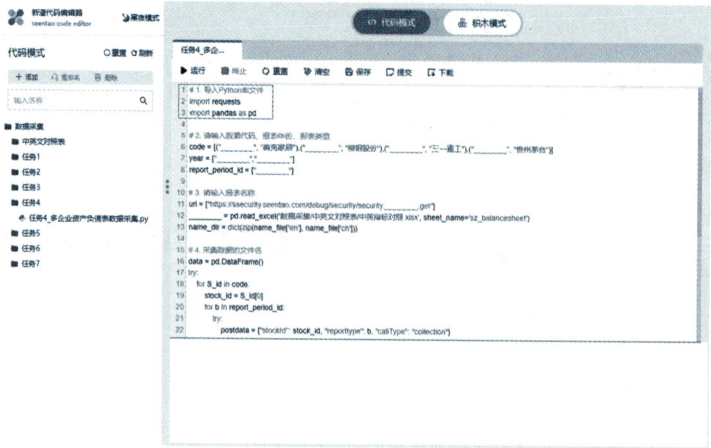

图 5-22　在任务 4 中导入 Python 库文件

3. 输入股票代码、报表年份、报表类型

(1)在 code 变量中,根据股票简称输入对应的股票代码,如图 5-23 所示。

股票简称:美克家居;股票代码:600337

股票简称:柳钢股份;股票代码:601003

股票简称:三一重工;股票代码:600031

股票简称:贵州茅台;股票代码:600519

```
code = [("________", "美克家居"),("________", "柳钢股份"),("________", "三一重工"),("________", "贵州茅台")]
```

(2)在 year 变量中,输入采集的报表年份,如图 5-23 所示。

```
year = ["________","________"]
```

(3)在 report_period_id 变量中,输入采集的报表类型,如图 5-23 所示。

```
report_period_id = ["________"]
```

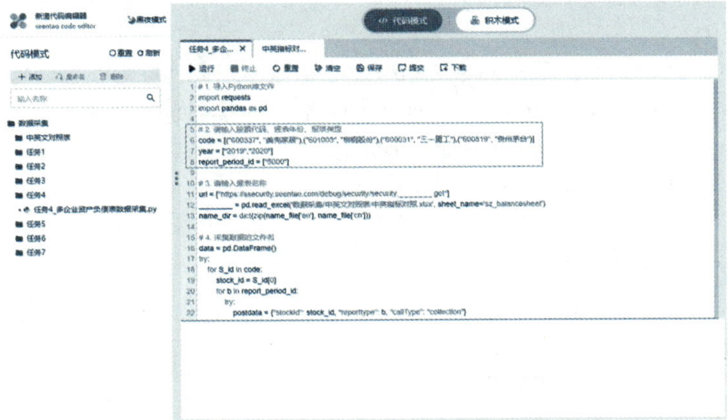

图 5-23 在任务 4 中输入股票代码、报表年份、报表类型

4. 输入报表名称

(1)在 url 变量中,输入资产负债表的英文名称:balancesheet,如图 5-24 所示。

```
url = ["https://ssecurity.seentao.com/debug/security/security.________.get"]
```

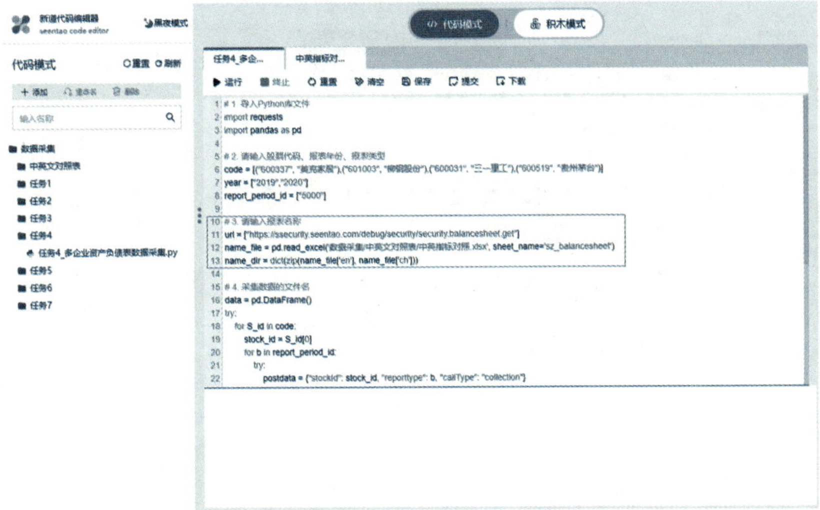

图 5-24 在任务 4 中输入报务表名称

(2)使用 pandas 库文件的缩写 pd 打开文件“中英指标对照”,并命名在 name_file 变量中,如图 5-24 所示。

```
______ = pd.read_excel('数据采集/中英文对照表/中英指标对照.xlsx', sheet_name='sz_balancesheet')
```

(3)对照翻译指标名称,将两列数据转换为字典类型,如图 5-24 所示。

```
name_dir = dict(zip(name_file['en'], name_file['ch']))
```

5. 为采集数据的文件命名

将文件命名为资产负债表采集结果;文件夹路径为数据采集/任务 4/,如图 5-25 所示。

```
data = pd.DataFrame()
try:
    for S_id in code:
        stock_id = S_id[0]
        for b in report_period_id:
            try:
                postdata = {"stockId": stock_id, "reporttype": b, "callType": "collection"}
                json_data = requests.post(url[0], postdata).json()['result']
                df = pd.DataFrame(json_data)
                df = df[df['reportyear'].isin(year)]
                data = pd.concat([data,df])
            except Exception as e:
                print(e)
                continue
    data.rename(columns=name_dir, inplace=True)
    print(data)
    end_data = data[name_file['ch']]
    end_data.to_excel('________.xlsx', encoding='utf-8', index=False)
except Exception as e:
    print('采集失败', e)
```

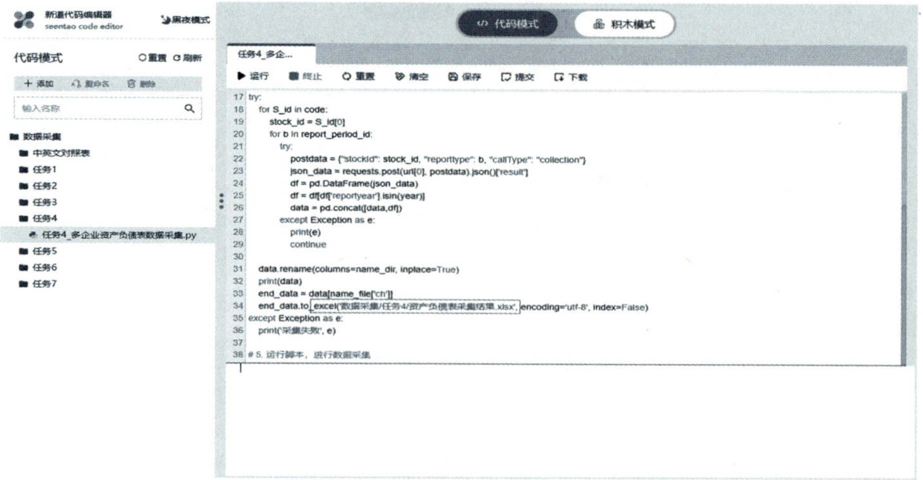

图 5-25　为任务 4 采集数据的文件命名

6. 进行数据采集

运行脚本，进行数据采集，如图 5-26 所示。

图 5-26 运行任务 4 脚本，采集数据

四、多企业利润表数据采集

(一)任务描述

利用大数据技术，在 XBRL 教学网站采集美克家居、柳钢股份、三一重工、贵州茅台 2019—2020 年利润表数据。进入新道代码编辑器，打开数据采集文件夹下的任务 5 文件夹，双击脚本文件多企业利润表数据采集.py，参考操作步骤中的内容，将脚本文件中缺失的代码补齐后运行脚本，采集多家企业的利润表。

(二)操作步骤

1. 打开脚本文件

单击新道代码编辑器数据采集文件夹下的任务 5 文件夹，找到任务 5 脚本，双击脚本文件，如图 5-27 所示。

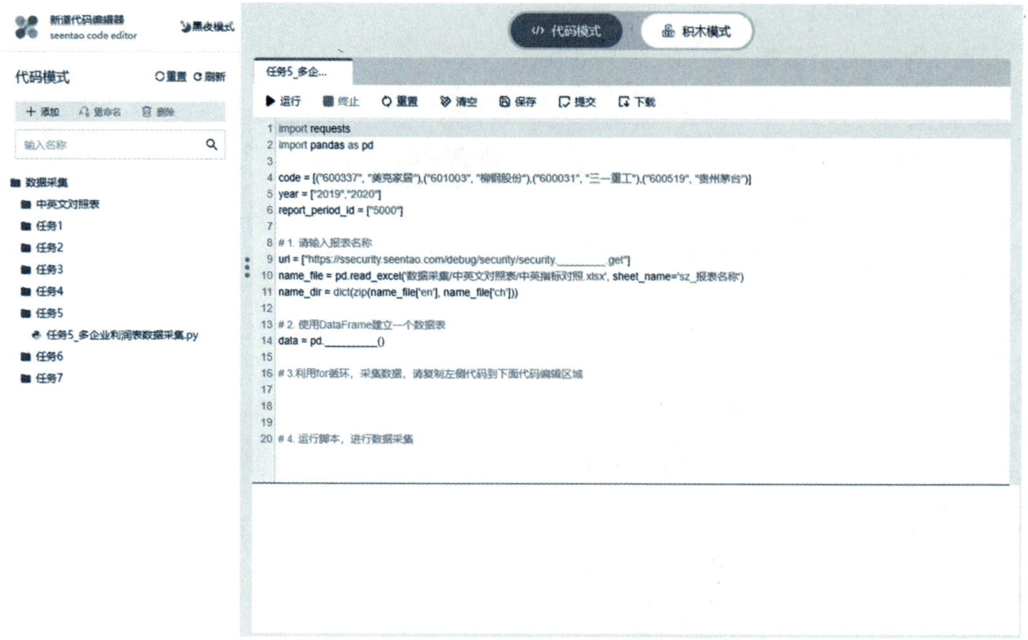

图 5-27　打开任务 5 文件

2. 输入报表名称

(1)在 url 变量中，输入利润表的英文名称：incomestatement，如图 5-28 所示。

```
url = ["https://ssecurity.seentao.com/debug/security/security.________.get"]
```

图 5-28　在任务 5 中输入报表名称

(2)在 name_file 变量中,将"报表名称"改为利润表的英文名称 incomestatement,如图 5-28 所示。

```
name_file = pd.read_excel('数据采集/中英文对照表/中英指标对照.xlsx', sheet_name='sz_报表名称')
```

(3)对照翻译指标名称,将两列数据转换为字典类型,如图 5-28 所示。

```
name_dir = dict(zip(name_file['en'], name_file['ch']))
```

(三)使用 DataFrame 建立一个数据表

此数据表用于保存采集到的数据,在 pd. 后面填写建表所需函数,如图 5-29 所示。

```
data = pd.________()
```

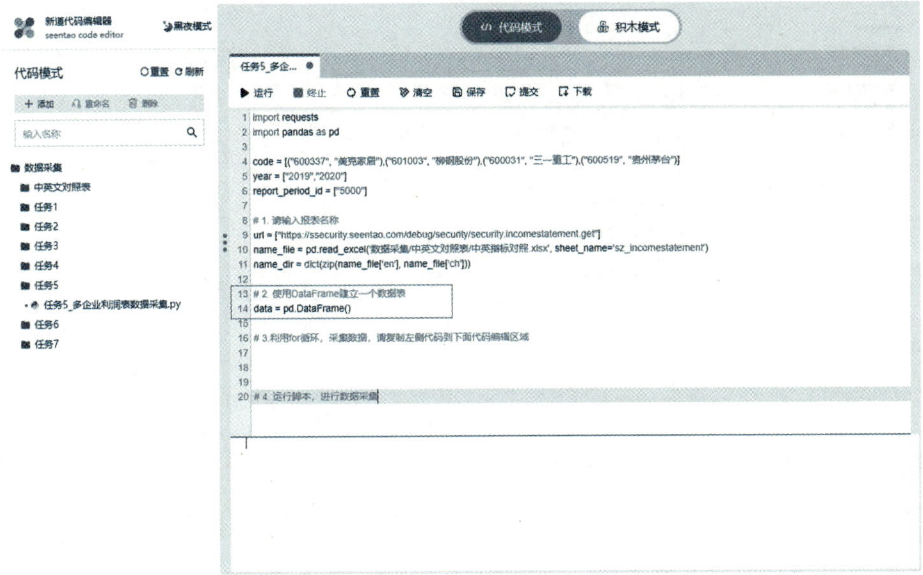

图 5-29 使用 DataFrame 建立一个数据表

(四)利用 for 循环

将以下代码填到代码编辑区域,如图 5-30 所示。

```
try:
    for S_id in code:
        stock_id = S_id[0]
        for b in report_period_id:
            try:
                postdata = {"stockId": stock_id, "reporttype": b, "callType": "collection"}
                json_data = requests.post(url[0], postdata).json()['result']
                df = pd.DataFrame(json_data)
                df = df[df['reportyear'].isin(year)]
                data = pd.concat([data,df])
            except Exception as e:
                print(e)
                continue
```

```
        data.rename(columns=name_dir, inplace=True)
        print(data)
        end_data = data[name_file['ch']]
        end_data.to_excel('数据采集/任务 5/利润表采集结果.xlsx', encoding='utf-8', index=False)
except Exception as e:
        print('采集失败', e)
```

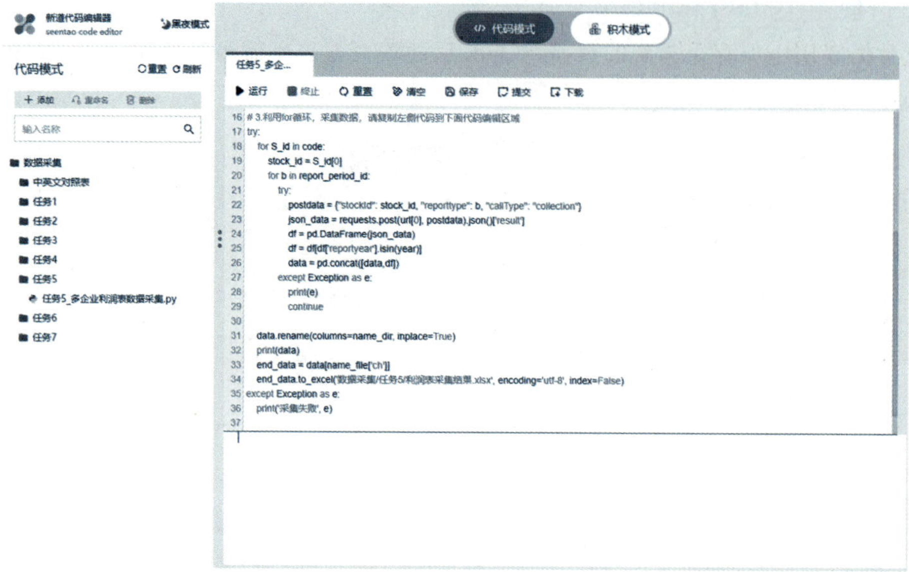

图 5-30　利用 for 循环

(五)进行数据采集

运行脚本，进行数据采集，如图 5-31 所示。

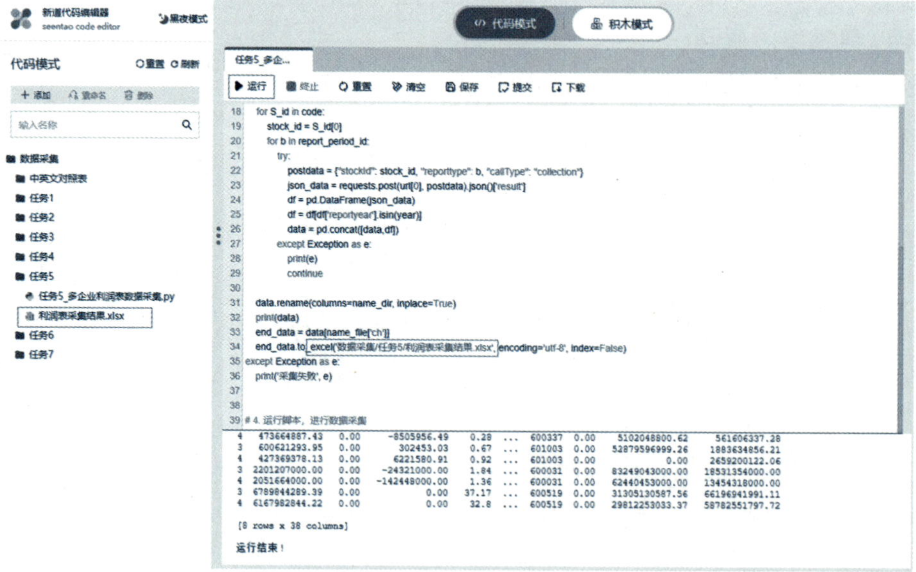

图 5-31　运行任务 5 脚本，采集数据

五、单一企业多表数据采集

(一)任务描述

利用大数据技术，在 XBRL 教学网站采集招商银行 2019—2021 年资产负债表和利润表数据。进入新道代码编辑器，打开数据采集文件夹下的任务 6 文件夹，双击脚本文件单一企业资产负债表与利润表数据采集.py，参考操作步骤中的内容，将脚本文件中缺失的代码补齐后运行脚本，采集招商银行连续三年的资产负债表和利润表。

(二)操作步骤

1. 打开脚本文件

单击新道代码编辑器数据采集文件夹下的任务 6 文件夹，找到任务 6 脚本，双击脚本文件，如图 5-32 所示。

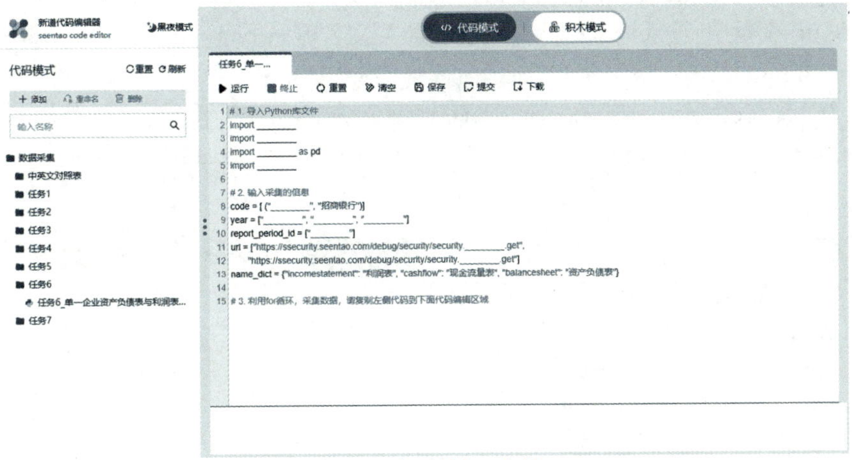

图 5-32 打开任务 6 文件

2. 导入 Python 库文件

导入以下 Python 库文件：requests、re、pandas、time，如图 5-33 所示。

```
import ________
import ________
import ________ as pd
import ________
```

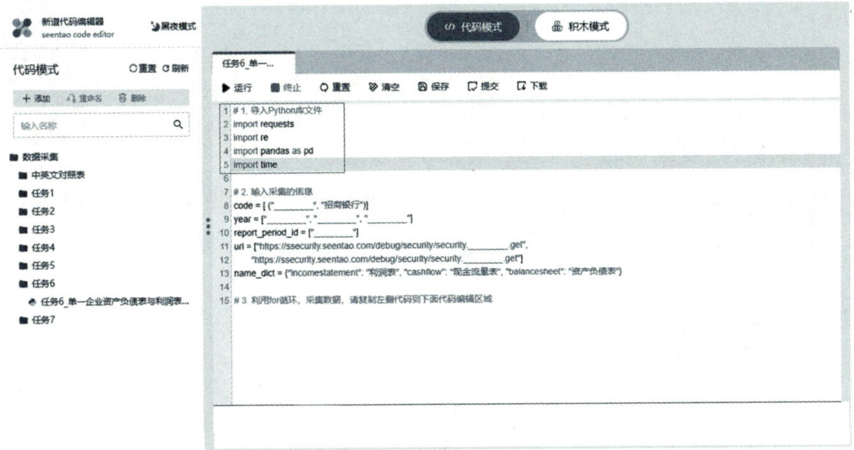

图 5-33 在任务 6 中导入 Python 库文件

3. 输入采集的信息

（1）在编写采集脚本时，参考系统内置的中英文指标对照表，配置输出数据文件名翻译对照字典，如：balancesheet 对应资产负债表；cashflow 对应现金流量表；incomestatement 对应利润表。

（2）在 code 变量中，输入招商银行对应的股票代码 600036，如图 5-34 所示。

```
code = [("________", "招商银行")]
```

（3）在 year 变量中，输入采集的报表年份：2019、2020、2021，如图 5-34 所示。

```
year = ["________", "________", "________"]
```

（4）在 report_period_id 变量中，输入采集的报表类型 5000，如图 5-34 所示。

```
report_period_id = ["________"]
```

（5）在 url 变量中，输入请求链接中资产负债表的英文名称 balancesheet，如图 5-34 所示。

（6）在 url 变量中，输入请求链接中利润表的英文名称 incomestatement，如图 5-34 所示。

```
url = ["https://ssecurity.seentao.com/debug/security/security.________.get",
    "https://ssecurity.seentao.com/debug/security/security.________.get"]
name_dict = {"incomestatement": "利润表", "cashflow": "现金流量表", "balancesheet": "资产负债表"}
```

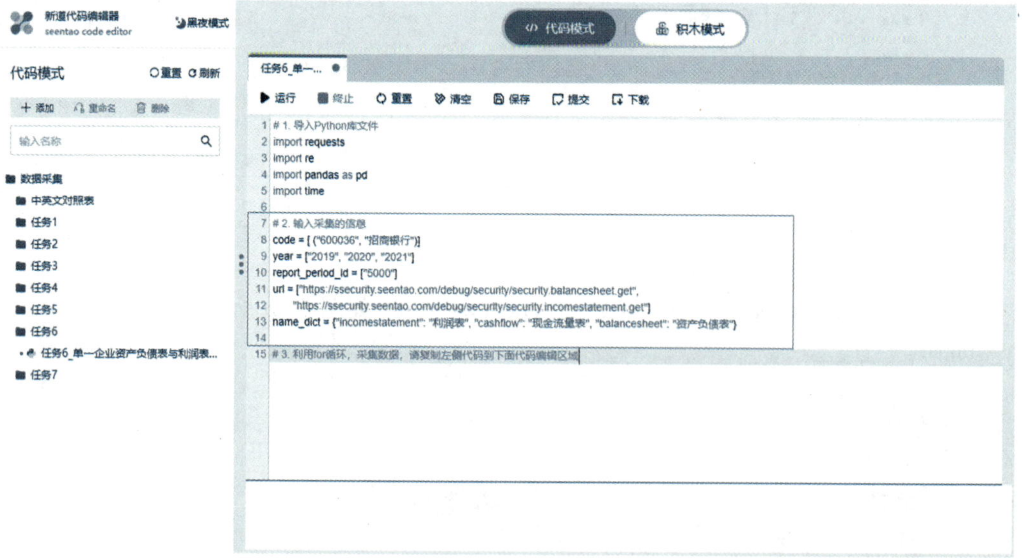

图 5-34　在任务 6 中输入采集信息

4. 利用 for 循环，采集数据

利用 try ... except ... 逻辑对数据采集过程进行处理，利用 for 循环逻辑，对该类数据进行采集，将以下代码填写到代码编辑区域，如图 5-35 所示。

```
try:
    for one in url:
        name = re.search('\/security\.(.*)\.get', one).group(1)
        sheet_name = 'sz_' + name
```

```
        data = pd.DataFrame()
        for S_id in code:
            stock_id = S_id[0]
            for b in report_period_id:
                try:
                    postdata = {"stockId": stock_id, "reporttype": b, "callType": "collection"}
                    json_data = requests.post(one, postdata).json()['result']
                    df = pd.DataFrame(json_data)
                    df = df[df['reportyear'].isin(year)]
                    data = pd.concat([data,df])
                except Exception as e:
                    print(e)
                    continue

        name_file = pd.read_excel('数据采集/中英文对照表/中英指标对照.xlsx', sheet_name=
sheet_name)
        name_dir = dict(zip(name_file['en'], name_file['ch']))
    data.rename(columns=name_dir, inplace=True)
        print(data)
        end_data = data[name_file['ch']]
        end_data.to_excel(f"数据采集/任务 6/{'&'.join([i[1] for i in code])}_{name_dict.get
(name)}采集结果{int(time.time())}.xlsx",
                        encoding='utf-8', index=False)
except Exception as e:
    print('采集失败', e)
```

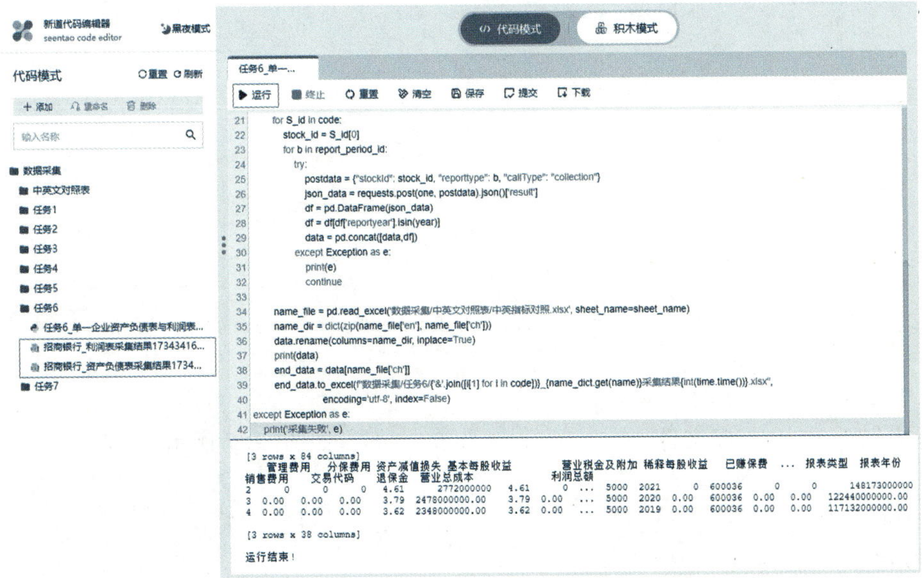

图 5-35 利用 for 循环，采集数据

六、多企业多表数据采集

（一）任务描述

利用大数据技术，在 XBRL 教学网站采集美克家居、柳钢股份、三一重工、贵州茅台 2019—2020 年利润表和现金流量表数据。进入新道代码编辑器，打开数据采集文件夹下的任务 7 文件夹，双击脚本文件多企业多报表数据采集.py，参考操作步骤中的内容，将脚本文件中缺失的代码补齐后运行脚本，采集多家企业不同年份的资产负债表和利润表。

（二）操作步骤

1. 打开脚本文件

单击新道代码编辑器数据采集文件夹下的任务 7 文件夹，找到任务 7 脚本，双击脚本文件，如图 5-36 所示。

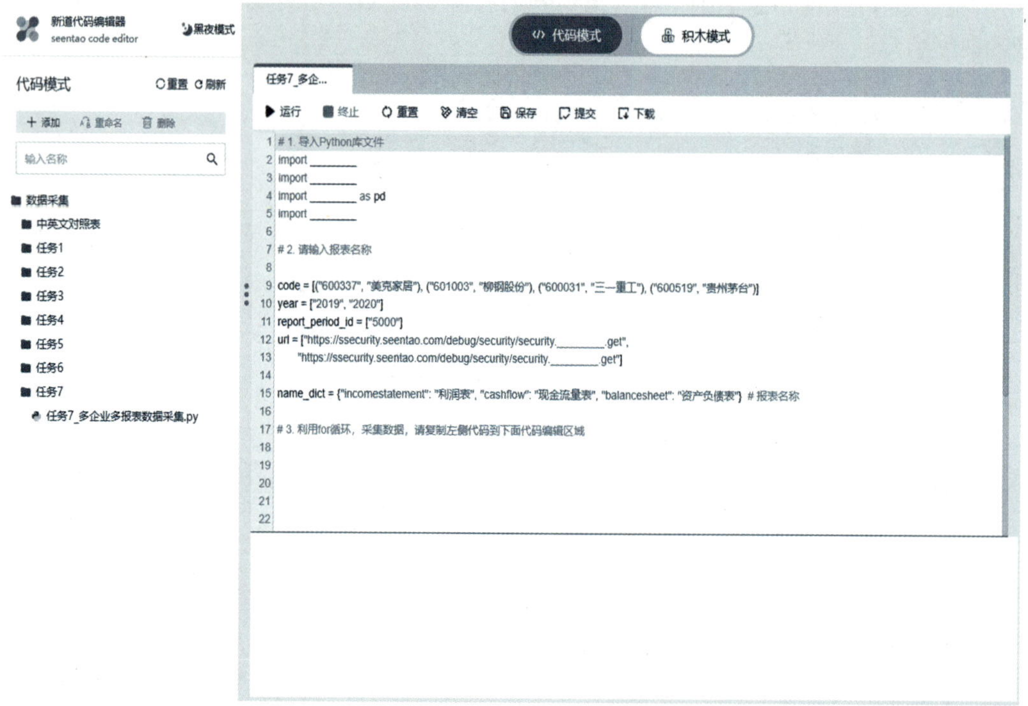

图 5-36 打开任务 7 文件

2. 导入 Python 库文件

导入以下 Python 库文件：requests、re、pandas、time，如图 5-37 所示。

```
import ________
import ________
import ________ as pd
import ________
```

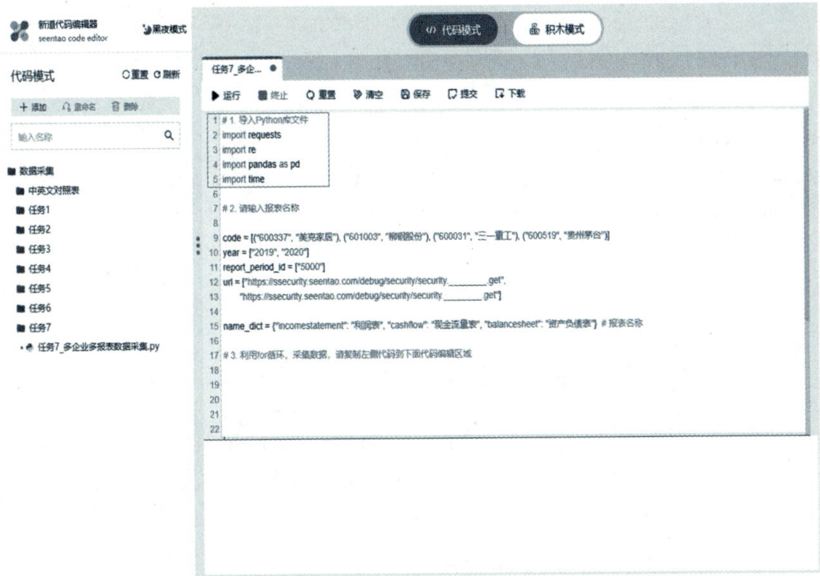

图 5-37　在任务 7 中导入 Python 库文件

3. 输入报表名称

(1)在 url 变量中,输入利润表英文名称 incomestatement,如图 5-38 所示。

(2)在 url 变量中,输入现金流量表英文名称 cashflow,如图 5-38 所示。

```
url = ["https://ssecurity.seentao.com/debug/security/security.________.get",
       "https://ssecurity.seentao.com/debug/security/security.________.get"]
```

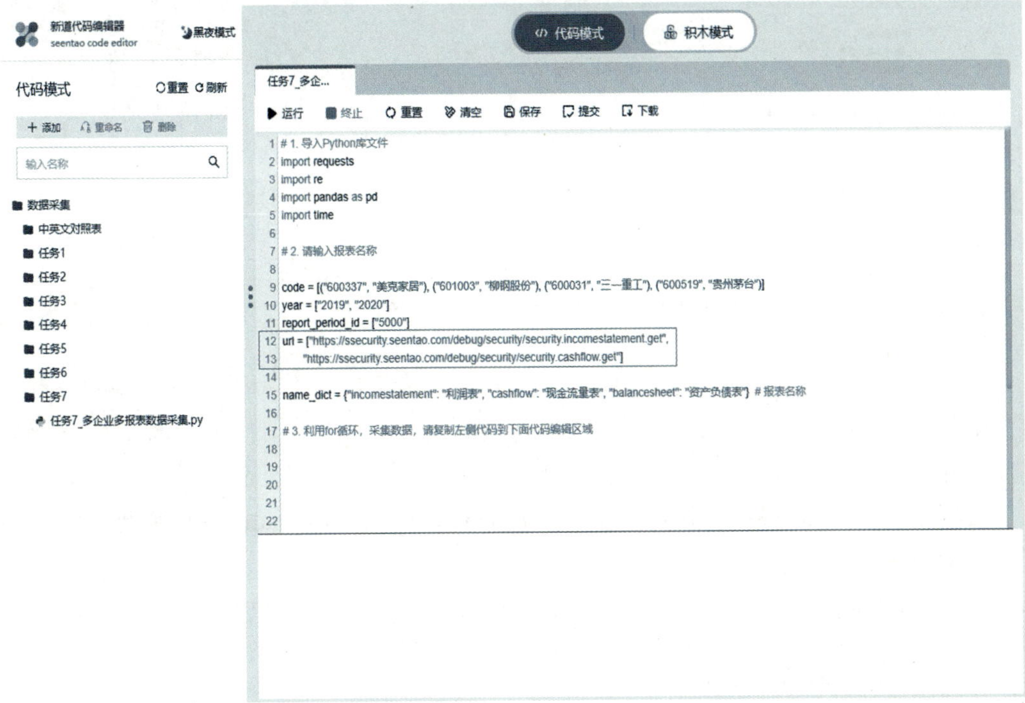

图 5-38　在任务 7 中输入报表名称

4. 采集数据

将以下代码填到代码编辑区域，如图 5-39 所示。

```
try:
    for one in url:
        name = re.search('\/security\.(.*)\.get', one).group(1)
        sheet_name = 'sz_' + name
        data = pd.DataFrame()
        for S_id in code:
            stock_id = S_id[0]
            for b in report_period_id:
                try:
                    postdata = {"stockId": stock_id, "reporttype": b, "callType": "collection"}
                    json_data = requests.post(one, postdata).json()['result']
                    df = pd.DataFrame(json_data)
                    df = df[df['reportyear'].isin(year)]
                    data = pd.concat([data,df])
                except Exception as e:
                    print(e)
                    continue
```

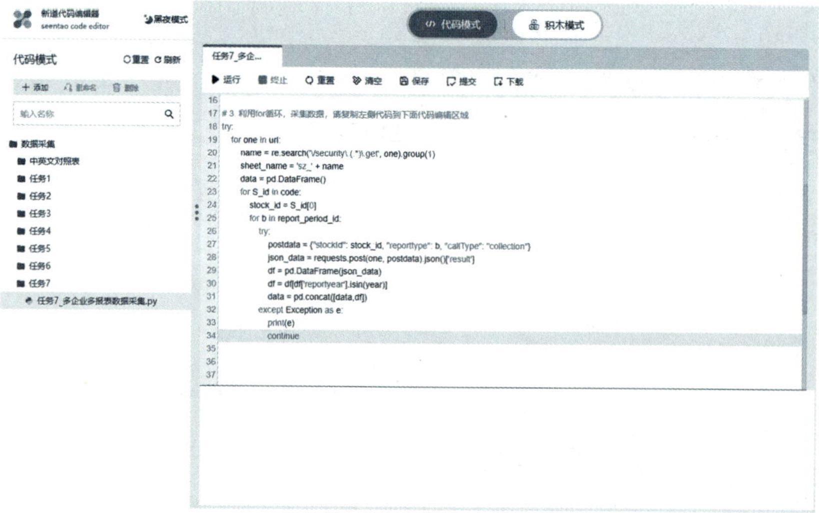

图 5-39　采集任务 7 数据

5. 输入文件夹名称

复制数据采集文件夹中“中英指标对照”的路径，对应填写在 name_file 变量“文件夹路径”中，如图 5-40 所示。

```
name_file = pd.read_excel('________', sheet_name=sheet_name)
name_dir = dict(zip(name_file['en'], name_file['ch']))
data.rename(columns=name_dir, inplace=True)
print(data)
```

```
            end_data = data[name_file['ch']]
            end_data.to_excel(f"数据采集/任务 7/{'&'.join([i[1] for i in code])}_{name_dict.get(name)}采集结果{int(time.time())}.xlsx",
                              encoding='utf-8', index=False)
    except Exception as e:
        print('采集失败', e)
```

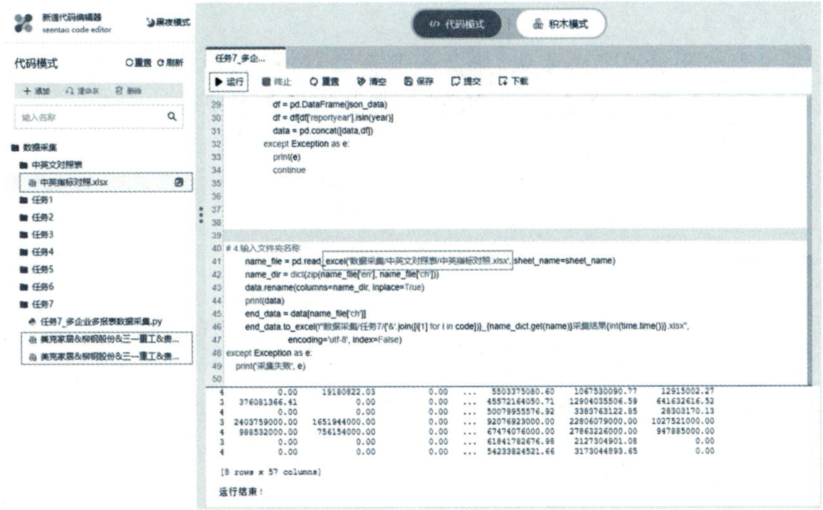

图 5-40 在任务 7 中输入文件夹名称

本章小结

在财务大数据的分析与应用中，数据采集是至关重要的一环。本章内容深入探讨了 Python 在财务数据采集中的应用，展示了 Python 作为强大编程工具在数据处理领域的独特优势。Python 不仅语法简洁、易于上手，而且拥有丰富的第三方库和工具，为数据采集提供了极大的便利。通过深入学习和实践，可以掌握 Python 数据采集的基本方法和技巧，为财务大数据的分析和利用提供有力的支持。

思考题

1. 在任务 2 脚本下修改相关参数，采集中信证券(600030)2023 年度的基本信息，并将文件命名为中信证券基本信息数据采集结果，文件夹路径：数据采集/任务 2/。

2. 在任务 3 脚本下修改相关参数，采集华夏银行(600015)2023 年度的资产负债表数据，并将文件命名为华夏银行 2023 年资产负债表采集结果，文件夹路径：数据采集/任务 3/。

3. 在任务 4 脚本下修改相关参数，采集南京高科(600064)、浙能电力(600023)、东风科技(600081)、中原高速(600020)2022 和 2023 年度的资产负债表数据,并将文件命名为练习 4 资产负债表采集结果,文件夹路径:数据采集/任务 4/。

4. 在任务 5 脚本下修改相关参数,采集南京高科(600064)、浙能电力(600023)、东风科技(600081)、中原高速(600020)2022 和 2023 年度的利润表数据,并将文件命名为练习 5 利润表采集结果,文件夹路径:数据采集/任务 5/。

5. 在任务 6 脚本下修改相关参数,采集南方航空(600029)2021、2022、2023 年度的资产负债表和利润表数据。

6. 在任务 7 脚本下修改相关参数,采集南京高科(600064)、浙能电力(600023)、东风科技(600081)、中原高速(600020)2022 和 2023 年度的利润表和现金流量表数据。

第六章

数据清洗

知识目标

- 理解和识别财务数据中常见的错误类型
- 使用数据处理软件执行基本的数据清洗操作
- 运用编程语言改写自动化数据清洗脚本

育人目标

- 培养严谨的数据分析态度
- 增强问题解决能力和创新思维
- 提升跨领域合作与沟通能力

思维导图

- 数据清洗
  - 基础知识介绍
    - 数据清洗的必要性
    - 数据清洗的主要内容
    - 数据清洗流程
    - 数据清洗工具
  - 特殊字符清洗
    - “空格”与“—”清洗
    - “*/\|”清洗
  - 格式内容清洗
    - 客户ID与产品名称清洗
    - 数据类型清洗
    - 分析云数据类型清洗
  - 非需求性数据清洗
    - 华扬联众报表无用数据清洗
    - 引力传媒财报无用数据清洗
  - 逻辑错误清洗
    - 华扬联众报表重复数据清洗
    - 引力传媒财务重复数据清洗

章前导读

农夫山泉用大数据卖矿泉水

这里是上海城乡接合部九亭镇新华都超市的一个角落，农夫山泉的矿泉水堆头静静地摆放在这里。来自农夫山泉的业务员每天都要来到固定点，拍摄 10 张照片：水怎么摆放，位置有什么变化，高度如何……这样的点每个业务员一天要跑 15 个，按照规定，下班之前 150 张照片就被传回了杭州总部。每个业务员，每天会产生的数据量在 10 MB，这似乎并不是个大数字。但农夫山泉在全国有 10 000 个业务员，这样每天的数据就是近 100 GB，每月约为 3 TB。

当这些图片如雪片般进入农夫山泉在杭州的机房时，这家公司的首席信息官(CIO)胡先生就会有这么一种感觉：守着一座金山，却不知道从哪里挖下第一锹。胡先生想知道的问题包括：怎样摆放水堆更能促进销售？哪个年龄的消费者在水堆前停留更久，他们一次购买的量有多少？气温的变化让购买行为发生了哪些改变？竞争对手的新包装对销售产生了怎样的影响？不少问题目前也可以回答，但更多是基于经验，而不是基于数据。

从 2008 年开始，业务员拍摄的照片就这么被收集起来，如果按照数据的属性来分类，“图片”属于典型的非关系型数据(该类型数据还包括视频、音频等)。要系统地对非关系型数据进行分析是胡先生设想的下一步计划，这是农夫山泉在“大数据时代”必须迈出的一步。如果超市、金融公司与农夫山泉有某种渠道来分享信息，如果类似图像、视频和音频等资料可以系统分析，如果人的位置有更多的方式可以被监测到，那么展现在胡先生面前的就是一幅基于人类消费行为的画卷，而描绘画卷的是一组组复杂的“0、1、1、0”。

2011 年 6 月，SAP 和农夫山泉开始共同开发基于“饮用水”这个产业形态中运输环境的数据场景。2011 年，SAP 推出了创新性的数据库平台 SAP Hana。农夫山泉则成为全球第三个、亚洲第一个上线该系统的企业，并在当年 9 月宣布系统对接成功。有了强大的数据分析能力作为支持后，农夫山泉近年以 30%～40% 的年增长率，在饮品方面快速超越了原先的三甲：娃哈哈、乐百氏和可口可乐。

第一节　基础知识介绍

数据清洗(Data Cleaning)是指发现并纠正数据文件中可识别的错误的最后一道程序，包括检查数据一致性、处理无效值和缺失值等。数据清洗是对数据进行重新审查和校验的过程，目的在于删除重复信息，纠正存在的错误，并保证数据一致性。

一、数据清洗的主要内容

(一)缺失值清洗

明确缺失值的范围与分布情况,去除不需要的字段。采用适当的方法填充剩余的缺失内容,以确保数据的完整性。如有需要,还可以考虑重新获取相关数据以进一步优化数据集。

(二)格式内容清洗

时间、日期、全角与半角字符等显示格式可能不一致,需将其统一转换为某种既定格式以确保数据的一致性。同时,对于内容中夹杂的不应存在的字符,应进行彻底清除,以净化数据。此外,若内容与其所属字段应有的信息不符,需细致识别并分类记录问题类型,以便后续处理与修正。

(三)逻辑错误清洗

识别并移除数据集中的重复值,以避免冗余信息的干扰。剔除那些明显不合理或异常的值,确保数据的准确性和可靠性。对于数据中存在的矛盾内容,需进行仔细核查与修正,以维护数据的一致性和逻辑性。

(四)非需求性数据清洗

对于不再需要的字段,可以直接进行删除操作以精简数据集。若无法事先确定某个字段的实用性,建议暂时保留该字段,以免后续分析时因缺少信息而造成不便。在进行字段删除操作之前,务必做好数据备份工作,确保在误删字段的情况下能够迅速恢复原始数据,避免数据丢失带来的风险。

(五)关联性验证

如果数据有多个来源,那么有必要进行关联性验证。一旦发现验证过程中存在问题,如数据不一致或矛盾,就需要及时对数据进行调整或剔除,以保证数据集的准确性和可靠性。

二、数据清洗流程

一个清洗步骤就用一条清洗规则;可多拆分清洗步骤,备份每个步骤的数据,方便出现问题时回退;一般先做全局清洗(清洗全部数据),再做个别字段的清洗;清洗的输出结果不要直接放在正式数据流或正式文件中,先用测试环境或临时文件充分验证后再放在正式环境中。

三、数据清洗工具

为了提升清洗效率,在不影响正常要分析的数据前提下,将多个字段都存在的问题一次性清洗掉,可以使用全局清洗规则。全局清洗一般放在其他清洗规则前优先执行,见表 6-1。

表 6-1　　全局清洗规则

规则名称	规则描述
非法字符清洗	对表中所有记录中含有以下字符的内容进行删除。非法字符包括:\/ * ?:"<>|
空格清理	对表中所有记录中的空格进行删除
一(仅有) 替换为 Null	将字段记录值仅含有'一'的内容进行删除,存为空记录
一(仅有)替换为 0	将字段记录值仅含有'一'的内容进行替换,存为 0)
空格(仅有)替换为 Null	将字段记录值仅含有空格的内容进行删除,存为空记录
空格(仅有)替换为 0	将字段记录值仅含有空格的内容进行替换,存为 0

Null 表示不存在,是一种特殊的数据类型;0 表示数字类型或整型;如果存储的值为 0,表示数据类型为数字类型;如果替换为 Null,则该单元格不参与后续计算;如果替换为 0,则该单元格参与后续计算。

按字段清洗规则:工具提供了字符替换、字段切分、字段合并、缺失值填补四种清洗规则。字符替换可以将选定字段的值进行替换;字段切分可以将选定字段切分为多个字段,相当于拆分列;字段合并可以将选定的多个字段合并为一个字段,相当于合并列;缺失值填补可以将选定字段的缺失值进行自动填充,有均值填补、中位数填补、丢弃空值记录填补为 0 等方式。

第二节　特殊字符清洗

一、"空格"与"一"清洗

(一)任务描述

利用大数据技术,参考操作步骤,用 Python 代码对数据表中的特殊字符进行清洗,清洗要求如下:"一"替换为 0;"空格"替换为 0;将清洗结果保存至 excel 文件。

(二)操作步骤

1. 打开脚本文件

单击新道代码编辑器数据清洗文件夹下的任务 1 文件夹,找到任务 1 脚本,双击脚本文件,如图 6-1 所示。

2. 导入 Python 库文件

导入 pandas 库文件,并给 pandas 配置一个缩略名 pd,如图 6-2 所示。

```
import ________ as ________
```

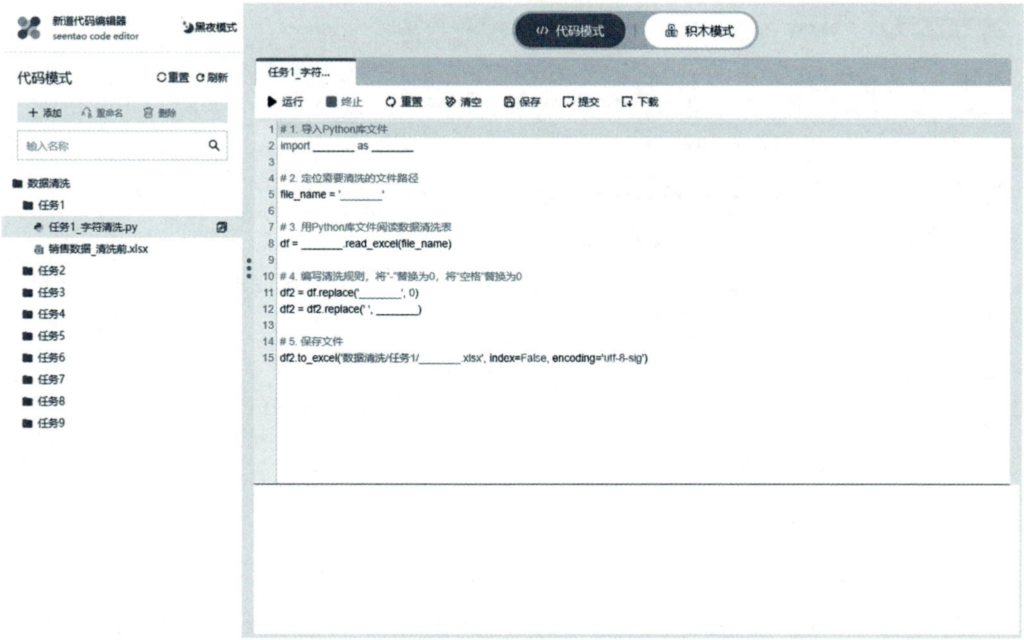

图 6-1 打开任务 1 文件

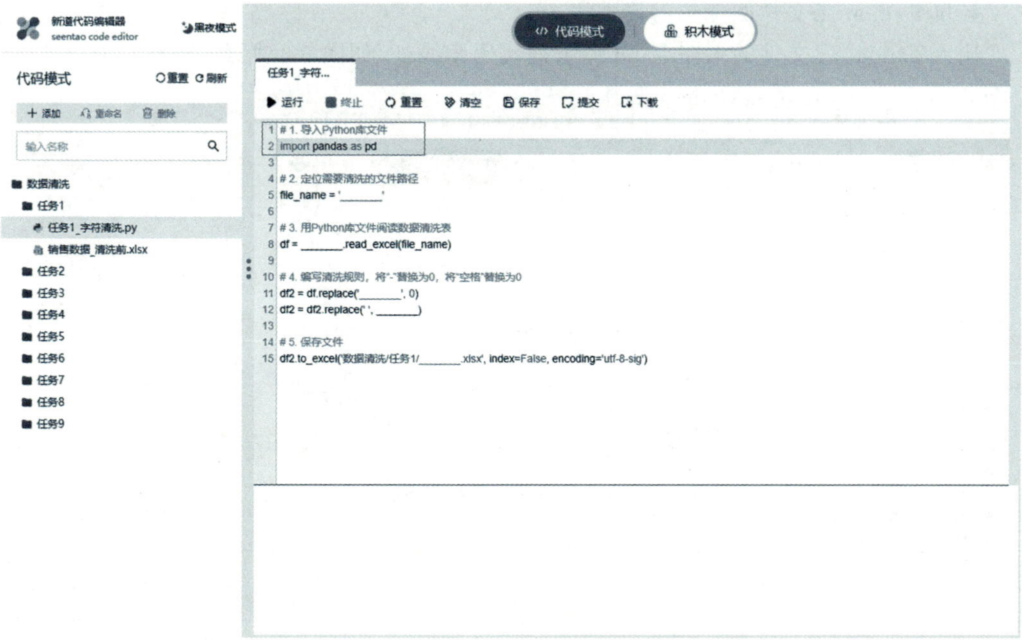

图 6-2 在任务 1 中导入 Python 库文件

3. 定位需要清洗的文件路径

复制“销售数据_清洗前”的文件路径，粘贴路径到代码编辑区域 file_name 中的对应横线处，如图 6-3 所示。

```
file_name = '________'
```

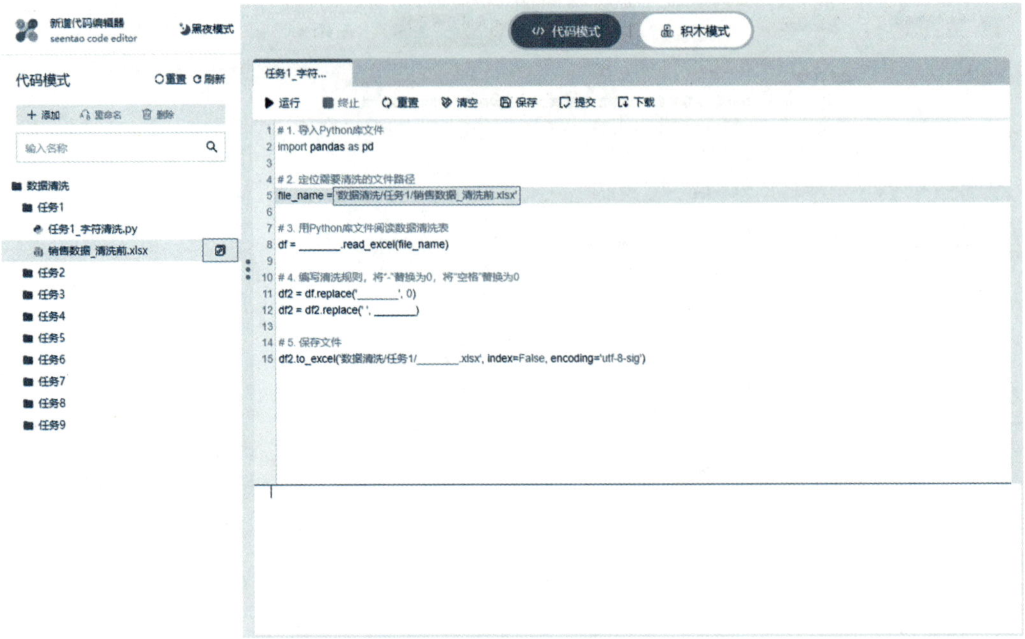

图 6-3　定位任务 1 中需要清洗的文件路径

4. 用 Python 库文件阅读数据清洗表

输入 pandas 库文件的缩略名 pd 到下列代码横线处，如图 6-4 所示。

```
df = ________.read_excel(file_name)
```

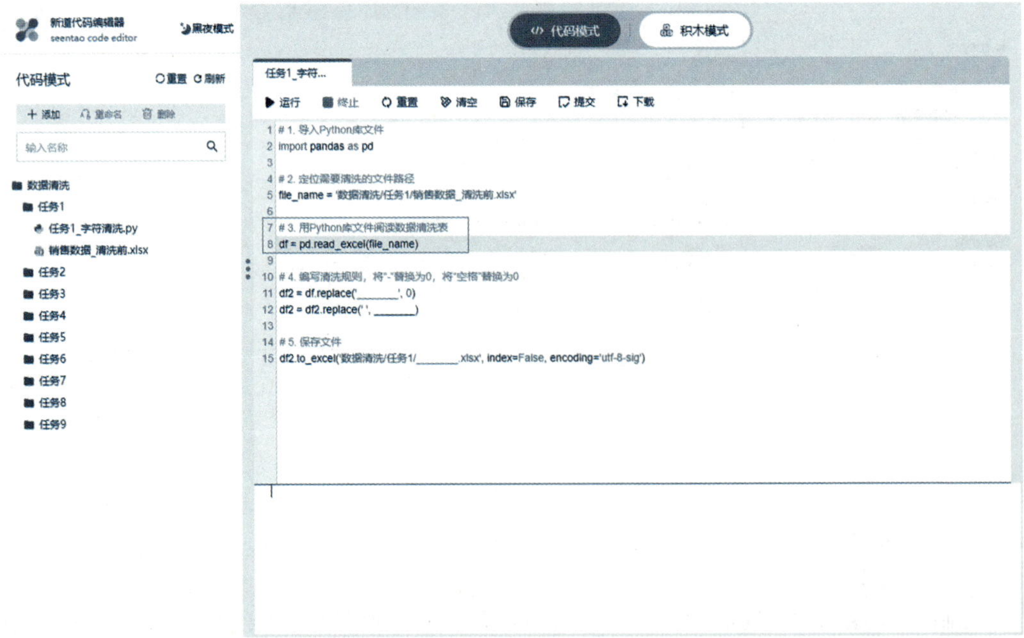

图 6-4　在任务 1 中用 Python 库文件阅读数据清洗表

5. 编写清洗规则

将“—”替换为 0；将“空格”替换为 0，如图 6-5 所示。

```
df2 = df.replace('________', 0)
df2 = df2.replace(' ', ________)
```

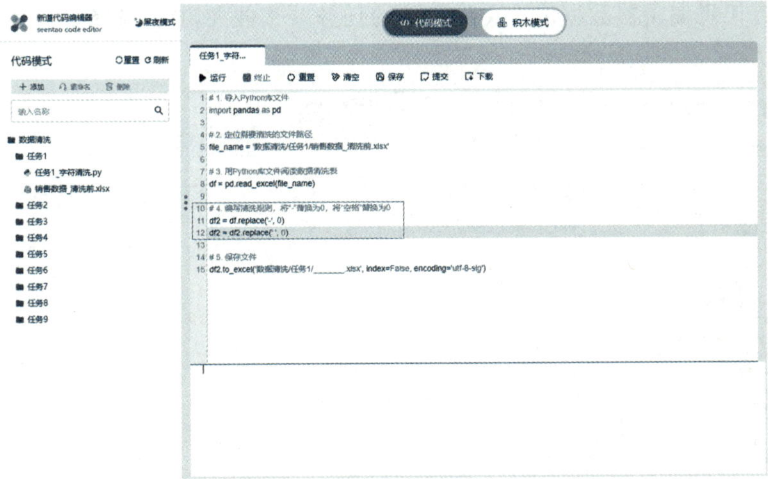

图 6-5 在任务 1 中编写清洗规则

6. 保存清洗之后的文档

将清洗结果保存为 excel 文件;将清洗结果文件命名为任务 1 清洗结果,如图 6-6 所示。

```
df2.to_excel('数据清洗/任务 1/________.xlsx', index=False, encoding='utf-8-sig')
```

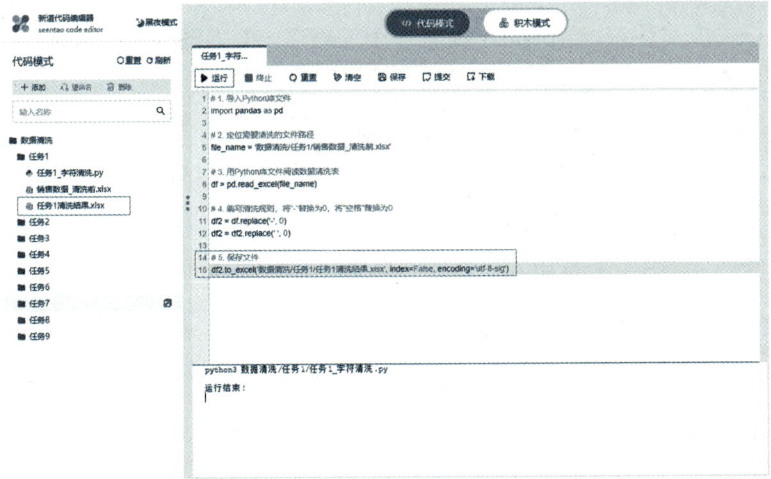

图 6-6 保存任务 1 数据清洗之后的文档

二、"* /\ |"清洗

(一)任务描述

利用大数据技术,参考操作步骤,用 Python 代码对数据表中的特殊字符进行清洗,清洗要求如下:将特殊字符"\,/,*"替换为空字符串;将特殊字符"|"替换为空格;将清洗结果保存至 excel 文件。

（二）操作步骤

1. 打开脚本文件

单击新道代码编辑器数据清洗文件夹下的任务 2 文件夹，找到任务 2 脚本，双击脚本文件，如图 6-7 所示。

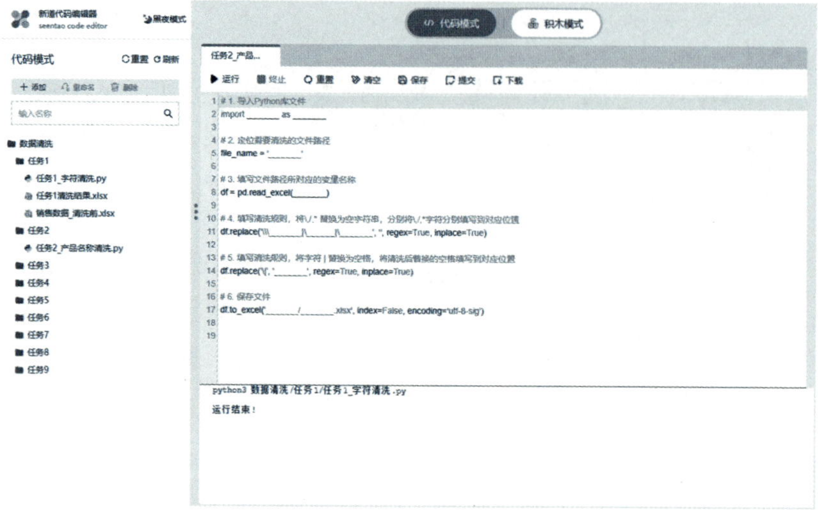

图 6-7 打开任务 2 文件

2. 导入 Python 库文件

导入 pandas 库文件，并给 pandas 配置一个缩略名 pd，如图 6-8 所示。

```
import ________ as ________
```

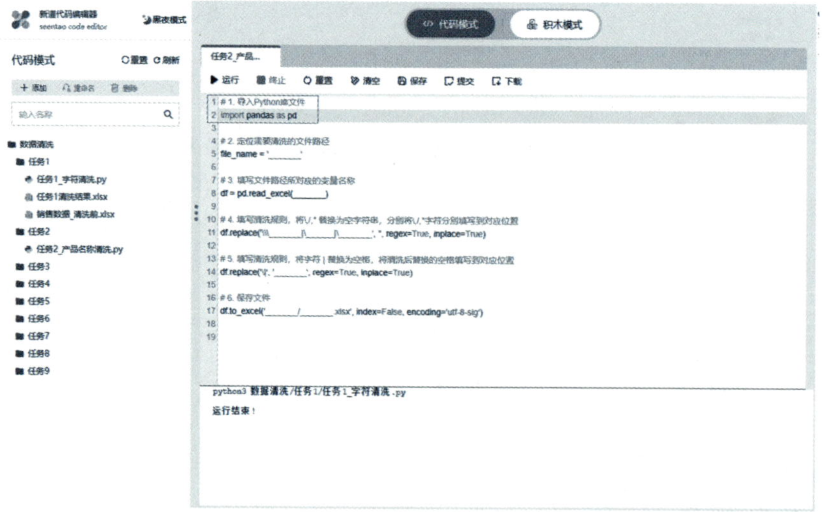

图 6-8 在任务 2 中导入 Python 库文件

3. 定位需要清洗的文件路径

复制“任务 1 清洗结果”的文件路径；粘贴路径到任务 2 的 file_name 中，如图 6-9 所示。

```
file_name = '________'
```

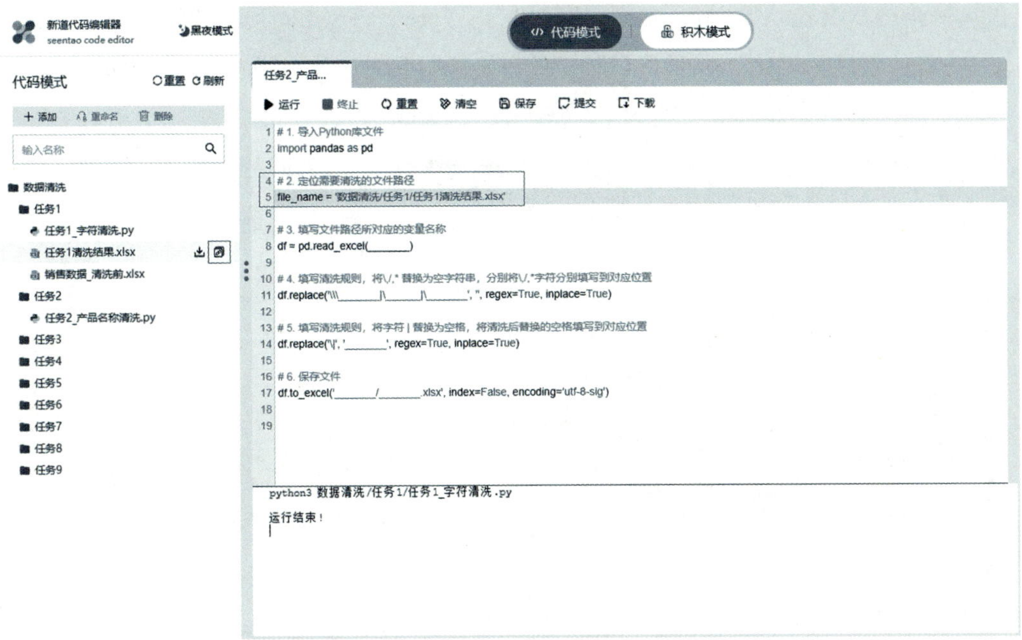

图 6-9 在任务 2 中定位需要清洗的文件路径

4. 用 Pandas 库文件阅读数据清洗表

填写文件路径所对应的变量名称：file_name，如图 6-10 所示。

```
df = pd. read_excel(________)
```

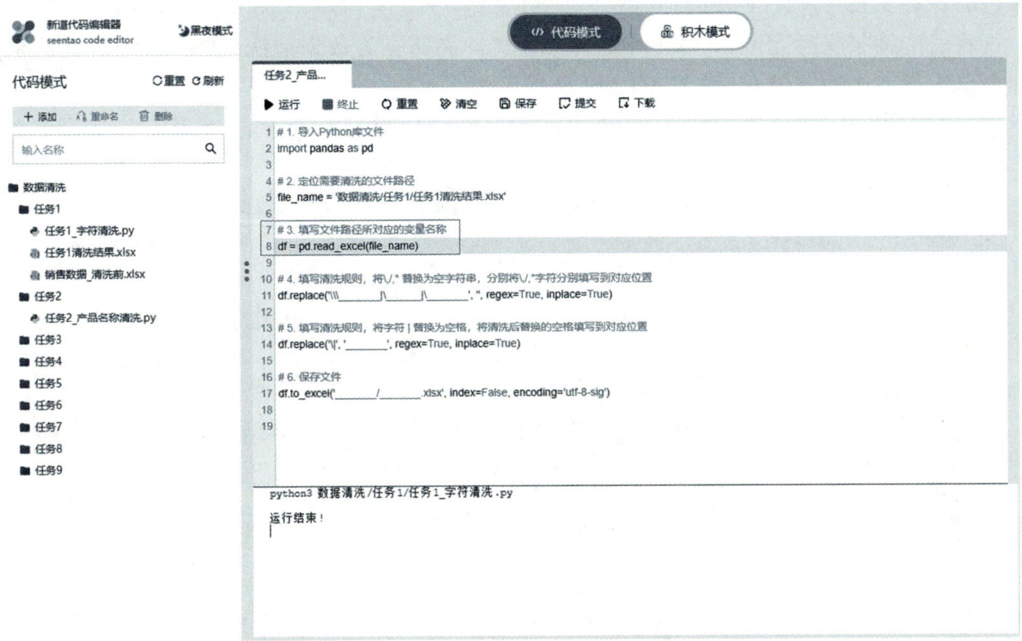

图 6-10 在任务 2 中用 Pandas 库文件阅读数据清洗表

5. 编写清洗规则

（1）依次将\，/，* 替换为空字符串，并分别填写到对应位置，如图 6-11 所示。

df. replace('_______|_______|_______', '', regex=True, inplace=True)

(2)将 | 替换为 空格 ,将清洗后替换的空格填写到对应位置,如图 6-11 所示。

df. replace('\\|', '_______', regex=True, inplace=True)

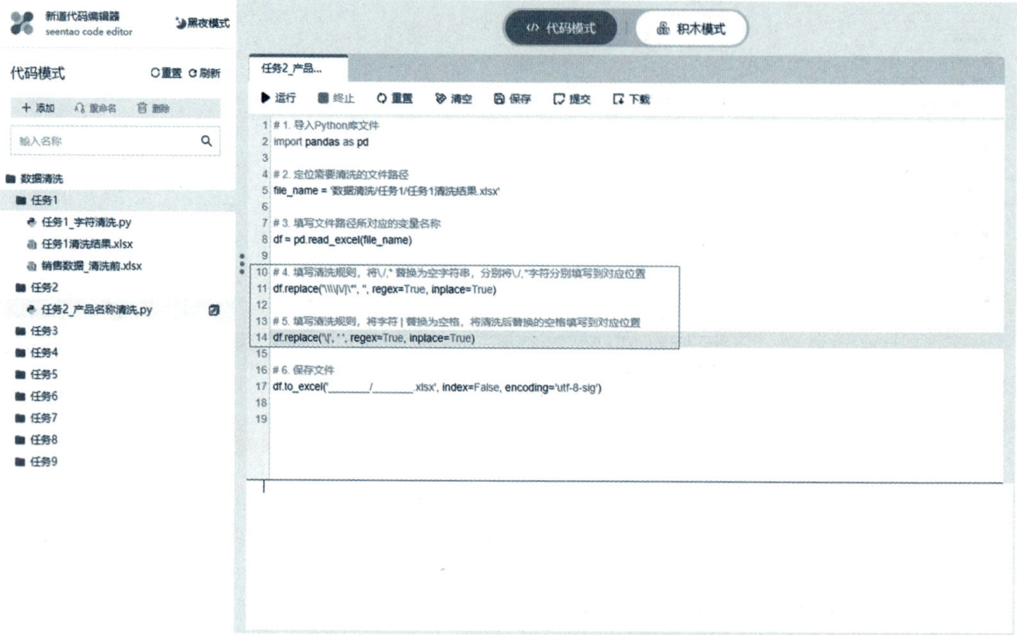

图 6-11 在任务 2 中编写清洗规则

6. 保存文件

将清洗结果保存至 excel 文件;复制保存文件夹路径为数据清洗/任务 2;将清洗结果文件命名为任务 2 清洗结果,如图 6-12 所示。

df. to_excel('_______/_______. xlsx', index=False, encoding='utf-8-sig')

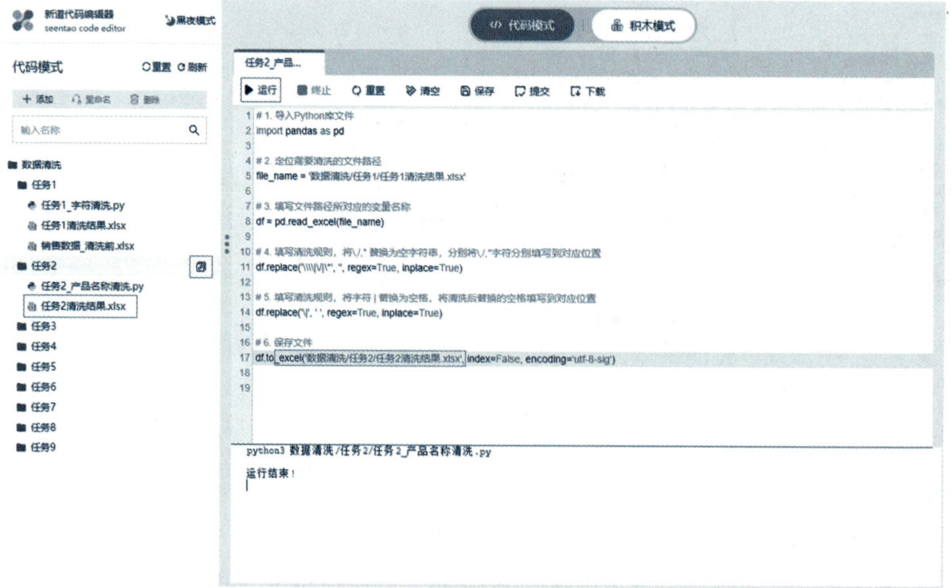

图 6-12 保存任务 2 的文件

第三节 格式内容清洗

一、客户 ID 与产品名称清洗

(一)任务描述

利用大数据技术,参考操作步骤,用 Python 代码对数据表中的格式内容进行清洗。清洗要求如下:将客户 ID 字段切分为"客户名称"与"客户 ID",将产品名称字段切分为"产品品牌"与"品名与规格"。

(二)操作步骤

1. 打开脚本文件

单击新道代码编辑器数据清洗文件夹下的任务 3 文件夹,找到任务 3 脚本,双击脚本文件,如图 6-13 所示。

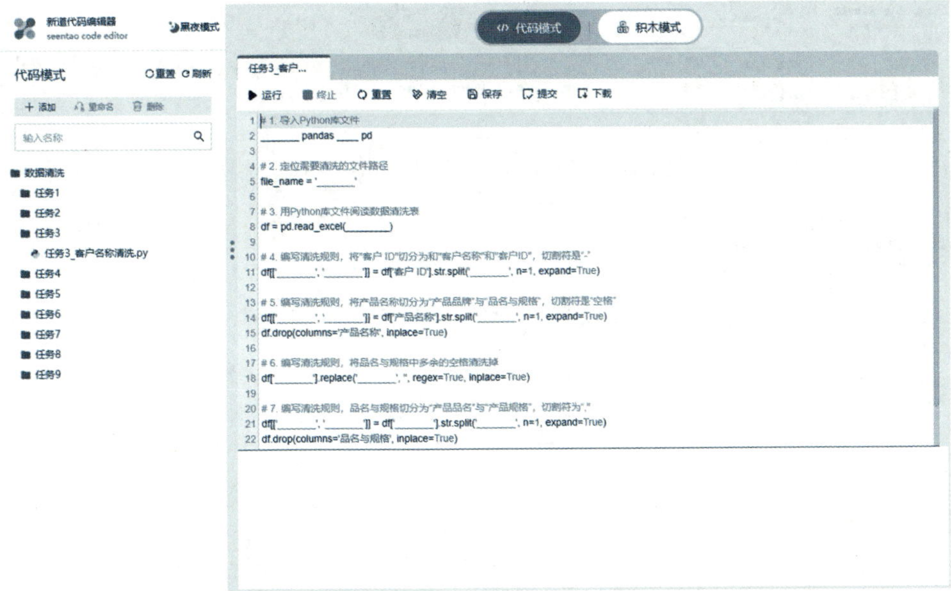

图 6-13 打开任务 3 文件

2. 导入 Python 库文件

使用关键字 import 导入 pandas 库文件;并给 pandas 配置一个缩略名 pd,如图 6-14 所示。

```
________ pandas as ________
```

3. 定位需要清洗的文件路径

单击"任务 2 清洗结果"的文件路径的按钮,复制该路径;粘贴路径到任务 3 的 file_name 中,如图 6-15 所示。

```
file_name = '________'
```

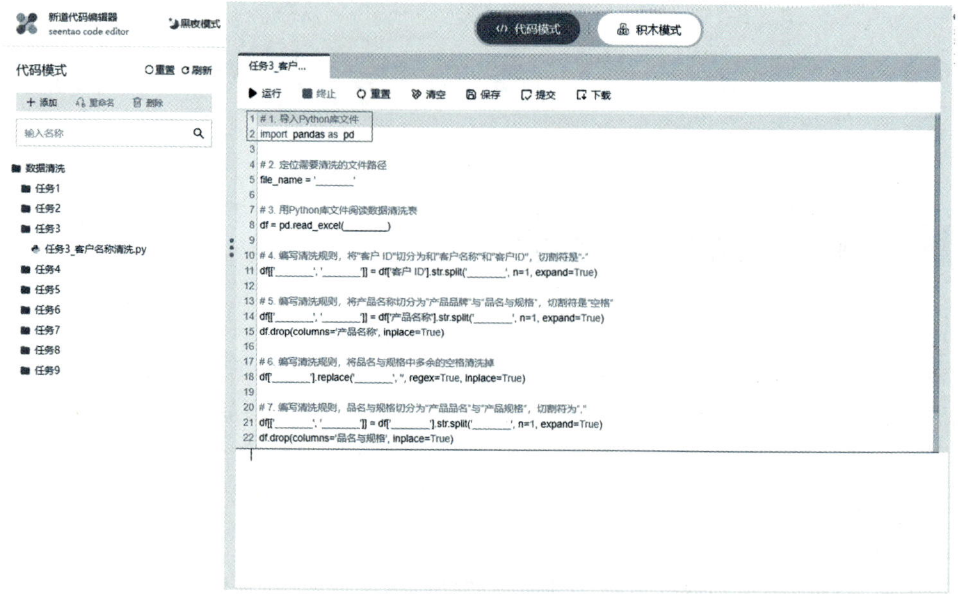

图 6-14　在任务 3 中导入 Python 库文件

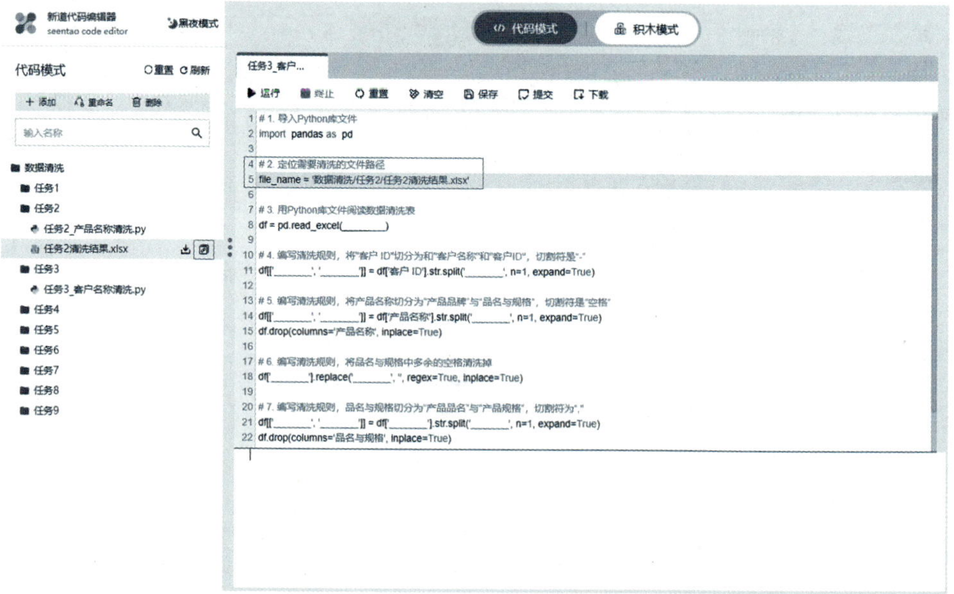

图 6-15　在任务 3 中定位需要清洗的文件路径

4. 用 pandas 库文件阅读数据清洗表

输入文件路径所赋值的变量 file_name，如图 6-16 所示。

```
df = pd.read_excel(________)
```

5. 编写清洗规则

(1)将“客户 ID”切分为“客户名称”和“客户 ID”，切分分隔符为“-”，如图 6-17 所示。

```
df[['________', '________']] = df['客户 ID'].str.split('________', n=1, expand=True)
```

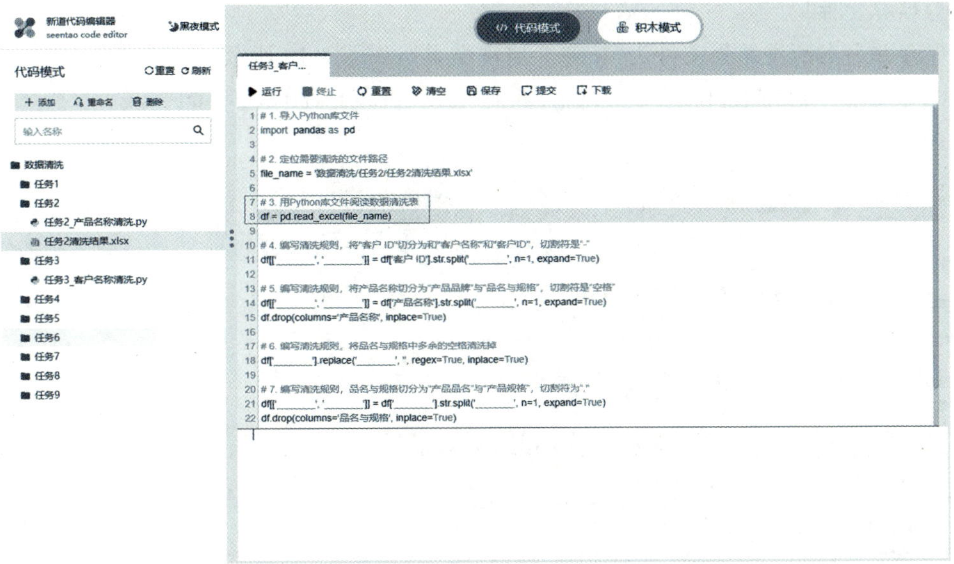

图 6-16　在任务 3 中用 pandas 库文件阅读数据清洗表

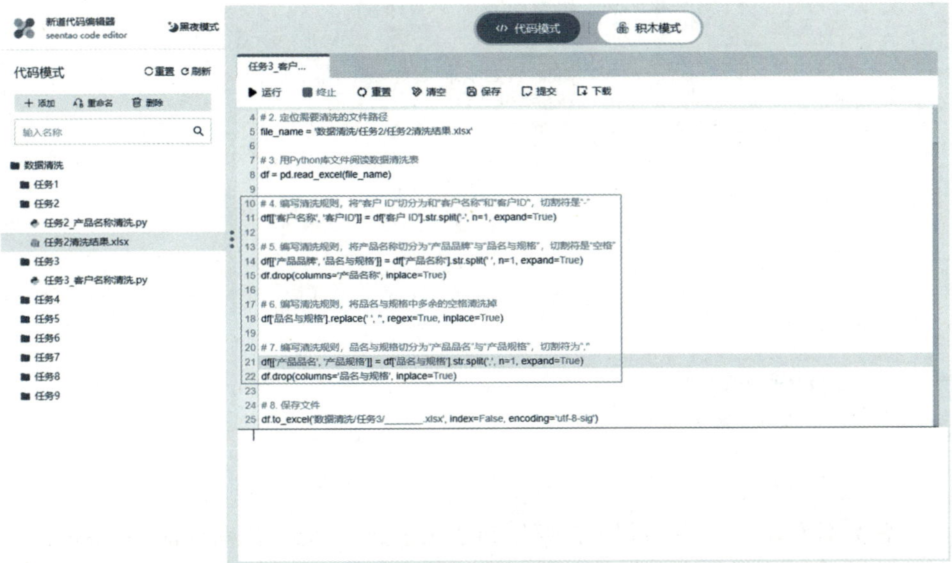

图 6-17　在任务 3 中编写清洗规则

(2)将“产品名称”切分为“产品品牌”与“品名与规格”，切割符是空格，如图 6-17 所示。

```
df[['________', '________']] = df['产品名称'].str.split('________', n=1, expand=True)
df.drop(columns='产品名称', inplace=True)
```

(3)将“品名与规格”中多余的空格删除，如图 6-17 所示。

```
df['________'].replace(' ', '', regex=True, inplace=True)
```

(4)将“品名与规格”切分为“产品品名”与“产品规格”，切割符为“,”，如图 6-17 所示。

```
df[['________', '________']] = df['________'].str.split('________', n=1, expand=True)
df.drop(columns='品名与规格', inplace=True)
```

6. 保存文件

保存并命名清洗结果文件为“任务 3 清洗结果”，如图 6-18 所示。

```
df. to_excel('数据清洗/任务 3/________. xlsx', index=False, encoding='utf-8-sig')
```

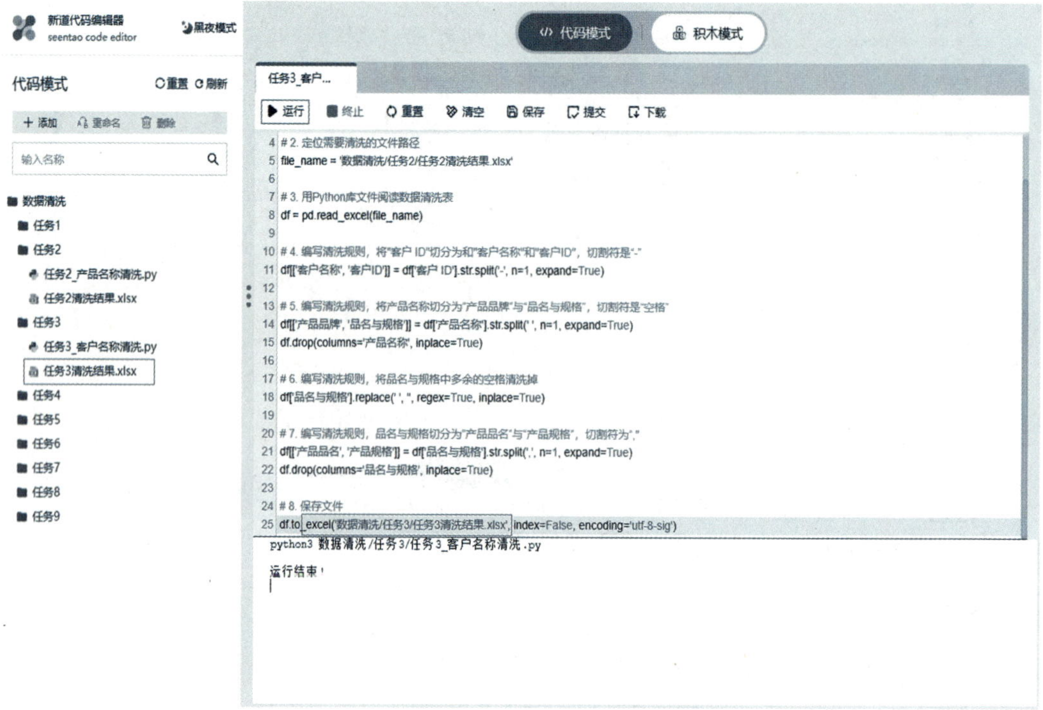

图 6-18　保存任务 3 文件

二、数据类型清洗

(一)任务描述

在日常数据处理中，一些数据表需要用到系统来处理，但上传系统前，需要根据系统要求对数据进行处理。利用大数据技术，参考操作步骤，用 Python 代码对需要上传分析云的数据表进行数据类型清洗。

(二)操作步骤

1. 打开脚本文件

单击新道代码编辑器数据清洗文件夹下的任务 4 文件夹，找到任务 4 脚本，双击脚本文件，如图 6-19 所示。

2. 定位需要清洗的文件路径

找到需要处理文件的文件路径；复制路径，并粘贴路径到 file_name 中，如图 6-20 所示。

```
file_name = '________________'
```

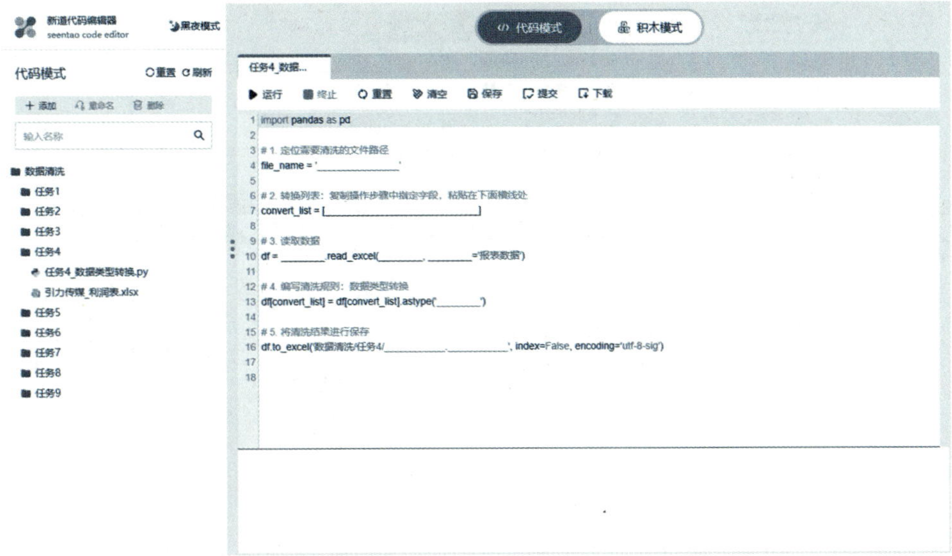

图 6-19 打开任务 4 文件

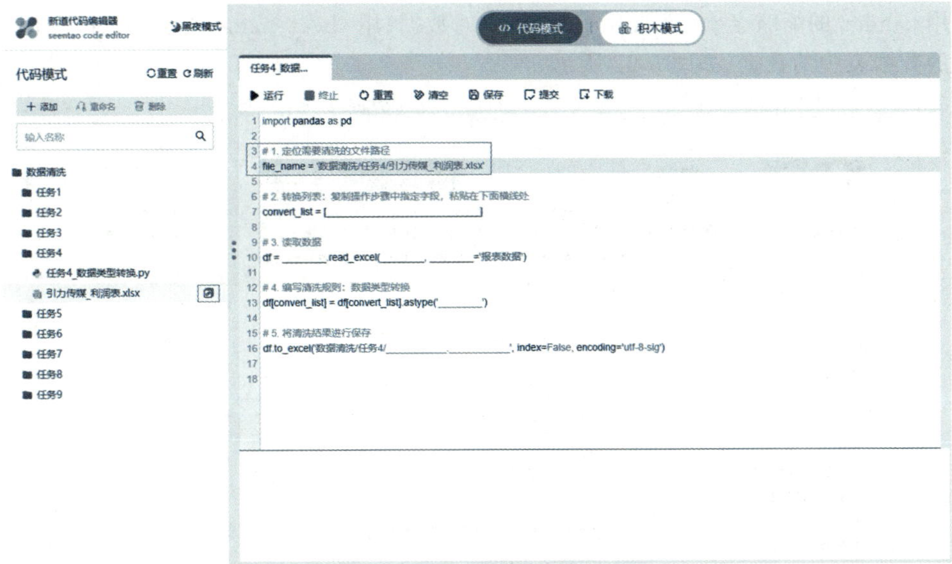

图 6-20 打开任务 4 文件定位需要清洗的文件路径

3. 转换列表

定义列表名称为 convert_list，并将需要转换的字段名称放入列表内；将下列字段填入代码编辑区域 convert_list[ ]横线内，注意中括号不要丢失，如图 6-21 所示。

'营业总收入'，'营业收入'，'金融资产利息收入'，'已赚保费'，'手续费及佣金收入'，'营业总成本'，'营业成本'，'金融资产利息支出'，'手续费及佣金支出'，'退保金'，'赔付支出净额'，'提取保险合同准备金净额'，'保单红利支出'，'分保费用'，'税金及附加'，'销售费用'，'管理费用'，'财务费用'，'资产减值损失'，'公允价值变动收益'，'投资收益'，'对联营企业和合营企业的投资收益'，'汇兑收益'，'营业利润'，'营业外收入'，'营业外支出'，'非流动资产处置净损失'，'利润总额'，'所得税'，'净利润'，'归属于母公司所有者的净利润'，'少数股东损益'，'基本每股收益'，'稀释每股收益'

convert_list = [______________________]

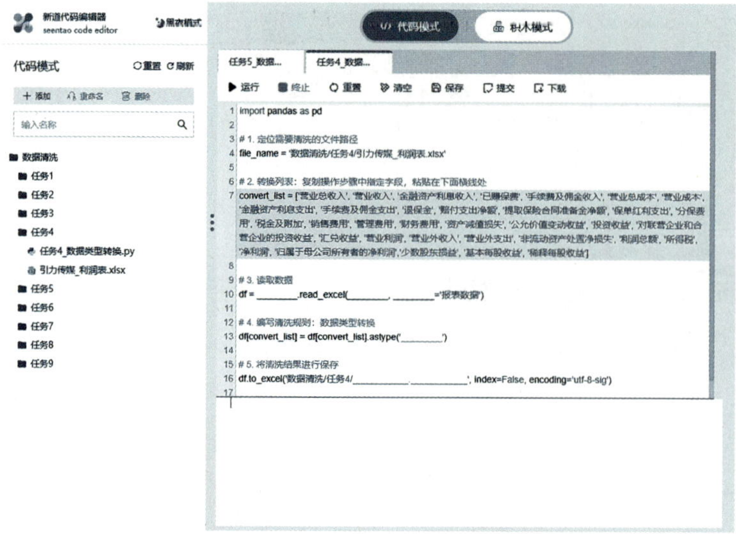

图 6-21　在任务 4 中转换列表

4. 读取数据

用 pandas 的缩略名 pd 读取 file_name 中的数据；用 sheet_name 读取 excel 文件中指定表名的数据表中的数据，如图 6-22 所示。

```
df = ________.read_excel(________, ________='报表数据')
```

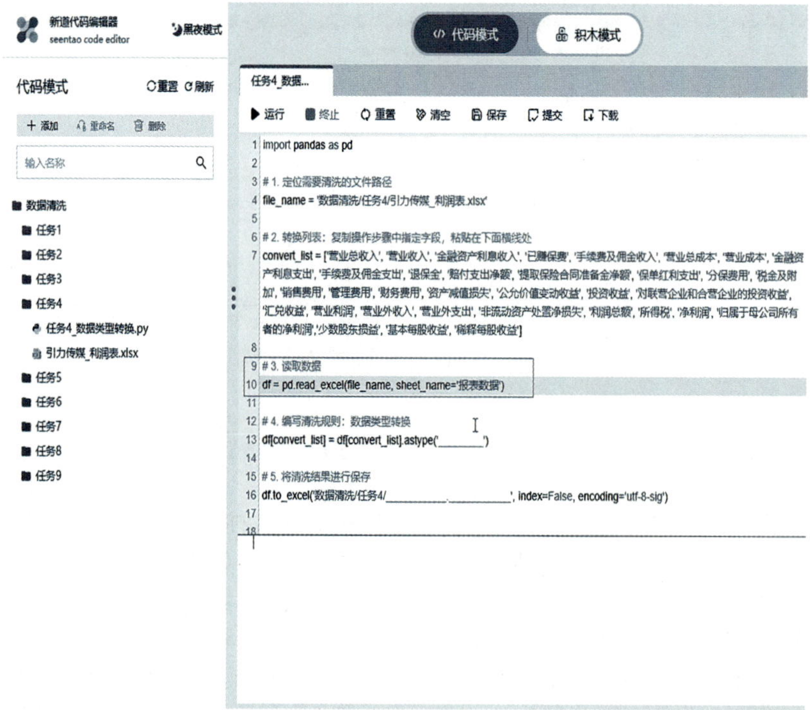

图 6-22　在任务 4 中读取数据

5. 编写清洗规则：数据类型转换

将文件内指定字段数据转换为浮点类型 float，如图 6-23 所示。

```
df[convert_list] = df[convert_list].astype('________')
```

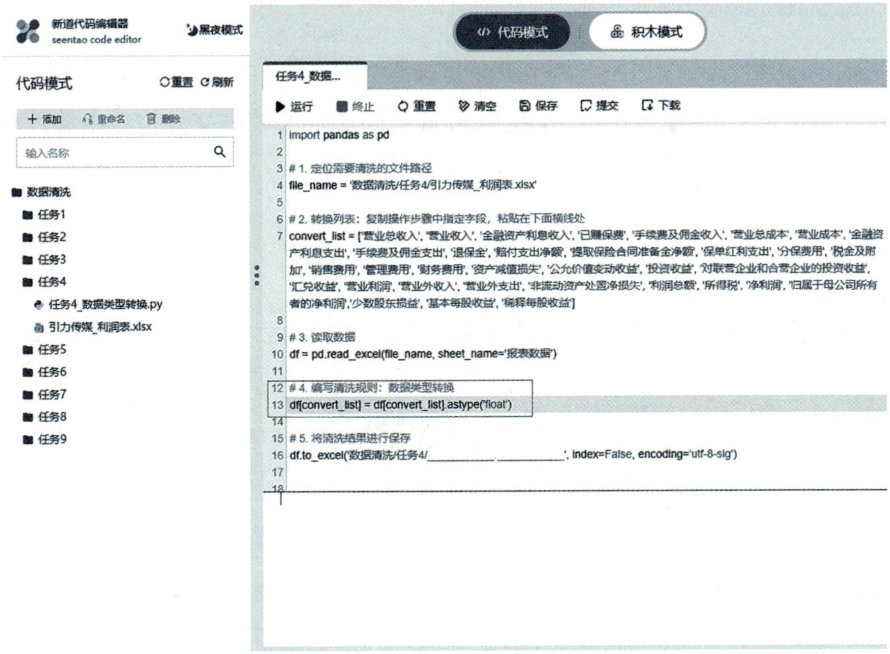

图 6-23 在任务 4 中编写清洗规则:数据类型转换

6. 将清洗结果进行保存

将清洗后的结果命名为“任务 4 清洗结果”,填写在文件名称处;将文件保存为 excel 文件类型(xlsx),如图 6-24 所示。

```
df.to_excel('数据清洗/任务 4/________.________', encoding='utf-8-sig')
```

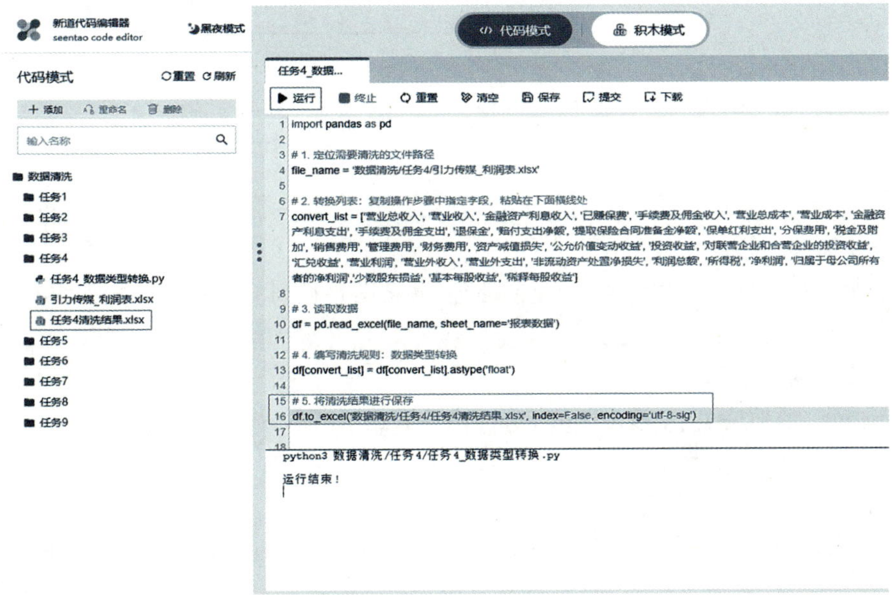

图 6-24 保存任务 4 清洗结果

三、分析云数据类型清洗

(一)任务描述

利用大数据技术,参考操作步骤,用 Python 代码对数据表中格式内容中的数据类型进行清洗。清洗要求如下:除前两列与最后两列数据以外,都转换为浮点类型;前两列和后两列,转换为字符串类型。

(二)操作步骤

1. 打开脚本文件

单击新道代码编辑器数据清洗文件夹下的任务 5 文件夹,找到任务 5 脚本,双击脚本文件,如图 6-25 所示。

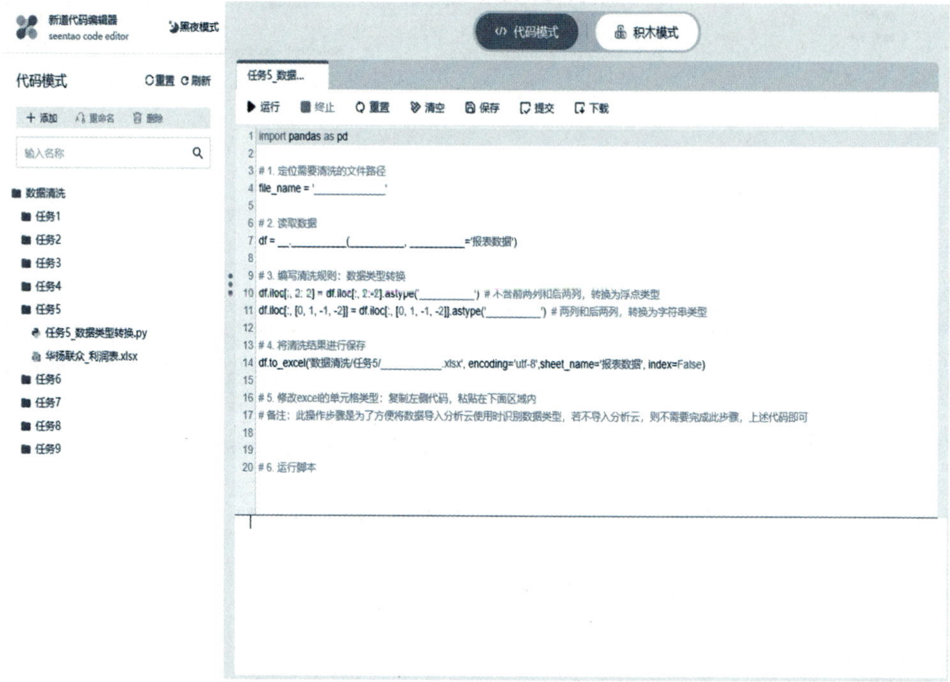

图 6-25　打开任务 5 文件

2. 定位需要清洗的文件路径

找到需要处理文件的文件路径;复制路径,并粘贴路径到 file_name 中,如图 6-26 所示。

```
file_name = '________________'
```

3. 读取数据

用 pandas 的缩略名 pd 读取 file_name 中的数据,如图 6-27 所示。

```
df = ________.read_excel(________, sheet_name='报表数据')
```

4. 编写清洗规则:数据类型转换

(1)将文件内数据转换为浮点类型 float;转换数据不含前两列与后两列数据,如图 6-28 所示。

```
df.iloc[:, 2:-2] = df.iloc[:, 2:-2].astype('________') # 不含前两列和后两列,转换为浮点类型
```

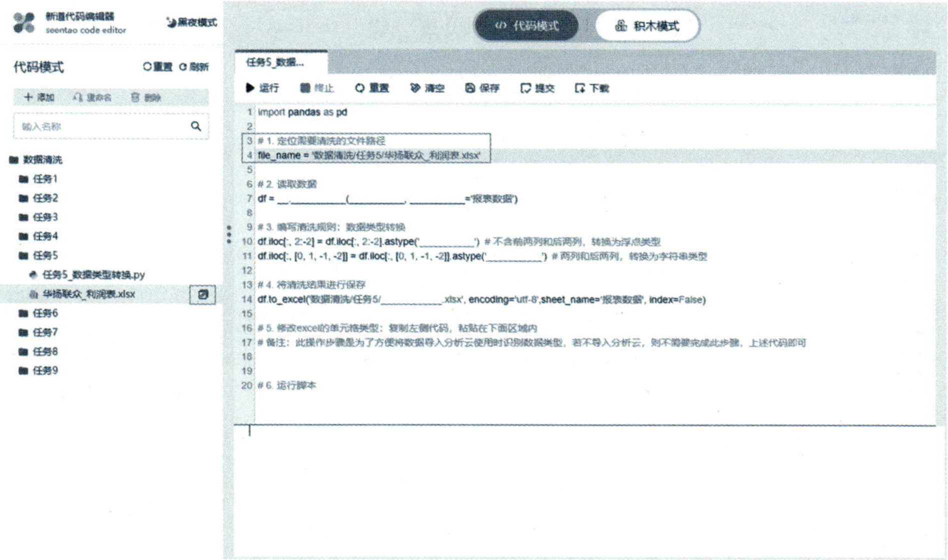

图 6-26　在任务 5 中定位需要清洗的文件路径

图 6-27　在任务 5 中读取数据

(2)将前两列与后两列数据转换为字符串类型 str，如图 6-28 所示。

```
df.iloc[:, [0, 1, -1, -2]] = df.iloc[:, [0, 1, -1, -2]].astype('__________') # 前两列和后两列，转换为字符串类型
```

5. 将清洗结果进行保存

将清洗后的结果命名为“任务 5 清洗结果”；将文件保存为 excel 文件类型(xlsx)，如图 6-29 所示。

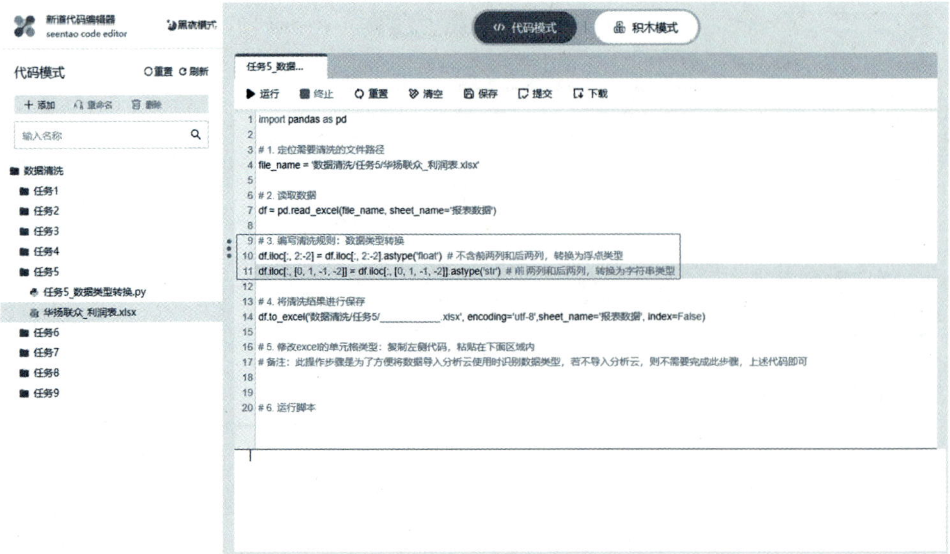

图 6-28　在任务 5 中编写清洗规则：数据类型转换

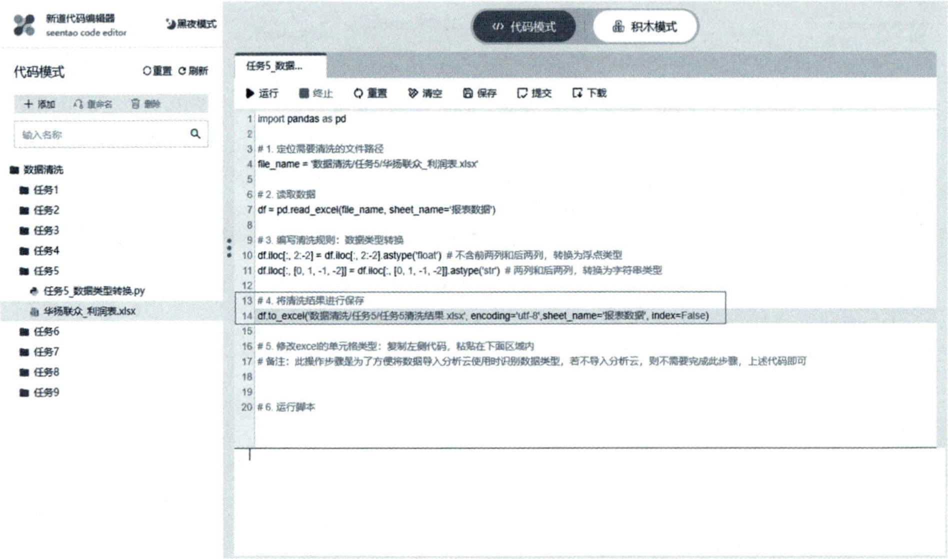

图 6-29　保存任务 5 清洗结果

6. 修改 excel 的单元格类型

此操作步骤是为了方便将数据导入分析云使用时识别数据类型，若不导入分析云，则不需要完成此步骤。将下面代码填写到代码编辑区域内，将新生成的数据表，覆盖原有数据表，如图 6-30 所示。

```
from openpyxl import load_workbook
wb = load_workbook('数据清洗/任务 5/任务 5 清洗结果.xlsx')  # 读取 excel
sheet = wb.active  # 调用工作簿
sheet.title = '报表数据'  # 指定 sheet 名称
number_format = '0.00'  # 设置保留两位小数
```

```
for column in range(1, sheet.max_column + 1):  # 遍历需要改动的行索引,索引从 1 开始
    for i in list(df)[2:-2]:  # 判断单元格的值,是否在需要修改的 list 中
        for row in range(2, sheet.max_row + 1):  # 遍历数据行
            sheet.cell(row=row, column=column).number_format = number_format  # 修改单元格类型
wb.save('数据清洗/任务 5/任务 5 清洗结果.xlsx')  # 保存
```

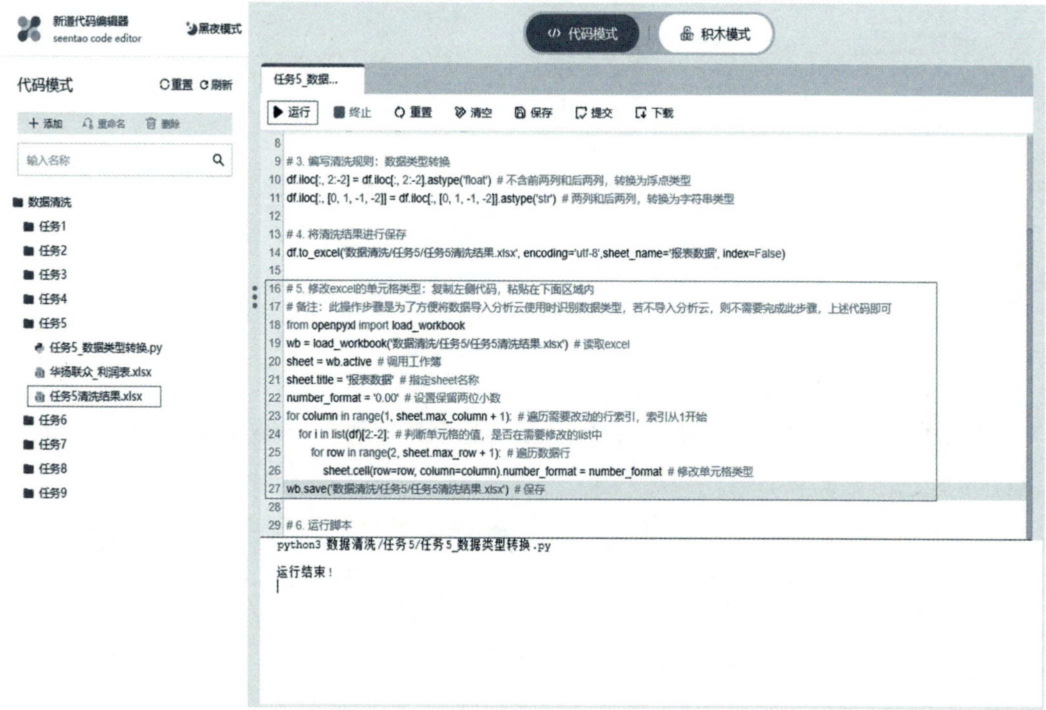

图 6-30 修改 excel 的单元格类型

第四节 非需求性数据清洗

一、华扬联众报表无用数据清洗

(一)任务描述

利用大数据技术,参考操作步骤,用 Python 代码对数据表内无用数据进行清洗。

(二)操作步骤

1. 打开脚本文件

单击新道代码编辑器数据清洗文件夹下的任务 6 文件夹,找到任务 6 脚本,双击脚本文件,如图 6-31 所示。

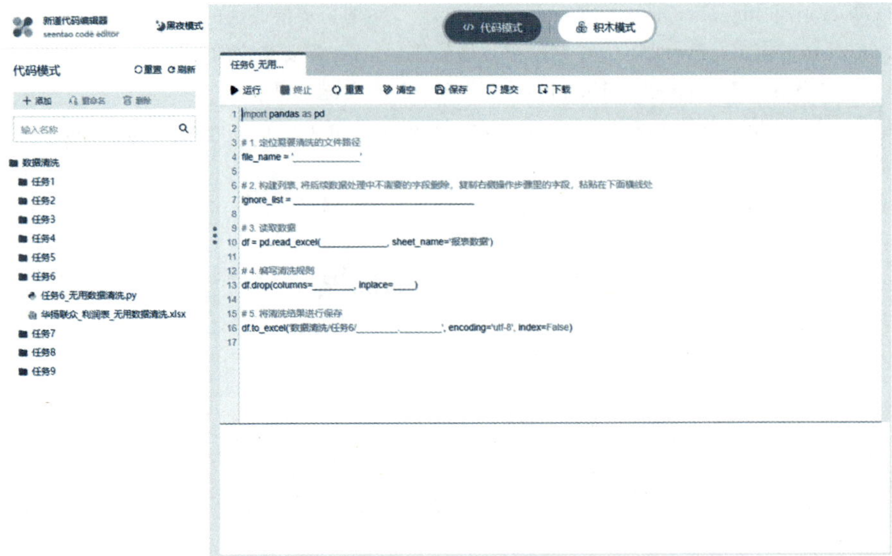

图 6-31 打开任务 6 文件

2. 定位需要清洗的文件路径

找到需要处理文件的文件路径；复制路径，并粘贴路径到 file_name 中，如图 6-32 所示。

```
file_name = '________'
```

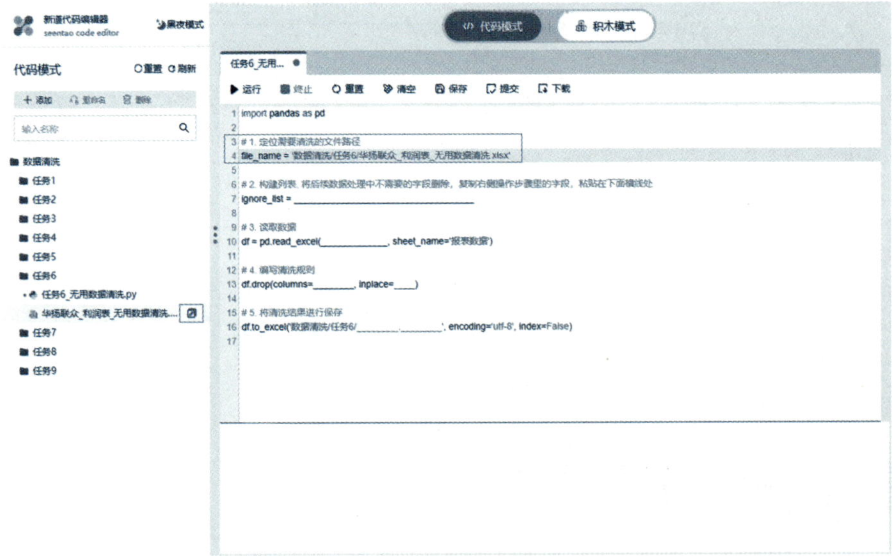

图 6-32 在任务 6 中定位需要清洗的文件路径

3. 构建列表

(1)以下字段在后续分析中不再使用，将其整理成内容列表：

['金融资产利息收入','已赚保费','手续费及佣金收入','金融资产利息支出','手续费及佣金支出','退保金','赔付支出净额','提取保险合同准备金净额','保单红利支出','分保费用']

(2)将列表赋值给变量 ignore_list，如图 6-33 所示。

```
ignore_list = ______________________________
```

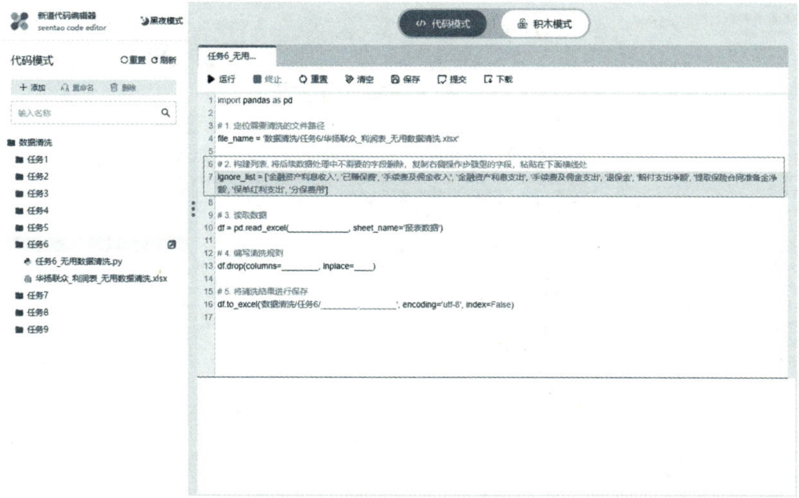

图 6-33 在任务 6 中构建列表

4. 读取数据

将需要被清洗的文件路径对应的变量(file_name)填写到下面横线上,如图 6-34 所示。

```
df = pd.read_excel(________________, sheet_name='报表数据')
```

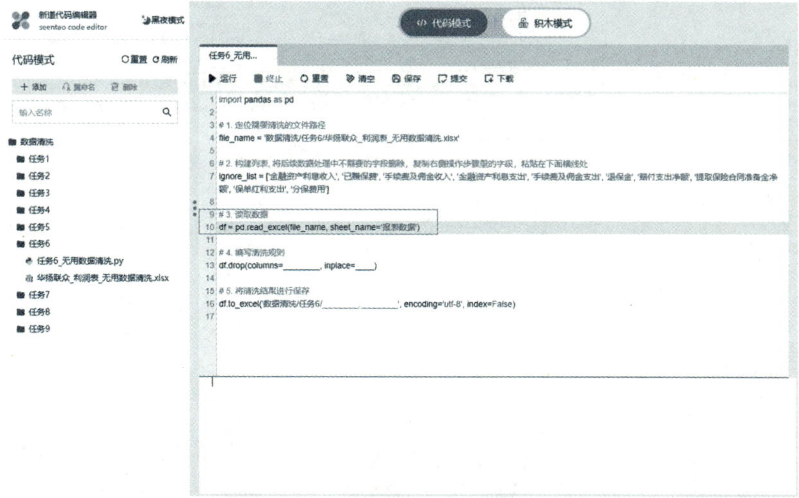

图 6-34 在任务 6 中读取数据

5. 编写清洗规则

删除不需要的数据(ignore_list);在原数据上进行修改(True 表示在原数据上修改,False 表示不在原数据上修改),如图 6-35 所示。

```
df.drop(columns=________, inplace=________)
```

6. 将清洗结果进行保存

将清洗后的结果命名为"任务 6 清洗结果";文件保存为 excel 文件类型(xlsx),如图 6-36 所示。

```
df.to_excel('数据清洗/任务6/________.________', index=False, encoding='utf-8',index=False)
```

图 6-35　在任务 6 中编写清洗规则

图 6-36　保存任务 6 清洗结果

二、引力传媒财报无用数据清洗

（一）任务描述

利用大数据技术，参考操作步骤，用 Python 代码对数据表内无用数据进行清洗，清洗内容如下：将空替换为 0；获取整列不全为 0 的列，组成新 df。

（二）操作步骤

1. 打开脚本文件

单击新道代码编辑器数据清洗文件夹下的任务 7 文件夹，找到任务 7 脚本，双击脚本文件，如图 6-37 所示。

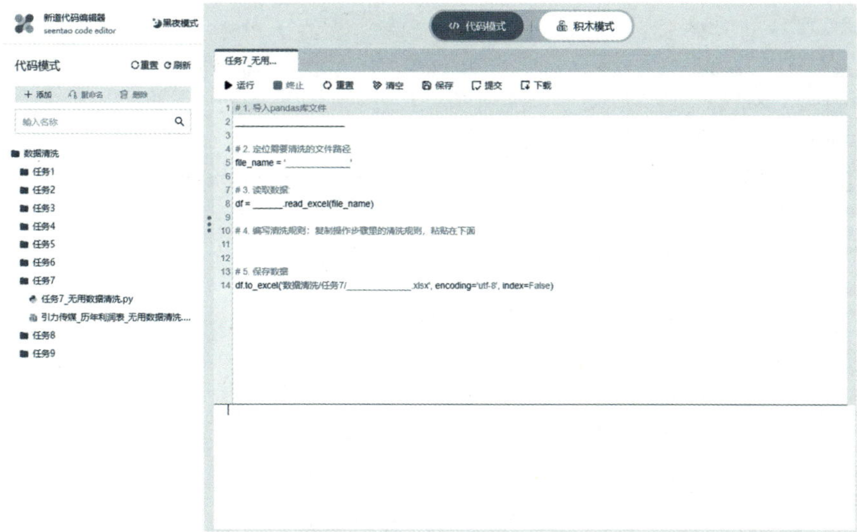

图 6-37 打开任务 7 文件

2. 导入 pandas 库文件

使用 import 函数导入 pandas 库文件；给 pandas 库文件配置一个缩略名 pd，将完整代码编写在下面横线处，如图 6-38 所示。

"________________________________"

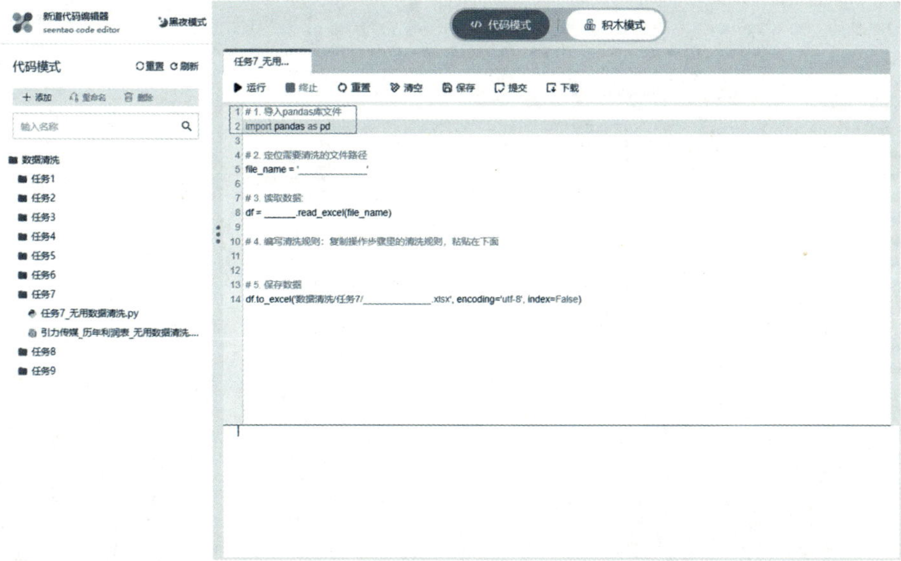

图 6-38 在任务 7 中导入 pandas 库文件

3. 定位需要清洗的文件路径

找到需要处理文件的文件路径；复制路径，并粘贴路径到 file_name 中，如图 6-39 所示。

file_name = '____________________'

4. 读取数据

使用 pandas 库文件的缩略名 pd 读取文件，输入文件路径所赋值的变量 file_name，如图 6-40 所示。

图 6-39　在任务 7 中定位需要清洗的文件路径

```
df = ________. read_excel(file_name)
```

图 6-40　在任务 7 中读取数据

5. 编写清洗规则

将列为空的数据替换为 0；获取整列不全为 0 的列，重新赋值给变量 df，如图 6-41 所示。

```
df. fillna(0, inplace=True)
df = df. loc[:, ~((df == 0). all())]
```

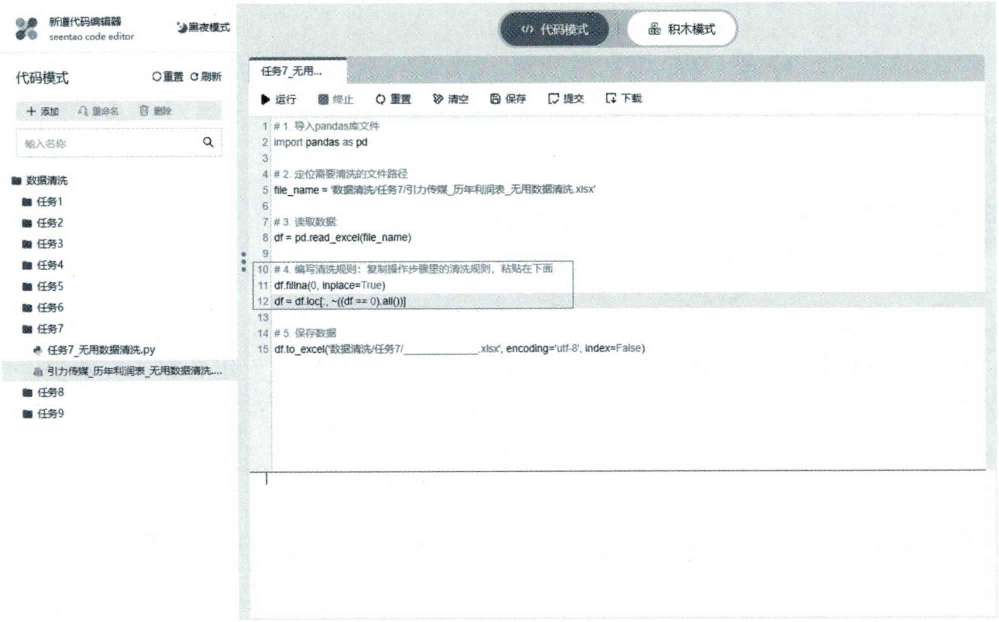

图 6-41 在任务 7 中编写清洗规则

6. 将清洗结果进行保存

将清洗后的结果命名为“任务 7 清洗结果”，保存，如图 6-42 所示。

```
df.to_excel('数据清洗/任务7/________.xlsx', index=False, encoding='utf-8',index=False)
```

图 6-42 保存任务 7 清洗结果

第五节 逻辑错误清洗

一、华扬联众报表无用数据清洗

(一)任务描述

利用大数据技术,参考操作步骤,用 Python 代码对数据表内无用数据进行清洗,清洗内容如下:将空替换为 0;获取整列不全为 0 的列,组成新 df。

(二)操作步骤

1. 打开脚本文件

单击新道代码编辑器数据清洗文件夹下的任务 8 文件夹,找到任务 8 脚本,双击脚本文件,如图 6-43 所示。

图 6-43 打开任务 8 文件

2. 导入 pandas 库文件

使用 import 函数导入 pandas 库文件;给 pandas 库文件配置一个缩略名 pd,将完整代码编写在下面横线处,如图 6-44 所示。

" ______________________________ "

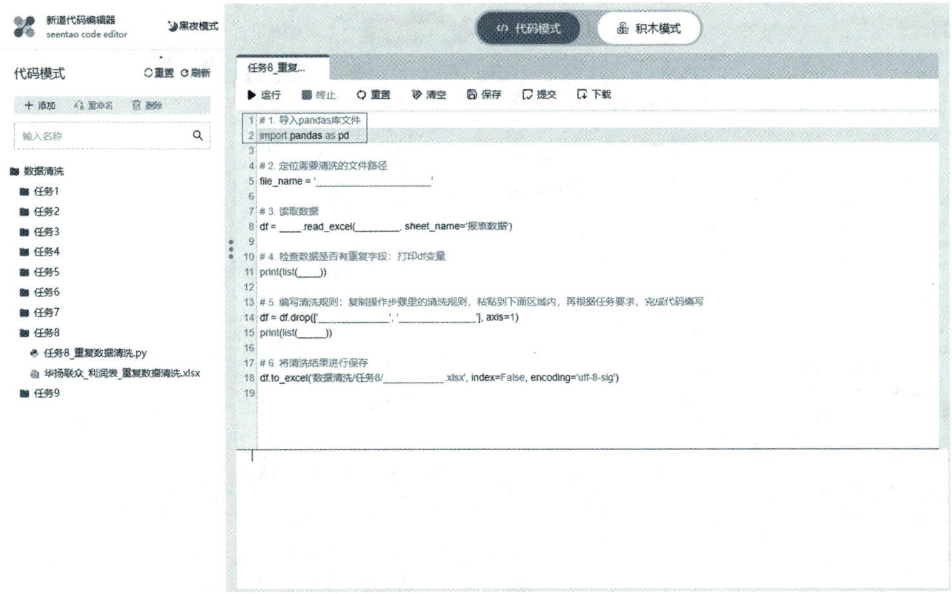

图 6-44 在任务 8 中导入 pandas 库文件

3. 定位需要清洗的文件路径

找到需要处理文件的文件路径；复制路径，并粘贴路径到 file_name 中，如图 6-45 所示。

```
file_name = '_______________'
```

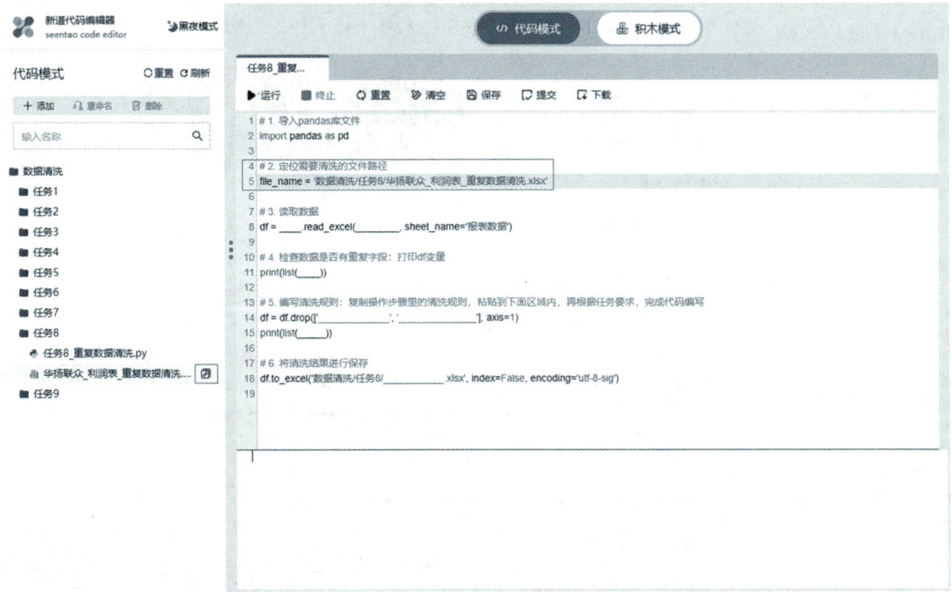

图 6-45 在任务 8 中定位需要清洗的文件路径

4. 读取数据

使用 pandas 库文件的缩略名 pd 读取文件，输入文件路径所赋值的变量 file_name，如图 6-46 所示。

```
df = ________.read_excel(________, sheet_name='报表数据')
```

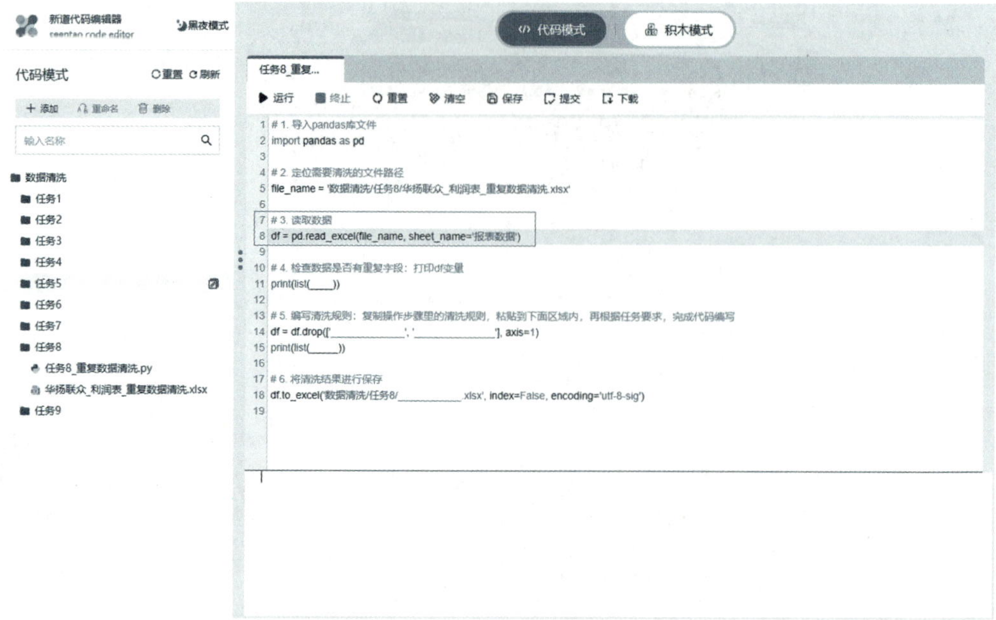

图 6-46　在任务 8 中读取数据

5. 检查数据是否有重复字段

直接打印文件对应的变量 df；找出重复的列字段名称；补全代码后，运行代码脚本，如图 6-47 所示。

```
print(list(________))
```

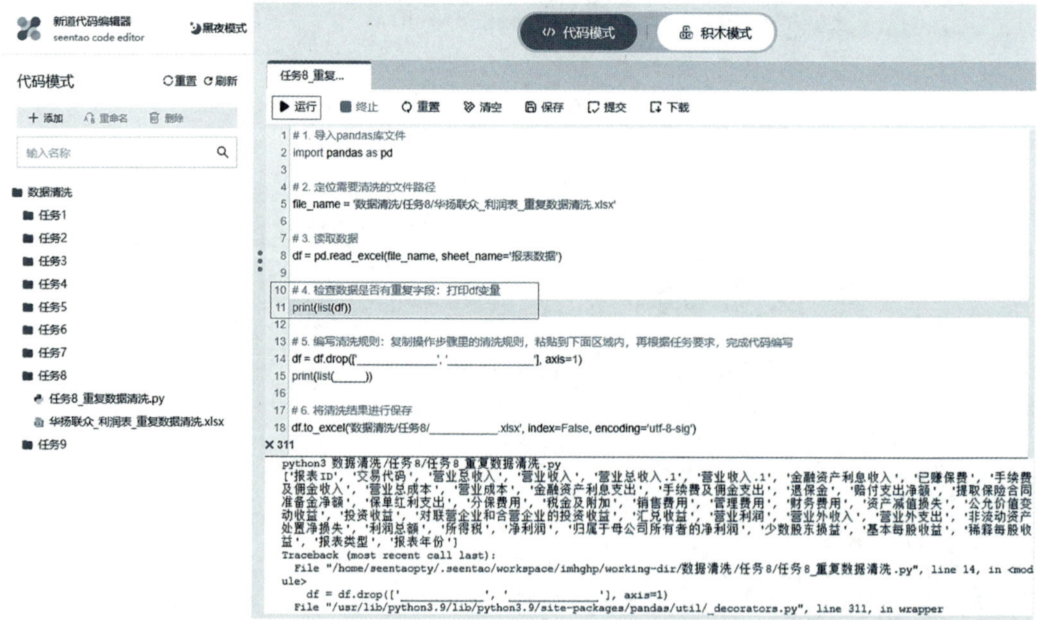

图 6-47　在任务 8 中检查数据是否有重复字段

6. 编写清洗规则

(1)删除重复字段列：营业总收入.1，营业收入.1，如图 6-48 所示。

```
df = df.drop(['________', '________'], axis=1)
```

(2)查看删除后的列名，重新打印变量 df，如图 6-48 所示。

```
print(list(________))
```

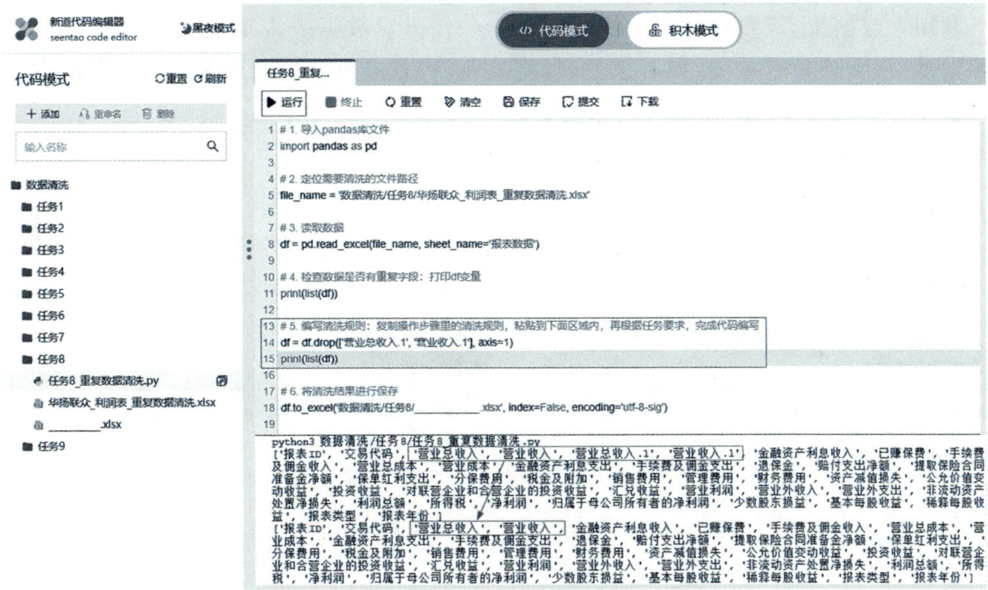

图 6-48 在任务 8 中编写清洗规则

7. 将清洗结果进行保存

将清洗后的结果命名为“任务 8 清洗结果”，保存，如图 6-49 所示。

```
df.to_excel('数据清洗/任务 8/________.xlsx', index=False, encoding='utf-8-sig')
```

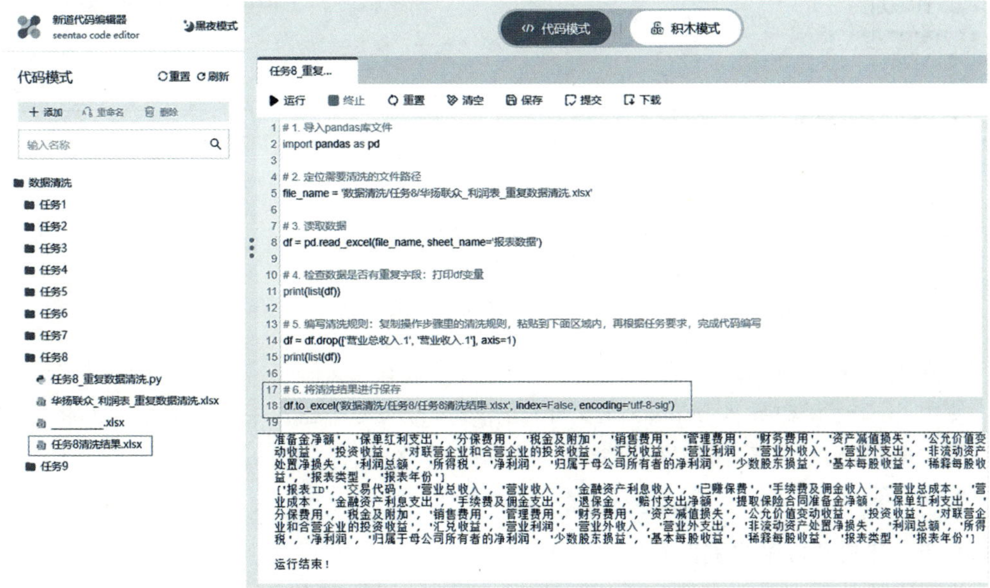

图 6-49 保存任务 8 清洗结果

二、引力传媒财务重复数据清洗

(一)任务描述

利用大数据技术,参考操作步骤,用 Python 代码对数据表内重复数据进行清洗,清洗内容如下:查看列是否重复,如有重复列,将其删除;查看删除后的列名;筛选列表(指定字段列表作为重复项查找的依据);删除重复的行。

(二)操作步骤

1. 打开脚本文件

单击新道代码编辑器数据清洗文件夹下的任务 9 文件夹,找到任务 9 脚本,双击脚本文件,如图 6-50 所示。

图 6-50 打开任务 9 文件

2. 导入 pandas 库文件

使用 import 函数导入 pandas 库文件;给 pandas 库文件配置一个缩略名 pd,将完整代码编写在横线处,如图 6-51 所示。

```
"__________________________________"
```

3. 定位需要清洗的文件路径

找到需要处理文件的文件路径;复制路径,并粘贴路径到 file_name 中,如图 6-52 所示。

```
file_name = '________________'
```

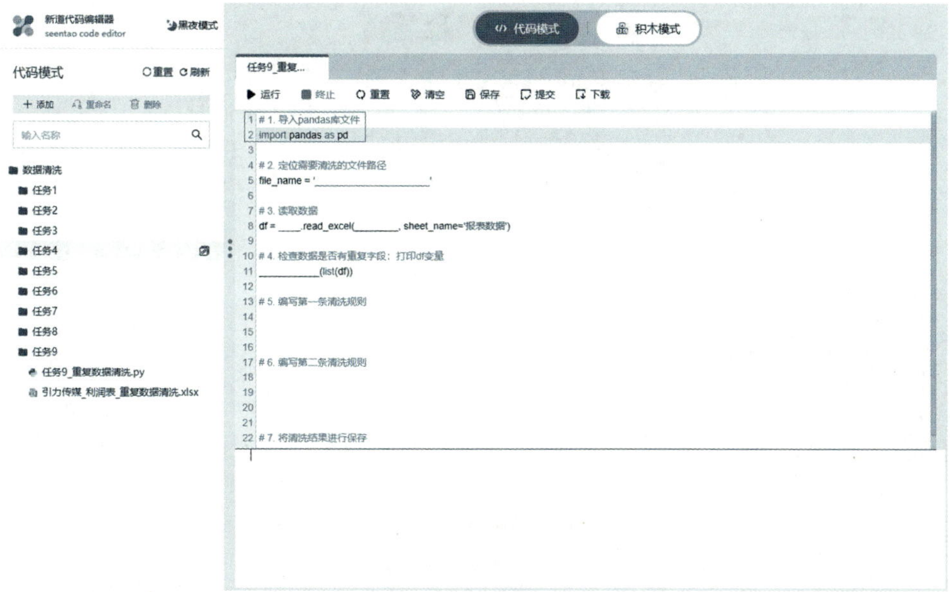

图 6-51 在任务 9 中导入 pandas 库文件

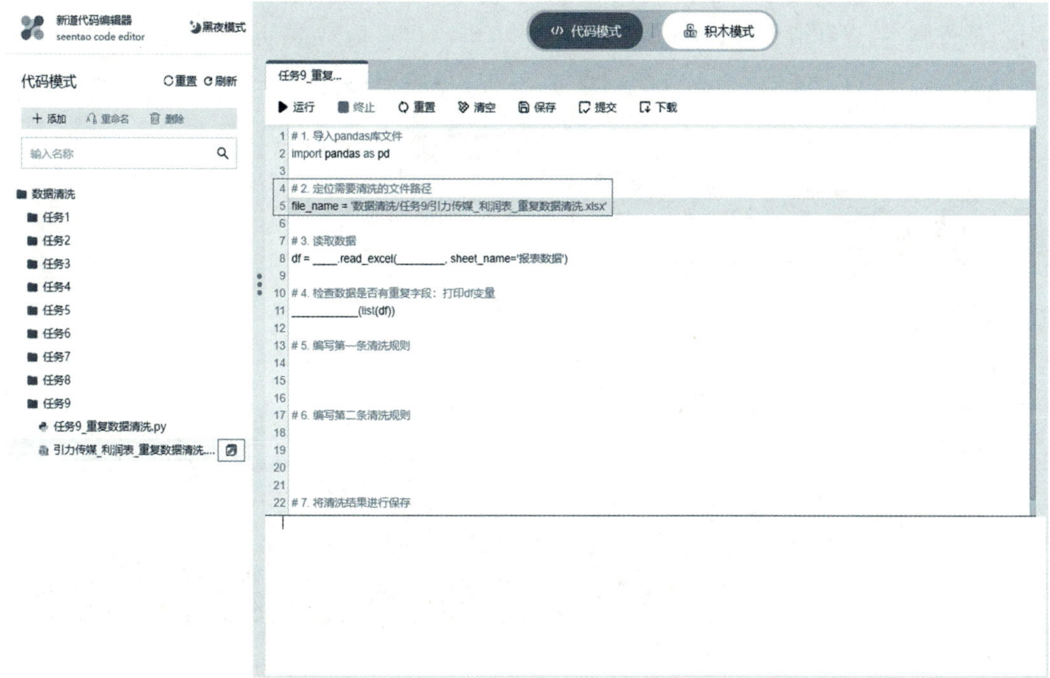

图 6-52 在任务 9 中定位需要清洗的文件路径

4. 读取数据

使用 pandas 库文件的缩略名 pd 读取文件，输入文件路径所赋值的变量 file_name，如图 6-53 所示。

```
df = ________.read_excel(________, sheet_name='报表数据')
```

图 6-53　在任务 9 中读取数据

5. 检查数据是否有重复字段，找出重复的列字段名称

将文件中全部字段打印出来，使用 print；直接打印文件对应的变量 df，查看是否有重复字段；运行脚本，查看结果，如图 6-54 所示。

```
________(list(df))
```

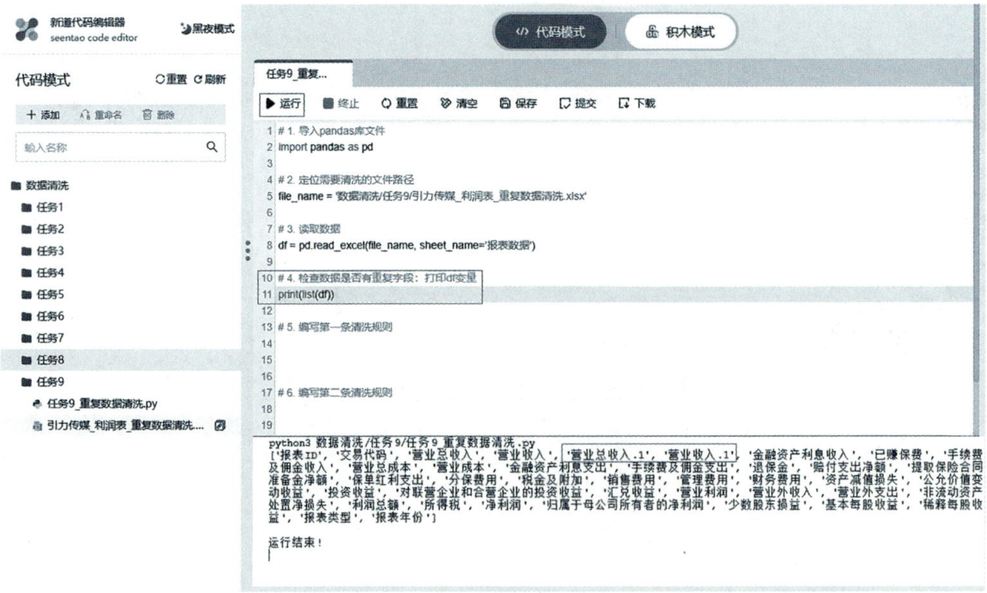

图 6-54　在任务 9 中检查是否有重复字段

在此操作中，我们可以看出，数据表中，有两个字段是重复的，在下面的操作中，我们需要将其删除。

6. 编写第一条清洗规则

(1)将下列代码填写到编辑区域内，将横线换成需要删除的列名称：营业总收入.1，营业收入.1，如图 6-55 所示。

```
df = df.drop(['________', '________'], axis=1)
```

(2)查看删除后的列名，确认是否删除成功，重新打印(print)变量 df，运行脚本，查看结果，如图 6-55 所示。

```
________(list(df))
```

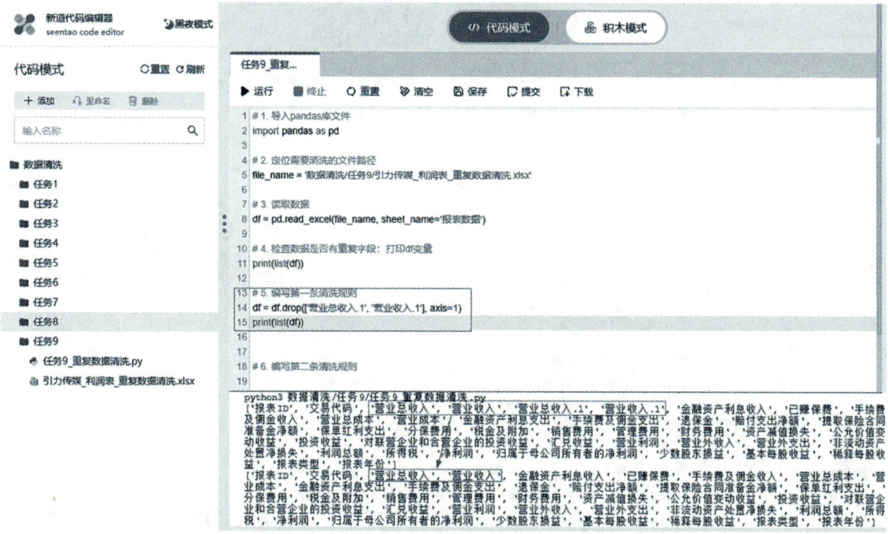

图 6-55　在任务 9 中编写第一条清洗规则

7. 编写第二条清洗规则

将下列代码填写到编辑区域内，将横线换成需要删除的行名称，对指定字段列表进行筛选：报表年份；删除重复的行，如图 6-56 所示。

```
compare_list = ['________']
df.drop_duplicates(subset=compare_list, keep='first', inplace=True)
```

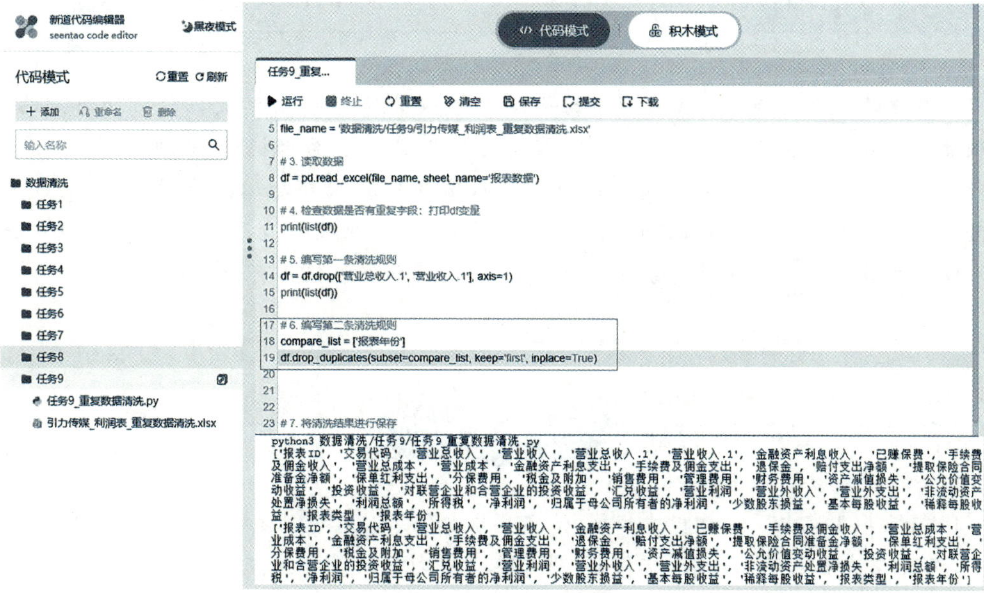

图 6-56　在任务 9 中编写第二条清洗规则

8. 将清洗结果进行保存

将下列代码填写到编辑区域内，将清洗后的结果命名为“任务 9 清洗结果”，保存，如图 6-57 所示。

```
df.to_excel('数据清洗/任务 9/________.xlsx', index=False, encoding='utf-8-sig')
```

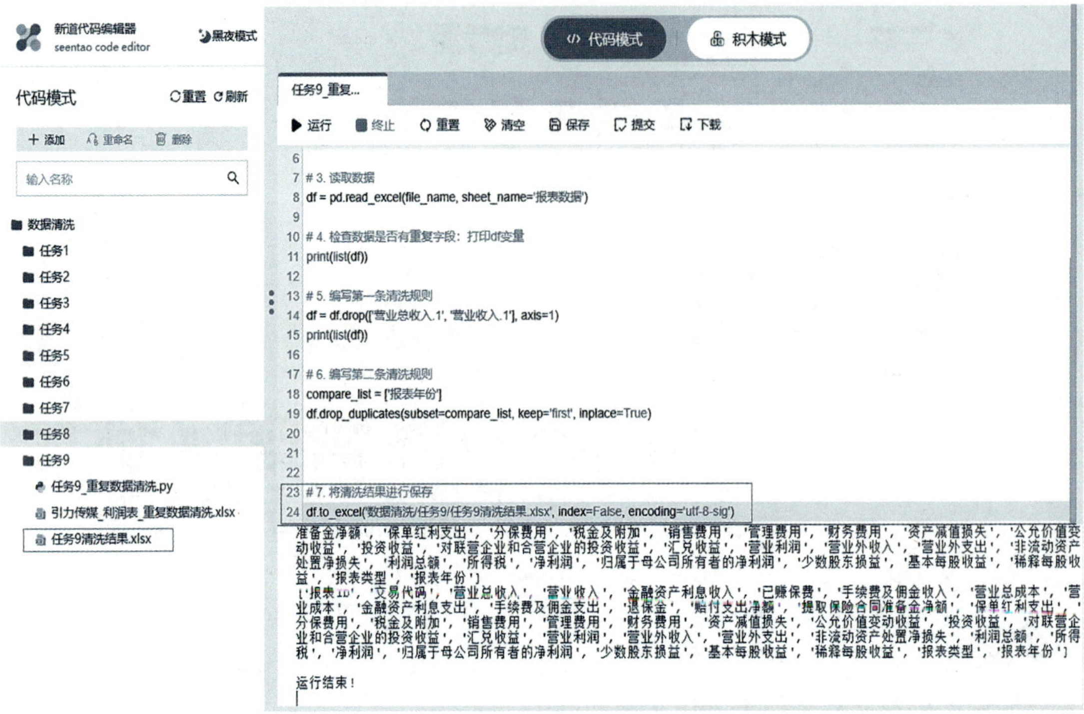

图 6-57　保存任务 9 清洗结果

本章小结

数据清洗是财务大数据处理中的关键步骤，直接影响到后续数据分析和决策的准确性和有效性。在数据清洗过程中，需要对数据进行全面审视，识别并处理缺失值。Python 提供了丰富的字符串处理和日期时间转换函数，能够轻松解决时间、日期数值、全半角等显示格式不一致的问题。通过掌握 Python 在数据清洗方面的技术和方法，可以更有效地处理和分析财务数据，为企业的决策和发展提供有力支持。

思考题

1. 在任务 2 脚本下修改相关参数，清洗要求如下：“ \ ，/ ，* ”替换为“&”；“|”替换为“#”，将清洗结果保存为 excel 文件，文件命名为练习 2 清洗结果。

2. 在任务 4 脚本下修改相关参数，清洗要求如下：将数据类型转换为整数类型 int，将清洗结果保存为 excel 文件，文件命名为练习 4 清洗结果。

3. 在任务 6 脚本下修改相关参数，清洗要求如下：删除不需要的数据(ignore_list)；不在原数据上进行修改(True 表示在原数据上修改，False 表示不在原数据上修改)，将清洗结果保存为 excel 文件，文件命名为练习 6 清洗结果。

第七章

数据可视化

知识目标

- 理解和选择适合财务数据展示的可视化类型
- 熟练使用数据可视化工具创建和自定义图表
- 能够设计复杂的数据可视化解决方案

育人目标

- 培养数据驱动的决策思维
- 提升审美与创意表达能力
- 增强团队协作与沟通能力

思维导图

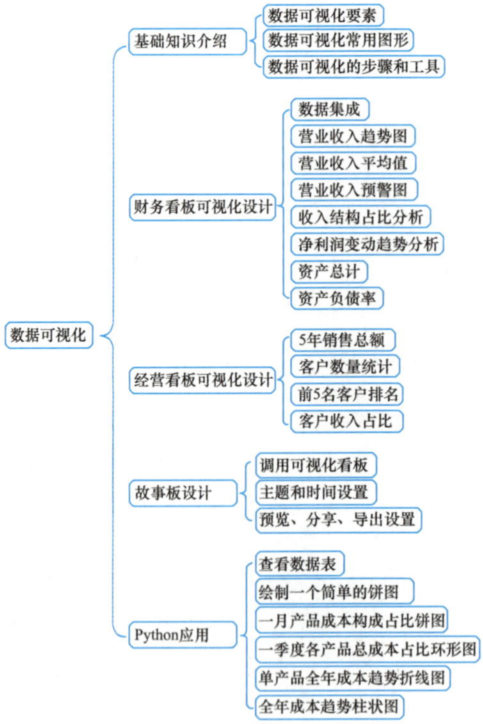

章前导读

阿迪达斯的“黄金罗盘”

阿迪达斯产品线丰富。过去，面对展厅里各式各样的产品，经销商往往按个人偏好下订单。现在，阿迪达斯会用数据说话，帮助经销商选择最适合的产品。首先，从宏观上看，一、二线城市的消费者对品牌和时尚度更为敏感，可以重点投放采用前沿科技的产品、运动经典系列的服装以及设计师合作产品系列。在低线城市，消费者更关注产品的价值与功能，诸如纯棉制品这样高性价比的产品。其次，阿迪达斯会参照经销商的终端数据，给予更具体的产品订购建议。因为推动这种订货方式，阿迪达斯得到了经销商的认可。

挖掘大数据，让阿迪达斯有了许多有趣的发现。同在中国南部，一部分城市受香港风尚影响非常大；而另一些地方，消费者更愿意追随韩国潮流。同为一线城市，北京和上海消费趋势不同，气候是主要的原因。还有，高线城市消费者的消费品位和习惯更为成熟，消费者需要不同的服装以应对不同场合的需要；但在低线城市，女性往往对服饰风格的需求相对简单。两相对比，高线城市显然为阿迪达斯提供了更多细分市场的选择。

第一节　基础知识介绍

一、数据可视化要素

数据可视化是帮助我们观察数据的一种有效手段。借助数据可视化的图形化展示，人们可以清晰、有效地传达信息和高效沟通。通过数据表，我们可以直观看到数据，但数据本身并不会说话，如果我们不知道如何观察数据和分析数据，那么它们就只是一堆冰冷、枯燥且没有意义的数字或符号。

数据可视化要素包括以下内容：

1. 需求准确

需求准确是指在制作可视化看板前，弄清要为谁做数据可视化展示及从哪个角度做数据可视化展示，了解关键用户的真正需求，这是数据可视化的关键要素之一。

2. 数据准确

数据准确是数据可视化的根本，只有在数据准确的前提下，才有可能讨论数据可视化。数据准确的内容包括但不限于：数值准确、逻辑准确、数据单位准确、数据位置准确和数据大小准确等。

3. 屏幕准确

在设计数据可视化之前，一定要明确用户的多屏需求是什么、各种屏的显示分辨率是多少、屏幕的大小是多少，这些都会直接影响数据可视化的设计方案和最终呈现效果。

4. 布局合理

布局是数据可视化的战略要素，布局合理与否会直接影响内容的可读性。考虑布局时，一是要遵循用户从上到下、从左到右的阅读习惯；二是要将核心指标数据与一般指标数据区别开来。

5. 图表合适

数据可视化是将数据用图表的形式表现出来。不同的数据要用不同的图表才能更好地展示，才能使数据解读更容易、更轻松，才会让用户从众多数据中看到重点，从而让数据的价值最大化呈现出来。因此，选择合适的图表是数据可视化的核心内容之一。在数据可视化中选择合适的图表时，需要先了解每种图表的功能和特性，熟记什么样的数据用什么样的图表呈现最合适、最容易释放数据的价值。

6. 颜色合适

使用合适的颜色会使数据的呈现锦上添花。通常在进行数据可视化设计时，尽量选择与客户公司所倡导的相近或一致的色彩作为主色，同时要注意一个数据展示页上的颜色不宜太多，保持 3 至 5 种即可。

7. 长度合理

长度合理中的长度是指可视化图形中所显示的字符和数值的长度，包括图表坐标的字符长度或刻度值长度、图表区域的数值长度等。可视化图表中的数据长度要尽量控制在一定范围内，不要过长。

8. 可读性强

数据可视化展示时，尽可能将数据通过可视化串联出一个完整的故事，从而增加数据的可读性。很多可视化软件中，通常会形象地将数据可视化看板称作“故事板”“仪表盘”“驾驶舱”，其目的是通过“讲故事”的方式展示数据、展示企业、展示数据背后的价值。

二、数据可视化常用图形

数据可视化时，其界面元素多是由一些具体的图形来进行数据承载和展示的。这些具体图形的选择和运用合理与否，会直接影响数据的可读性和可视化界面的整体风格。因此，了解常用图形的特点和适用情境是设计数据可视化看板的前提。下面以分析用友云产品为例，介绍一些常用图形的特征和适用情境。

(一) 折线图

折线图适用于展示数据随着时间推移而变化的趋势，如某网站每天访问人数的变化、某段时间内商品销量或价格的波动、某段时间内气温变化情况等。

(二) 柱形图/条形图

柱形图/条形图适用于比较不同类别数据值的大小，如不同性别的人数、不同品牌的市场占用率、不同时期的资产负债率等。柱形图/条形图使用不同高度(垂直方向，柱形图)或不同长度(水平方向，条形图)的矩形条来表示不同大小的数值。

(三) 双轴图

双轴图适用于在一个图中同时分析两类相差较大的数据的情况，如同时查看一组数值和一组百分比的时间趋势；同时查看一年中各月的降雨量和湿度等。双轴图的特点是同一个横轴、多个纵轴，多呈现为柱形图＋折线图的结合。

（四）饼图/环形图

饼图/环形图主要适用于展现不同类别的数值相对于总数的占比情况，如各大浏览器市场份额占比、不同学历的员工人数占比、各大股东持股比例等。饼图/环形图中每个扇区的弧长表示该类别的占比大小，所有扇区占比总和为100%。

（五）词云

词云（也称文字云）适用于突出显示一段文本中出现频率较高的“关键词”，使信息浏览者能清晰领略该段文本的主旨。如提取一段新闻的关键词，提取公司年报的关键词，提取年度热词等。

（六）漏斗图

漏斗图又叫倒三角图，常用于展示某数据相对于总数的占比，它将数据呈现为若干阶段，每个阶段的数据都是整体的一部分，所有阶段的数据总计为100%，同时，一个阶段到另一个阶段的数据自上而下逐渐下降。

（七）玫瑰图

玫瑰图是弗罗伦斯·南丁格尔发明的一种圆形的柱形图，又称南丁格尔玫瑰图、鸡冠花图、坐标区域图、极区图等。它将柱形图转化为成饼图形式，是极坐标化的圆形柱式图。

（八）仪表盘

仪表盘可以清晰地展示某个指标值所在的范围。由于仪表盘用一个单独的图形界面展现一个指标值，故而可帮助用户快速理解信息。

（九）雷达图

雷达图是用二维图表的形式显示多变量数据的图形方法，它用从同一点开始的轴表示三个或更多个定量变量的数据。

三、数据可视化的步骤和工具

（一）数据可视化的步骤

明确问题的核心要点，建立全面而系统的初步分析框架，细致梳理并分类相关关键指标，基于数据的特性和展示需求选取最为直观的图表类型，最后，在图表中巧妙添加引导性信息和注释，以便读者能够快速准确地把握数据背后的趋势与含义。

（二）数据可视化工具

1. Tableau

Tableau是全球知名度很高的数据可视化工具，具有丰富的数据源支持、灵活的可视化功能和强大的数据图表制作能力。Tableau是常用的可视化报表工具，但这款软件是需要付费的。与其他工具相比，Tableau的可视化效果虽不华丽，但很出色，而且为用户提供了非常自由的图表制作功能。如果用户会写代码并且愿意花时间，那么基本都能做出想要的图表。

2. 用友分析云

用友分析云是国内一款基于大数据、云计算技术的分析云服务，其致力于为企业提供专业的数据分析解决方案。目前，用友分析云支持几十种可视化图形，并能根据用户数据特点自动推荐合适的分析图形。用友分析云支持用户根据业务问题把可视化进行串联，形成自定义故事板，以便于在公司内部分享分析结果。

3. Power BI

Power BI 是微软开发的商业分析工具，它可以很好地集成微软的其他办公软件。在 Power BI 中，用户可以自由地导入任何数据，如文档、网页和各类数据库文件。目前 Power BI 主推的是个人分析，其在企业级部署和应用上缺少完善的整体解决方案，而且 Power BI 在安全性性能、服务上也没有很好的竞争力。大量可视化图表导致 Power BI 显示缓慢。

第二节　财务看板可视化设计

一、数据集成

（一）任务描述

单击进入系统，自动跳转并登录到用友分析云系统，参考操作步骤，将“任务资料”里的三张数据表“AJ 公司资产负债表、AJ 公司利润表、客户销售情况表”下载到本地，并上传到分析云，并建立关联。

（二）操作步骤

1. 下载数据

进入本任务后，单击任务资料，找到本项目所需下载的数据表；将“AJ 公司资产负债表”“AJ 公司利润表”“客户销售情况表”下载到本地，如图 7-1 所示。

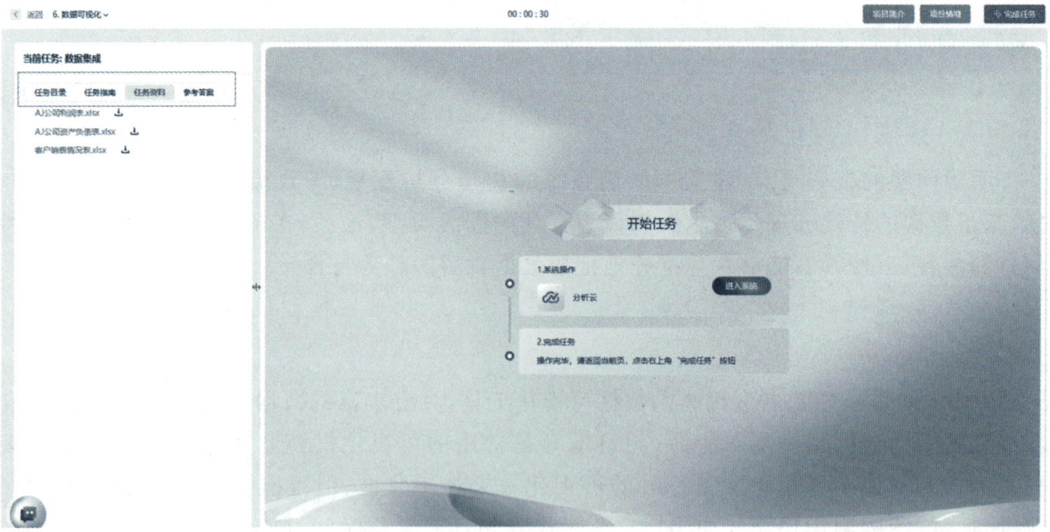

图 7-1　下载数据表

2. 上传数据

进入分析云后，单击左侧菜单栏中的数据准备，单击上传，找到本地电脑下载的数据表，将其上传到我的数据，如图 7-2 所示。

图 7-2　上传“我的数据”

3. 新建数据集

上传数据后，再次单击左侧菜单栏数据准备中的新建，选择新建数据集；编辑以下内容：选择数据集类型为关联数据集；数据集名称为 AJ 公司数据集；保存文件夹为我的数据，如图 7-3 所示。

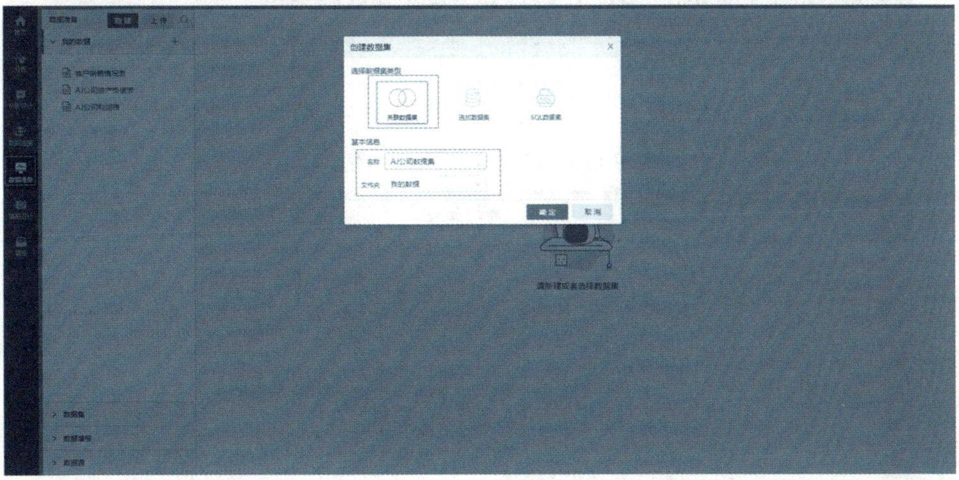

图 7-3　新建数据集

4. 设置内连接

(1)分别将“AJ 公司利润表”与“AJ 公司资产负债表”拖拽至右侧空白区域内，如图 7-4 所示。

(2)分别单击两个数据，系统自动弹出一个连接设置框，设置以下内容：连接类型为内连接；关联条件为报表日期(可以选择下拉菜单进行选择)，如图 7-5 所示。

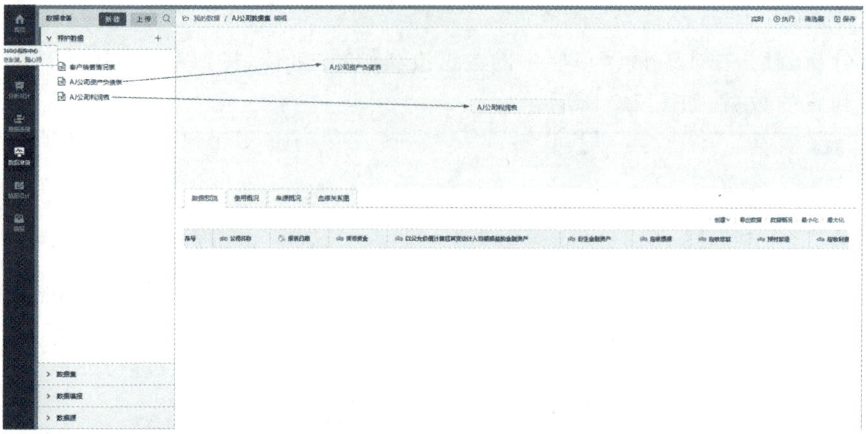

图 7-4　拖拽“AJ 公司利润表”“AJ 公司资产负债表”

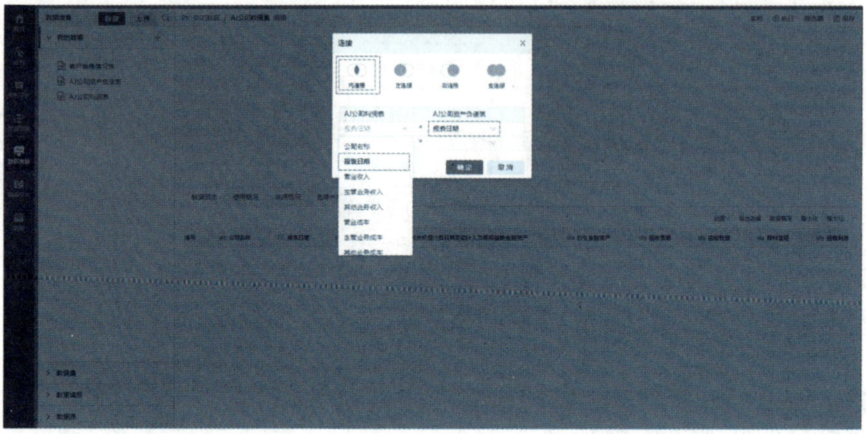

图 7-5　设置内连接

5. 保存关联数据集

(1)单击右上角执行，查看关联数据集预览状况，如图 7-6 所示。

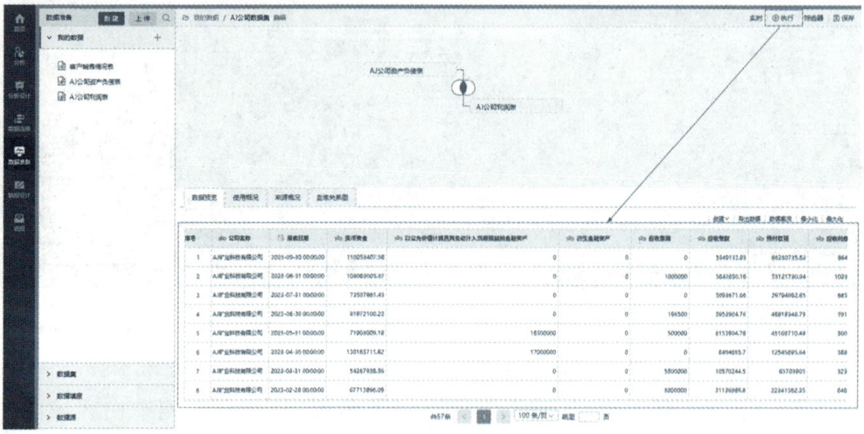

图 7-6　关联数据集预览

(2)单击右上角实时—数据物化—保存,将数据集固定,如图 7-7 所示。

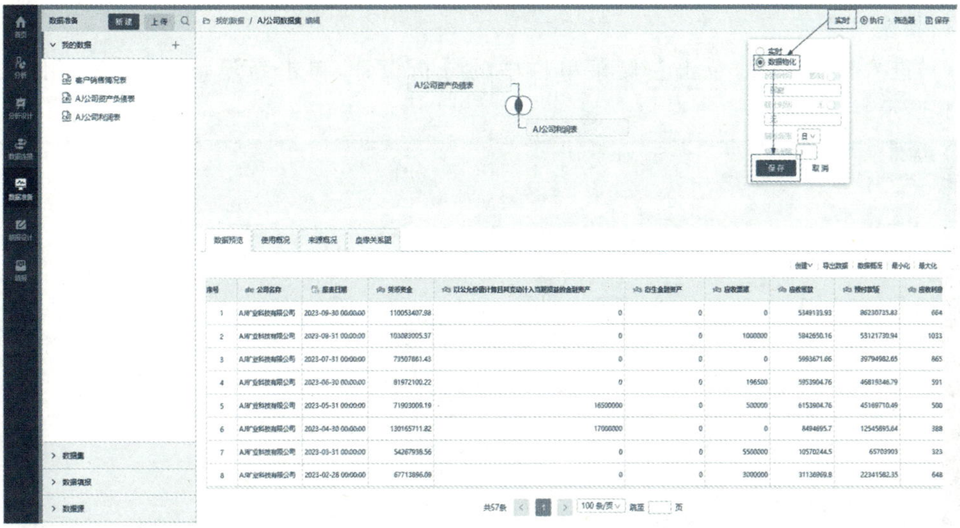

图 7-7 固定数据集

(3)单击右上角保存,数据集关联完成,如图 7-8 所示。

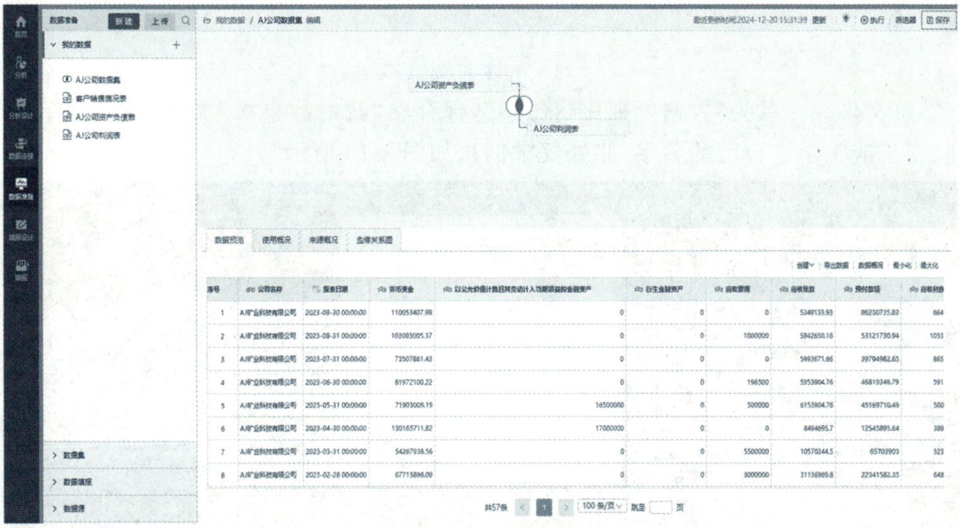

图 7-8 完成数据集关联

二、营业收入趋势图

(一)任务描述

单击进入系统,自动跳转并登录到用友分析云系统,参考操作步骤,完成营业收入趋势图分析的可视化。

(二)操作步骤

1. 新建文件夹

(1)进入分析云后，单击左侧菜单栏中的分析设计，单击新建，选择新建文件夹，如图 7-9 所示。

图 7-9　新建文件夹

(2)将文件夹命名为“数据可视化(张三)”，保存在“我的故事板”文件夹内，并单击保存(备注：张三应为学生自己的名字，此处仅举例)，如图 7-10 所示。

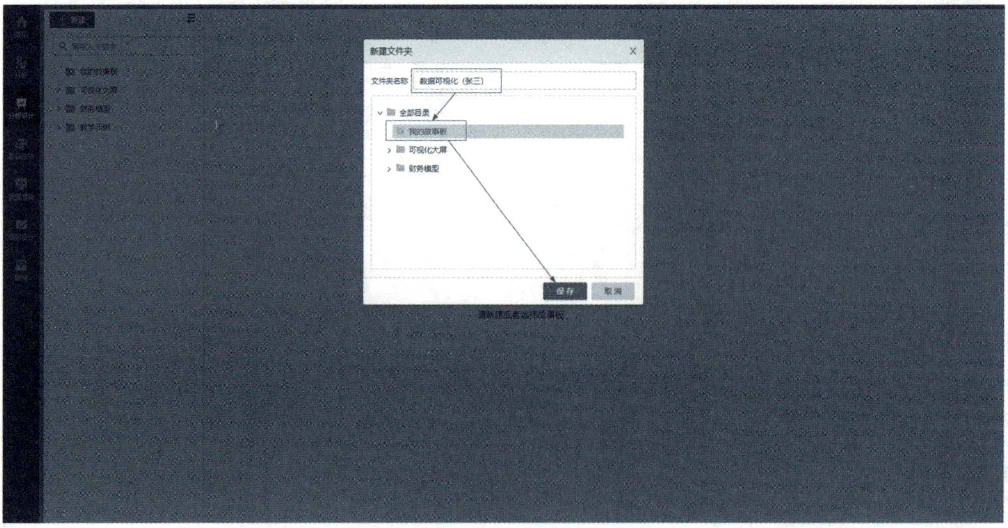

图 7-10　为新建文件夹命名

(3)单击新建立好的“数据可视化(张三)”文件夹右侧三个圆点，选择移动到，如图 7-11 所示。

(4)将新建文件夹移动到“全部目录”文件夹内，如图 7-12 所示。

(5)移动后，分析云系统会提示“移动成功”，新建的文件夹也会与我的故事板在同一层级目录下，如图 7-13 所示。

图 7-11　选择要移动的文件

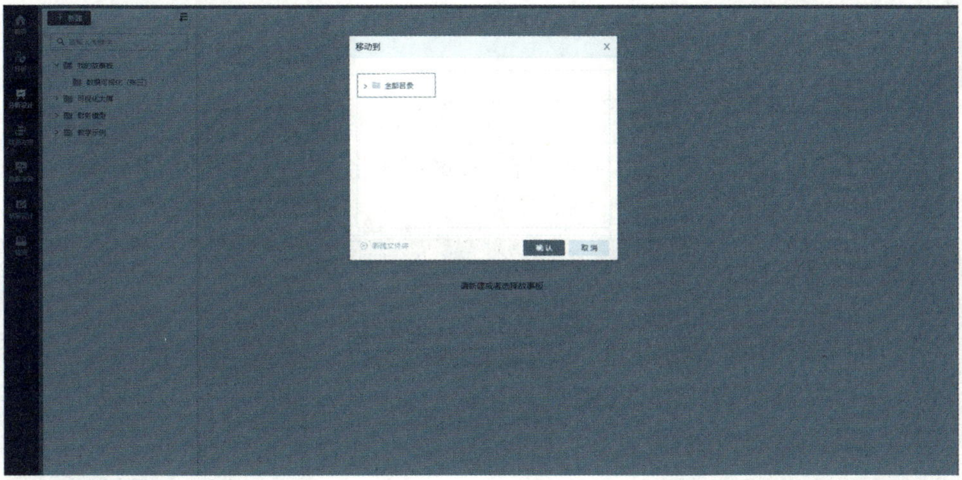

图 7-12　移动到“全部目录”文件夹

图 7-13　移动成功

2. 新建故事板

（1）建立好文件夹后，再次单击左侧菜单栏分析设计中的新建，选择新建故事板，如图 7-14 所示。

图 7-14　新建故事板

（2）将故事板命名为财务看板，并保存在"数据可视化"文件夹中（备注："数据可视化（张三）"以下简称"数据可视化"），如图 7-15 所示。

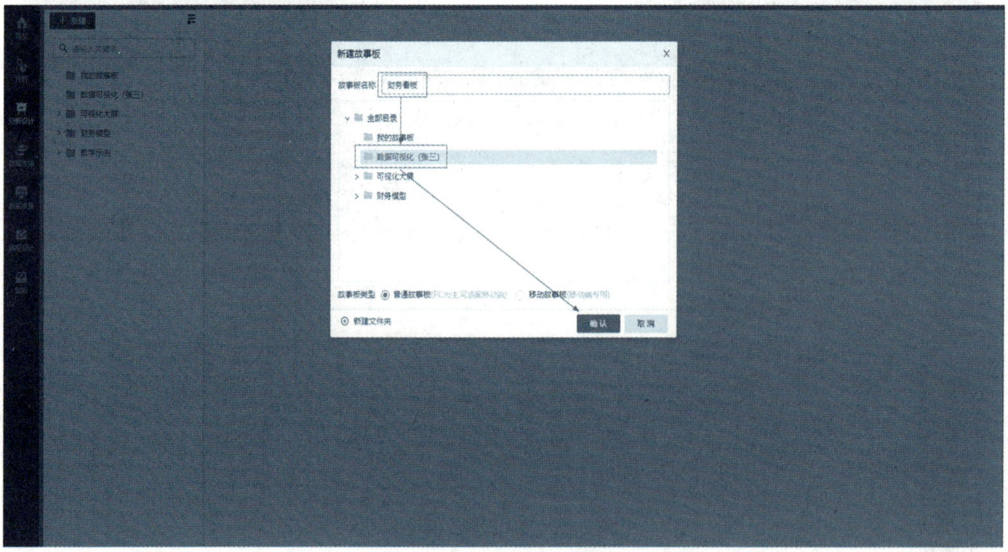

图 7-15　命名财务看板

3. 新建可视化

（1）进入财务看板故事板后，单击上侧菜单栏中的可视化，单击新建，如图 7-16 所示。

（2）选择数据源为我的数据 — AJ 公司数据集，如图 7-17 所示。

图 7-16 进入财务看板

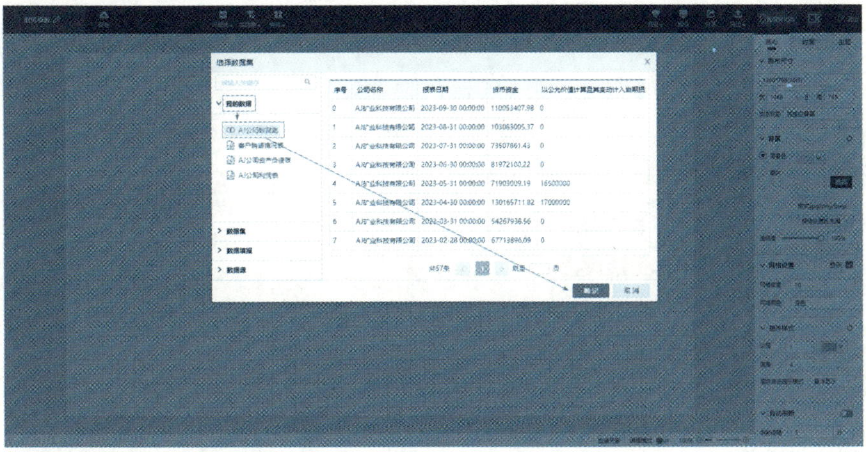

图 7-17 选择我的数据—AJ 公司数据集

(3)进入建立好的可视化后,将可视化命名为营业收入趋势图,如图 7-18 所示。

图 7-18 将可视化命名为营业收入趋势图

4. 选择维度与指标

(1)维度:年_报表日期,如图 7-19 所示。

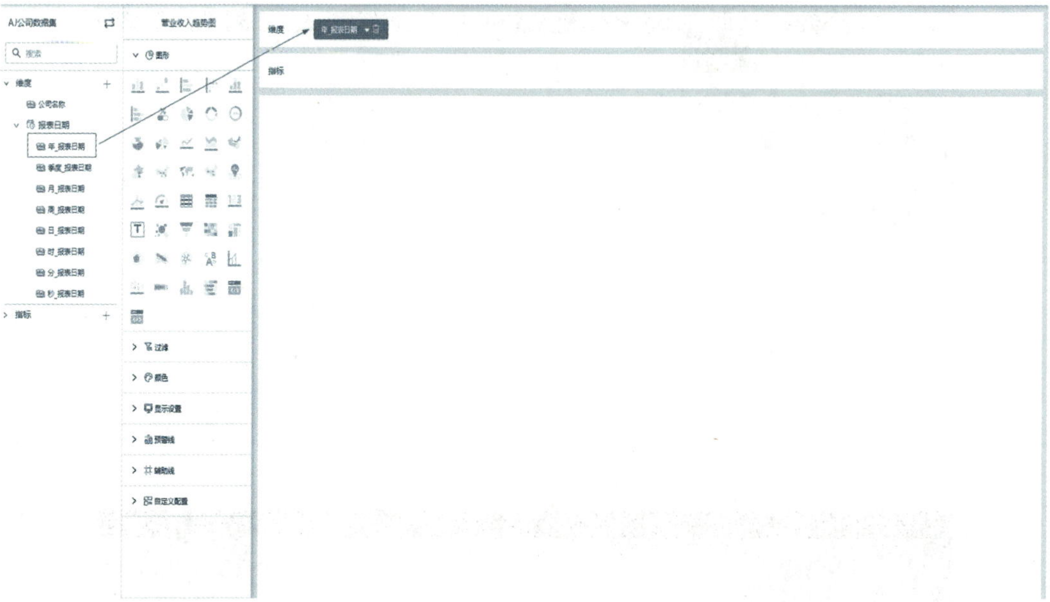

图 7-19　选择维度

(2)指标:营业收入,如图 7-20 所示。

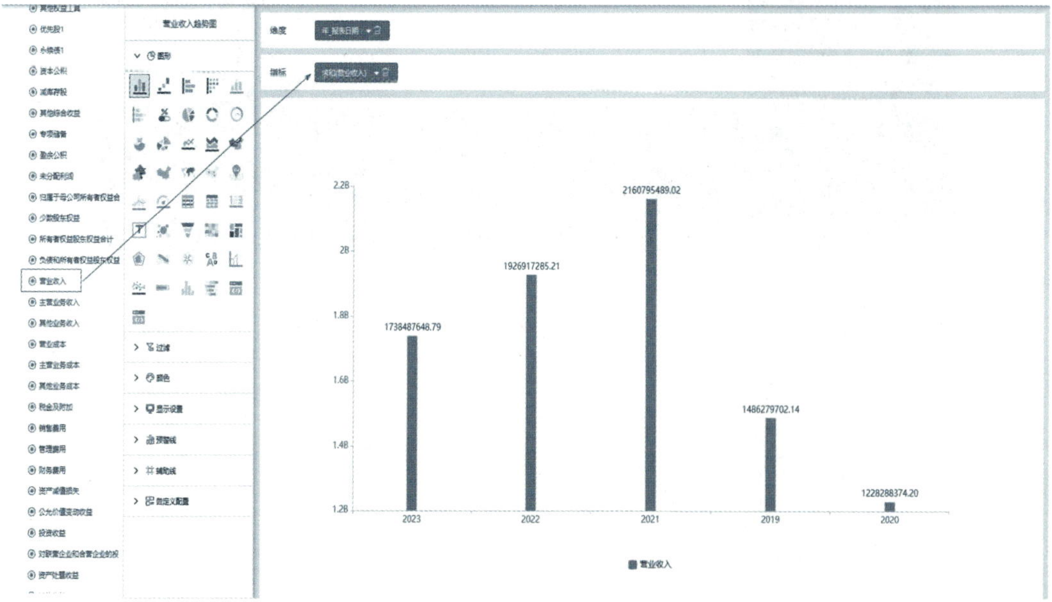

图 7-20　选择指标

5. 维度排序

单击维度“年_报表日期”下拉菜单中的升序,将维度“年_报表日期”升序排列,如图 7-21 所示。

6. 设置显示图形

单击中间一列菜单栏中的图形,建议选择折线图,如图 7-22 所示。

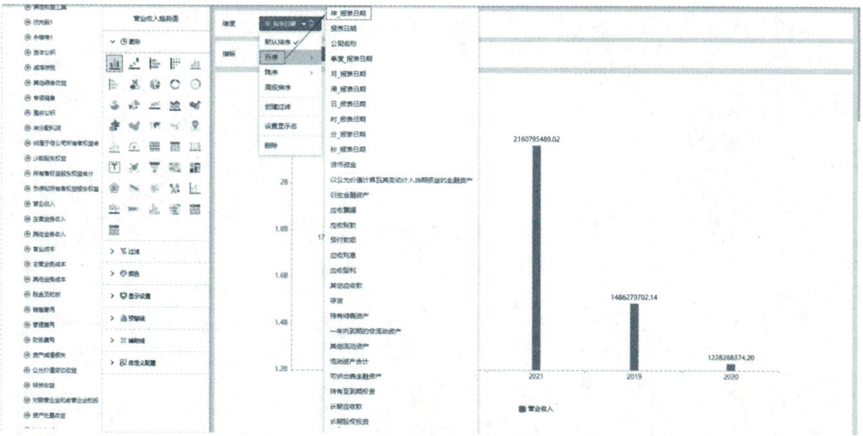

图 7-21　将维度"年_报表日期"升序排列

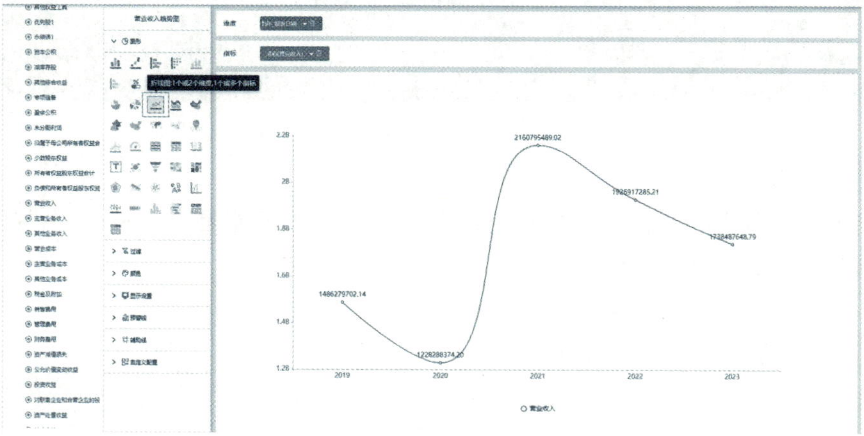

图 7-22　设置显示图形(折线图)

7. 设置数据格式

(1)单击指标"求和(营业收入)"下拉菜单中的数据格式,如图 7-23 所示。

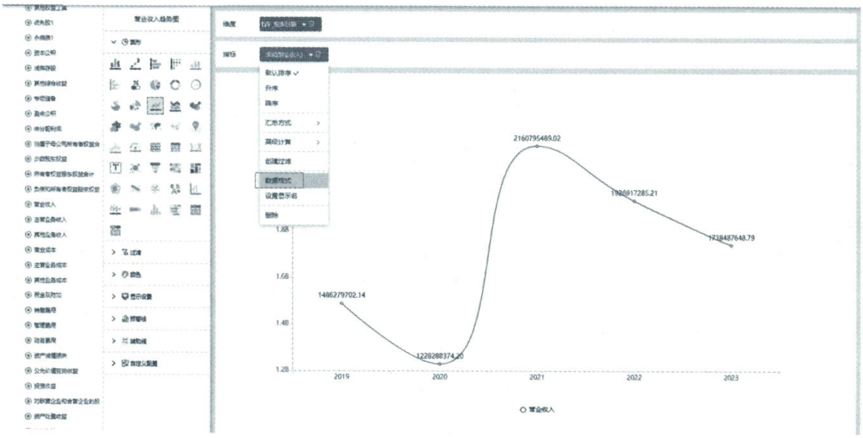

图 7-23　单击数据格式

(2)设置以下内容:缩放率 100000000;后导符为亿元;千分位为启用;小数位为 2,单击确定,如图 7-24 所示。

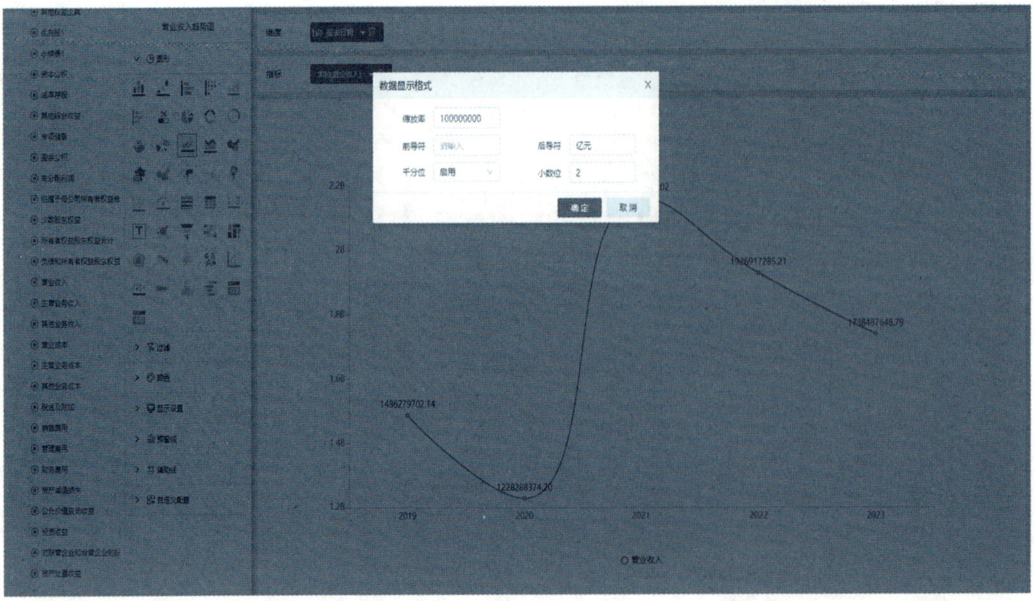

图 7-24　设置营业收入趋势图数据格式

8. 显示设置

单击中间一列菜单栏中的显示设置；在维度轴设置中，将标题设为年份；在数值轴设置中，将标题设为金额，如图 7-25 所示。

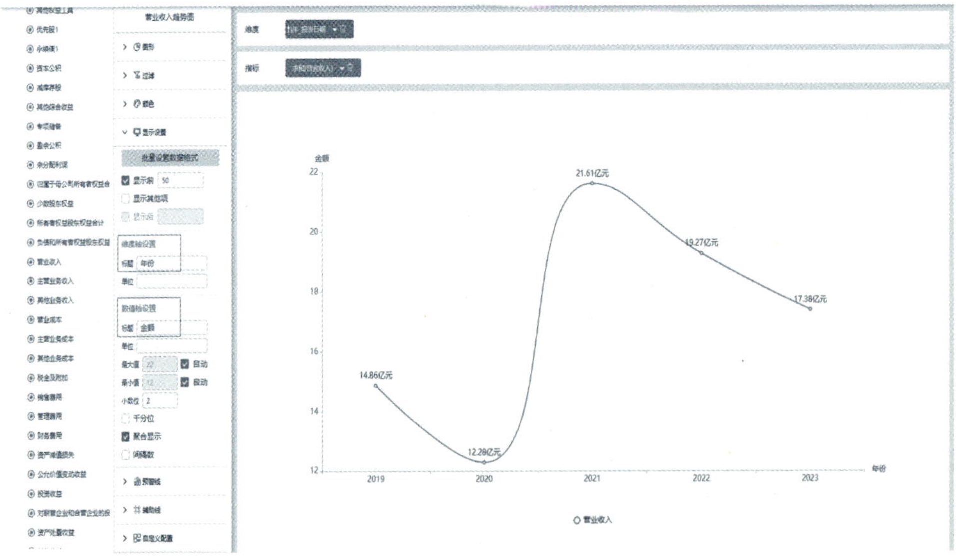

图 7-25　显示营业收入趋势图维度轴与数值轴设置

9. 保存可视化

完成后单击保存，单击退出，回到故事板，如图 7-26 所示。

10. 设置可视化标签

在故事板中，单击可视化，在分析云右侧菜单栏中找到标签，勾选显示，如图 7-27 所示。

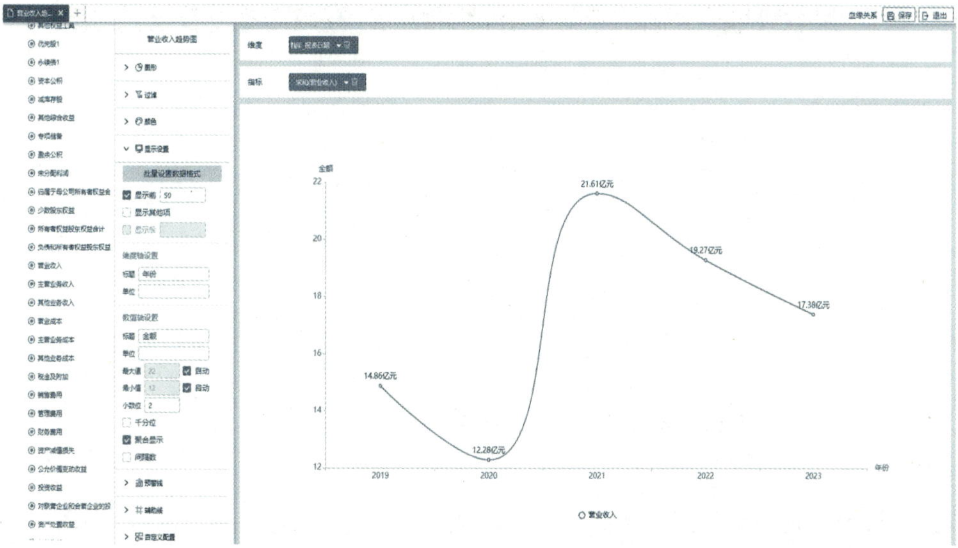

图 7-26 保存营业收入趋势图可视化

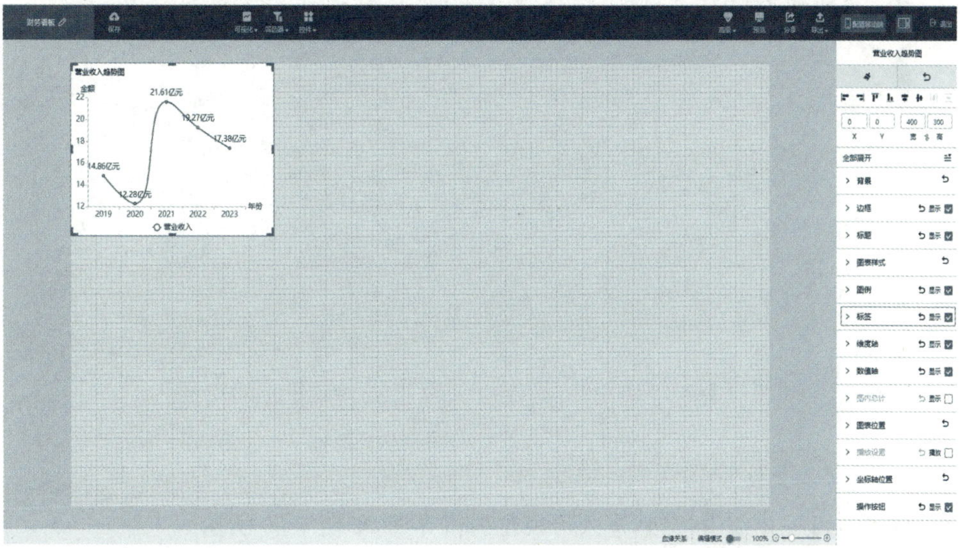

图 7-27 设置营业收入趋势图标签

三、营业收入平均值

(一)任务描述

单击进入系统,自动跳转并登录到用友分析云系统,参考操作步骤,完成营业收入平均值的可视化。

(二)操作步骤

1. 复制可视化

(1)单击上一个任务可视化右上角三个圆点,单击复制,如图 7-28 所示。

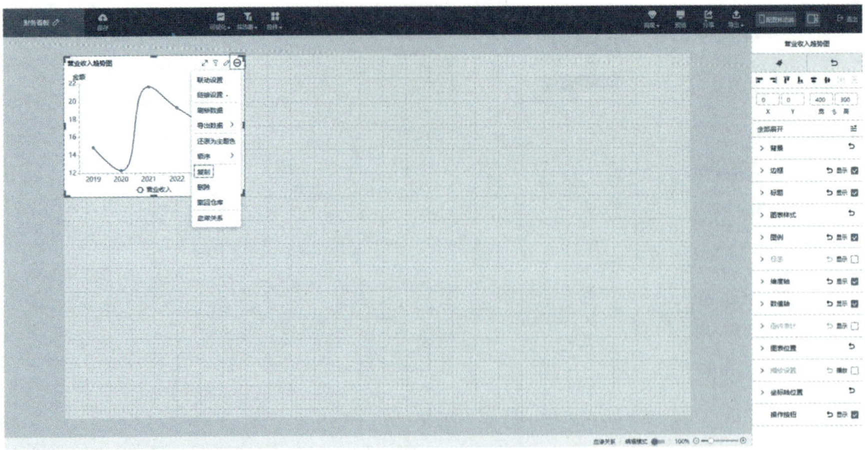

图 7-28　复制营业收入趋势图

（2）系统会出现一个复制出来的可视化，名称为“营业收入趋势图－副本”，单击保存，如图 7-29 所示。

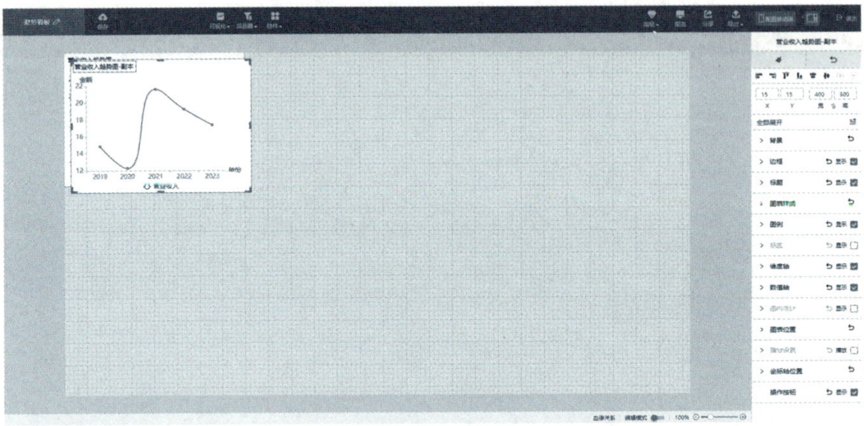

图 7-29　保存营业收入趋势图—副本

2. 编辑可视化名称

（1）单击该可视化编辑按钮，进入可视化编辑界面，如图 7-30 所示。

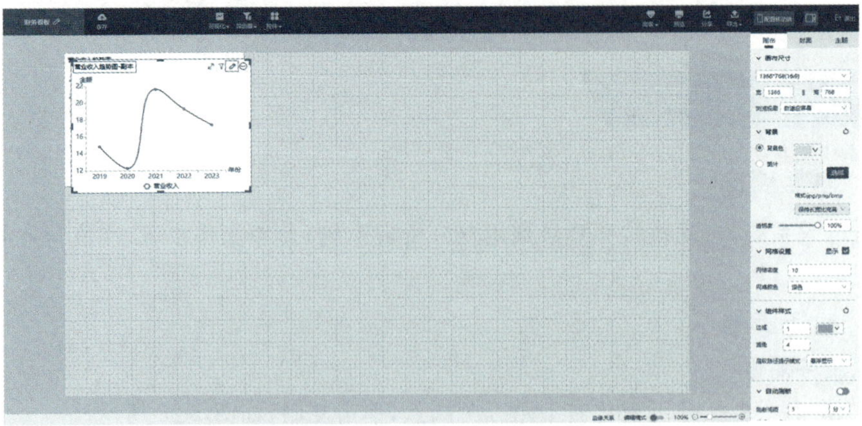

图 7-30　进入可视化编辑界面

(2)将可视化命名为营业收入平均值,如图 7-31 所示。

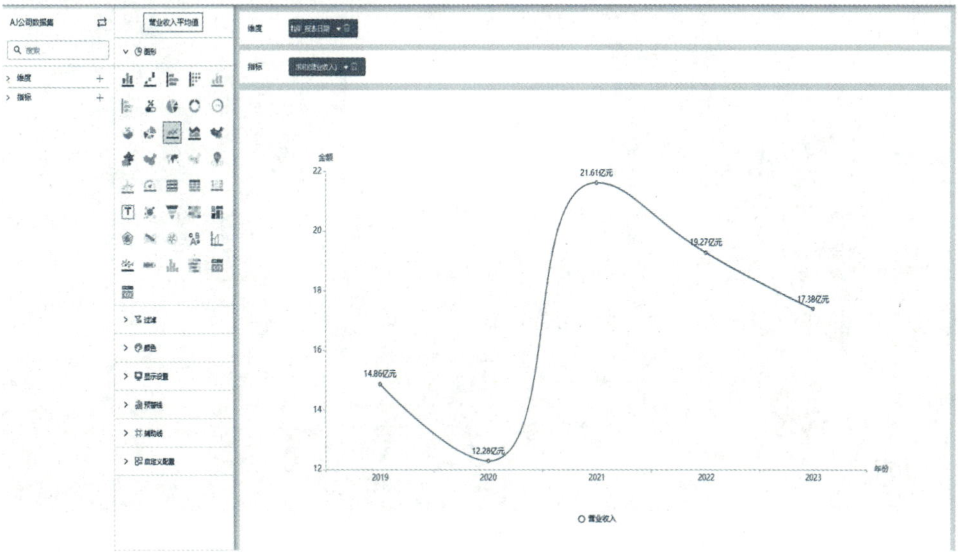

图 7-31 命名营业收入平均值

3. 设置辅助线

(1)将指标中的“营业收入”拖拽至辅助线区域,如图 7-32 所示。

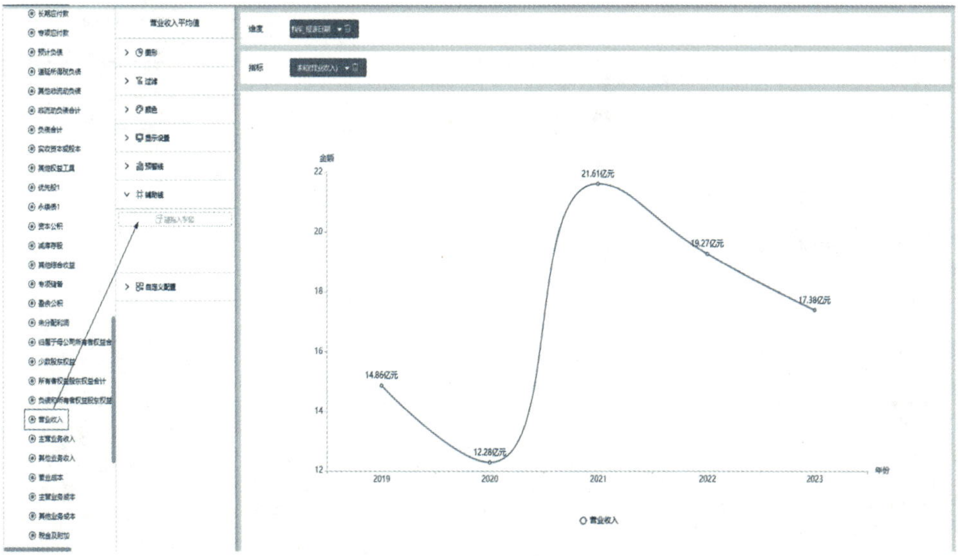

图 7-32 拖拽“营业收入”

(2)设置辅助线:指标聚合方式为求和;辅助线计算方式为计算线—平均值;单颜色为浅蓝色(可任意选择自己所需颜色),如图 7-33 所示。

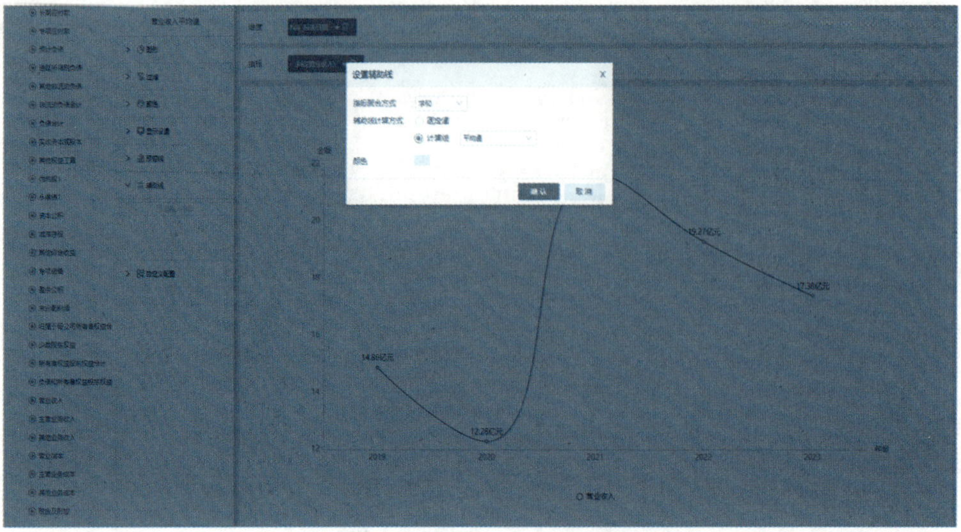

图 7-33 设置指标聚合方式等辅助线

(3)单击确认。

4. 保存可视化

完成后单击保存,单击退出,回到故事板,如图 7-34 所示。

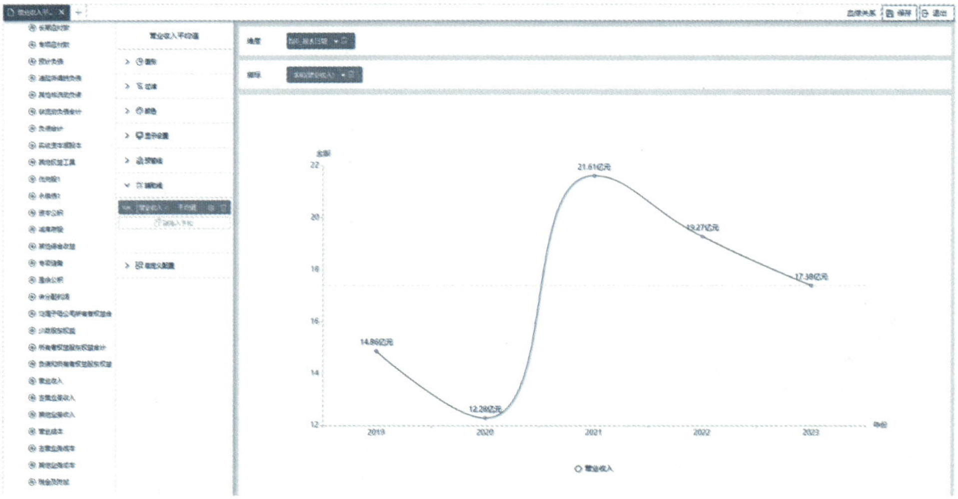

图 7-34 保存营业收入平均值可视化

5. 设置可视化标签

单击可视化,在分析云右侧菜单栏中找到标签,勾选显示,单击故事板左上角保存,如图 7-35 所示。

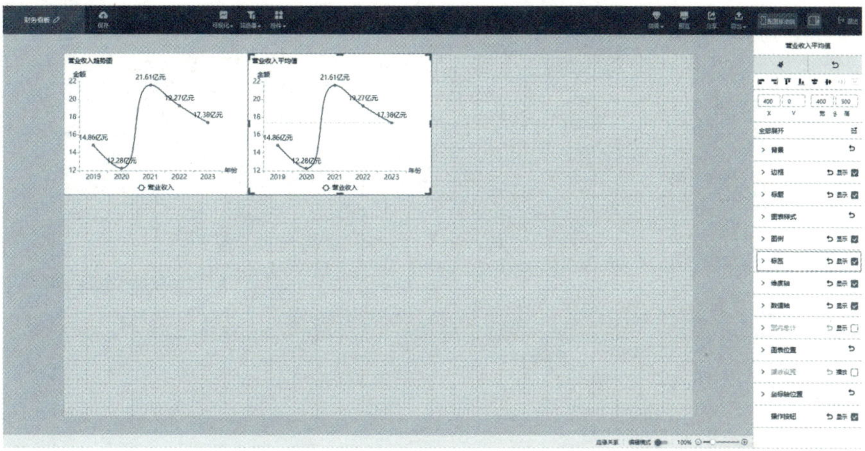

图 7-35 设置营业收入平均值标签

四、营业收入预警图

(一)任务描述

单击进入系统,自动跳转并登录到用友分析云系统,参考操作步骤,完成 AJ 公司营业收入预警图的可视化设计。

(二)操作步骤

1. 复制可视化

单击上一任务可视化右上角三个圆点,单击复制,系统会出现一个复制出来的可视化,名称为“营业收入平均值—副本”,单击保存,如图 7-36 所示。

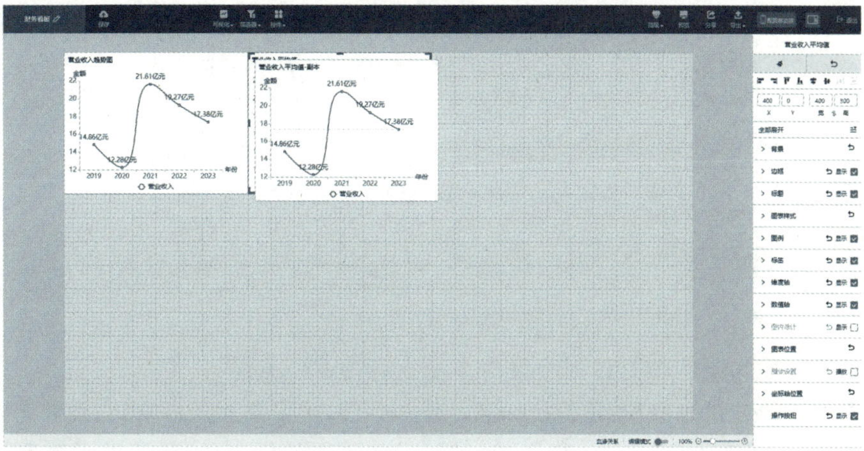

图 7-36 保存营业收入平均值—副本

2. 编辑可视化名称

单击该可视化编辑按钮,进入可视化编辑界面,将其命名为营业收入预警图,如图 7-37 所示。

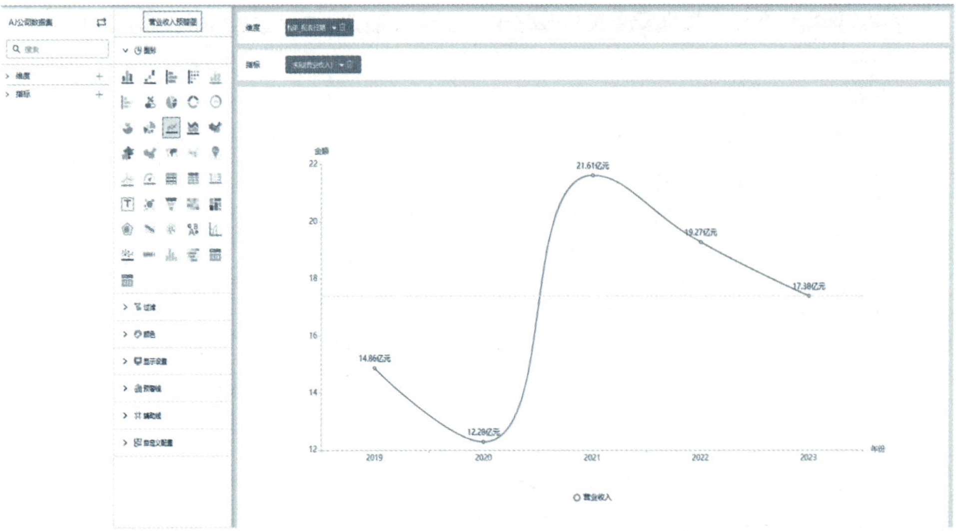

图 7-37　命名营业收入预警图

3. 设置预警线

(1)单击中间菜单栏中的预警线,将指标中的“营业收入”拖拽至预警线设置区域,如图 7-38 所示。

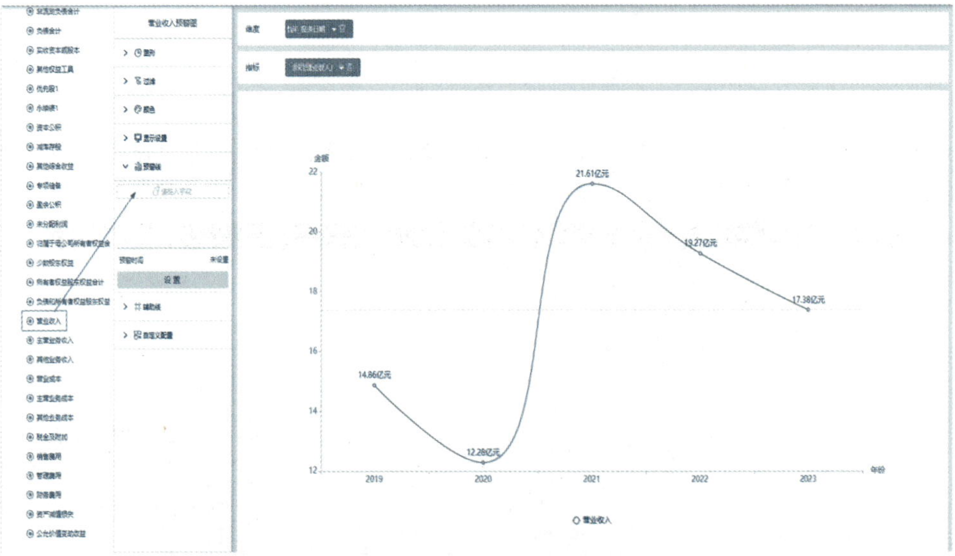

图 7-38　拖拽“营业收入”至预警线设置区域

(2)指标聚合方式为求和,预警指标满足任一条件,单击添加条件格式,设置营业收入小于 18(注意:由于我们是复制上一任务的可视化,在前边的任务里,我们做了数据格式的设置,将数据缩放率设置为 100000000,也就是亿元。因此,这里我们填写 18,其代表的含义是 18 亿元。如果是全新的可视化,则需要对应数据填写预警值),如图 7-39 所示。

(3)单击下一步,设置预警人员,选择左侧框内需要通知预警的人员,单击→,该人员会出现在右侧框内,如图 7-40 所示。

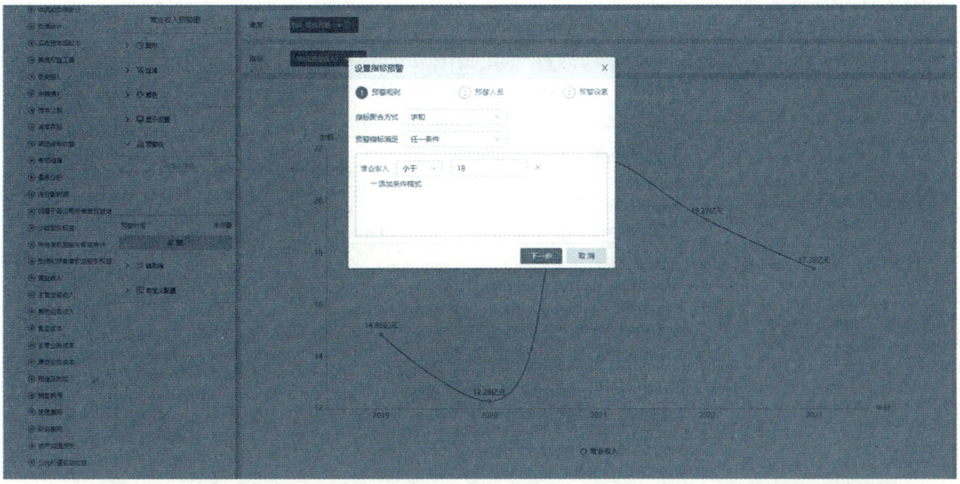

图 7-39 填写预警规则

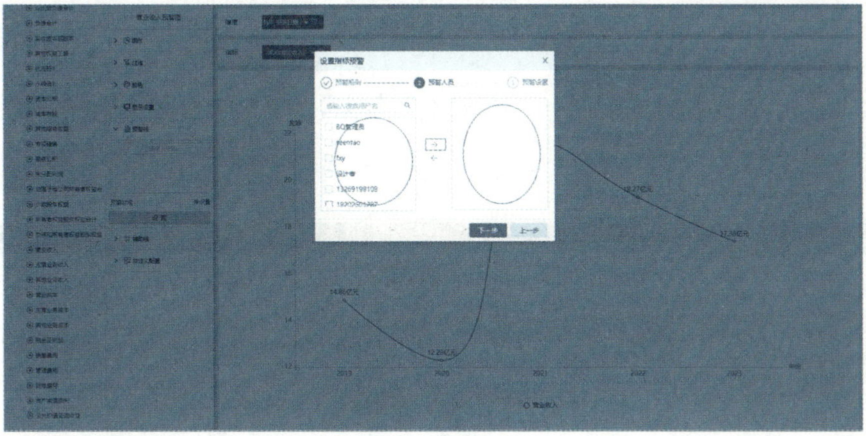

图 7-40 设置预警人员

(4)单击下一步,设置预警级别与预警线颜色,预警级别为一般;预警线颜色为深蓝色(可以选择自己所需颜色),如图 7-41 所示。

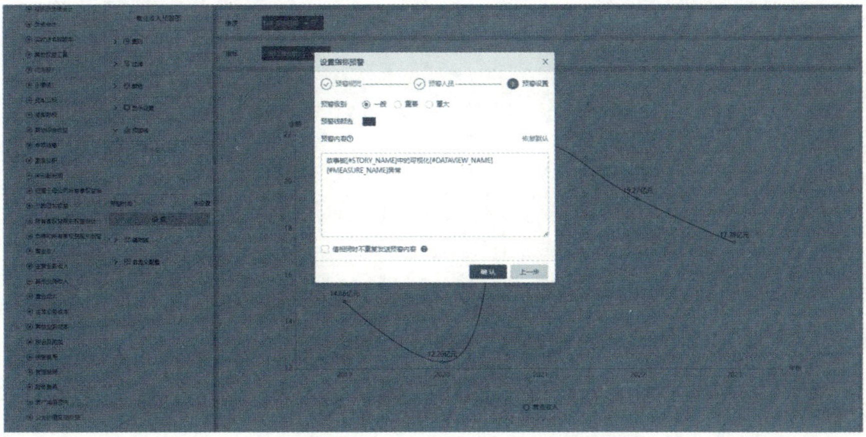

图 7-41 设置预警级别与预警线颜色

4. 保存可视化

完成后单击保存，单击退出，回到故事板，如图 7-42 所示。

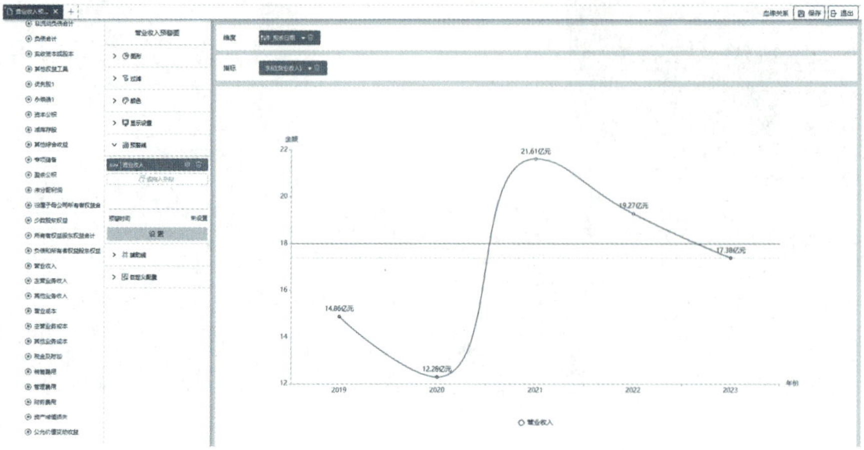

图 7-42 保存营业收入预警图可视化

5. 可视化标签设置

单击可视化，找到右侧菜单栏中的标签，勾选显示，单击故事板左上角保存，如图 7-43 所示。

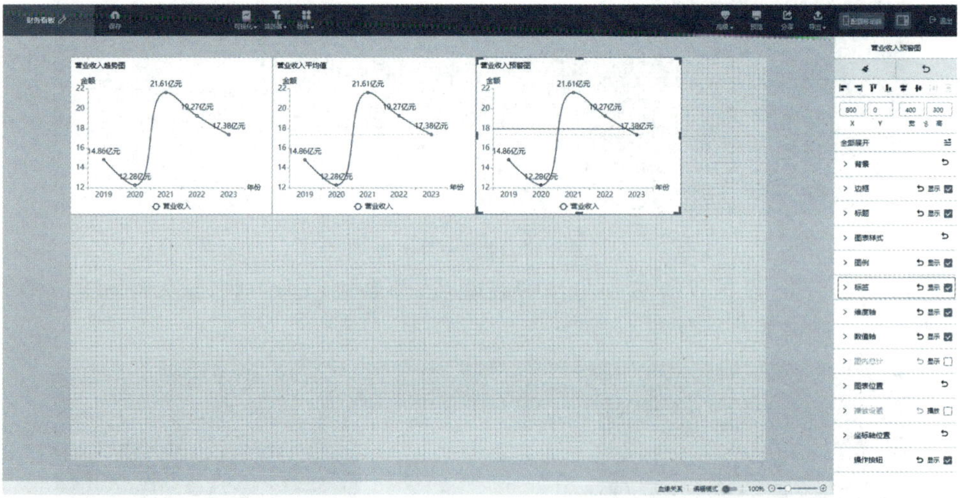

图 7-43 设置营业收入预警图标签

五、收入结构占比分析

(一)任务描述

单击进入系统，自动跳转并登录到用友分析云系统，参考操作步骤，完成 AJ 公司的收入结构占比分析的可视化。通过分析，了解公司的收入结构占比情况。

(二)操作步骤

1. 新建可视化

(1)进入财务看板故事板后,单击上侧菜单栏中的可视化,单击新建,如图 7-44 所示。

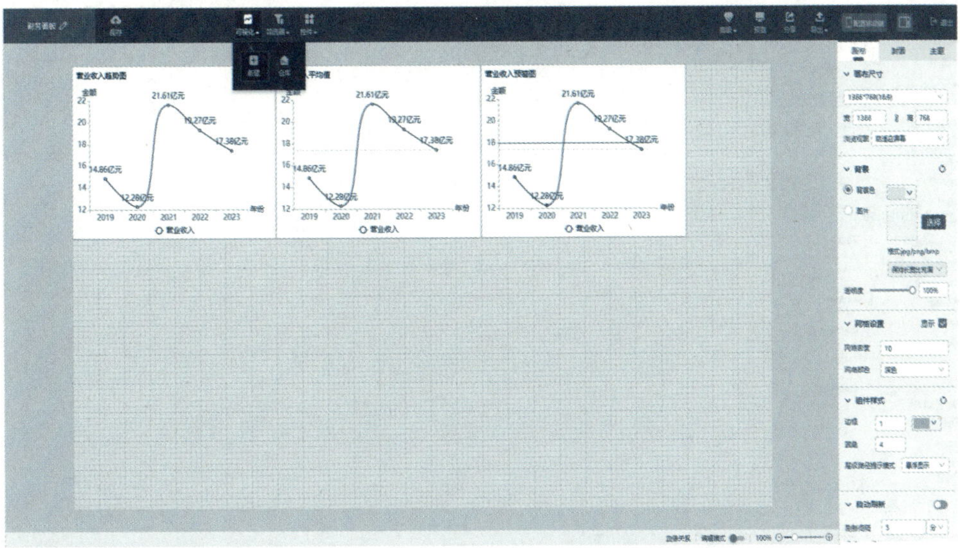

图 7-44 新建收入结构占比分析可视化

(2)选择数据源为我的数据— AJ 公司数据集;进入建立好的可视化后,将可视化命名为收入结构占比分析,如图 7-45 所示。

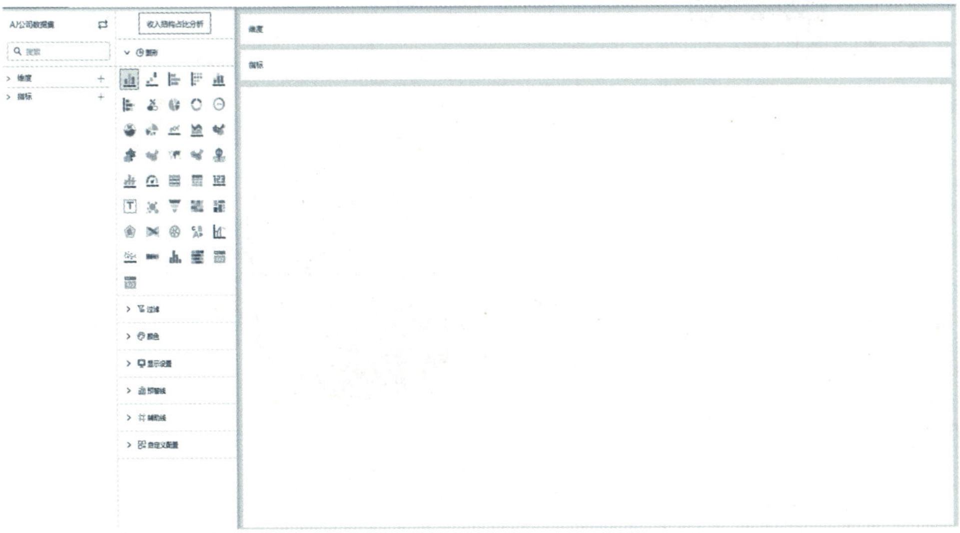

图 7-45 命名可视化为收入结构占比分析

2. 选择维度与指标

维度无(不需要维度);指标为主营业务收入、其他业务收入、营业外收入、投资收益,如图 7-46 所示。

3. 设置显示图形

单击中间一列菜单栏中的图形,建议选择饼图,如图 7-47 所示。

图 7-46　选择收入结构占比分析的维度与指标

图 7-47　设置显示图形(饼图)

4. 显示设置

(1)单击中间一列菜单栏中的显示设置，单击批量设置数据格式，如图 7-48 所示。

(2)设置以下内容：缩放率为 100000000；后导符为亿元；千分位为启用；小数位为 2。单击确定，如图 7-49 所示。

图 7-48　单击批量设置数据格式

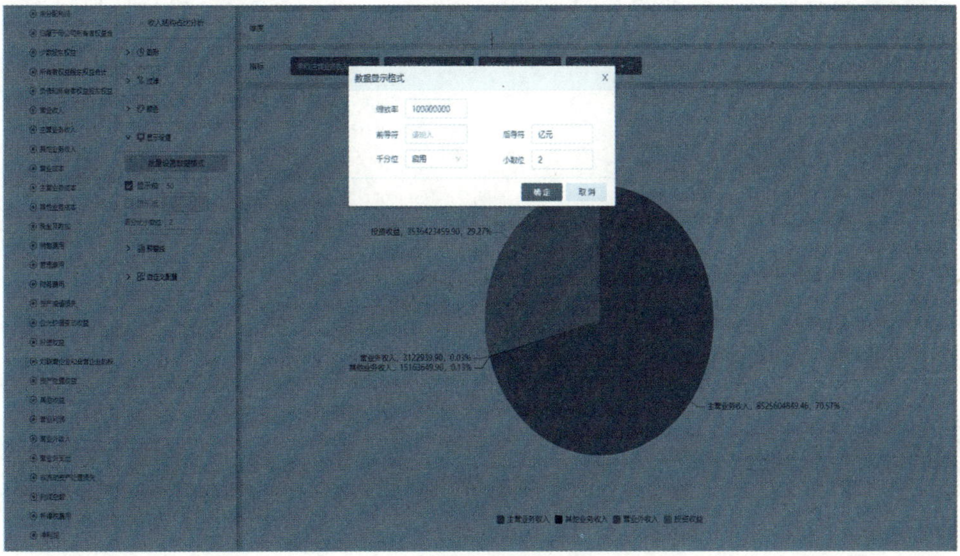

图 7-49　设置收入结构占比分析数据

5. 保存可视化

完成后单击保存，单击退出，回到故事板，如图 7-50 所示。

6. 设置可视化标签

单击可视化，找到分析云右侧菜单栏中的标签，勾选显示；维度标签，勾选折行；值标签，勾选换行；百分比标签，勾选换行，单击分析云左上角保存，如图 7-51 所示。

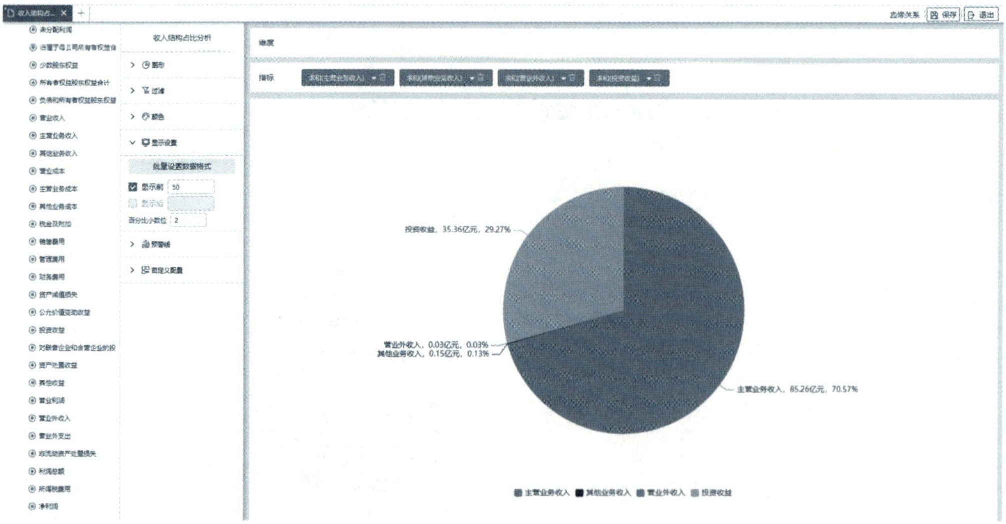

图 7-50　保存收入结构占比分析可视化

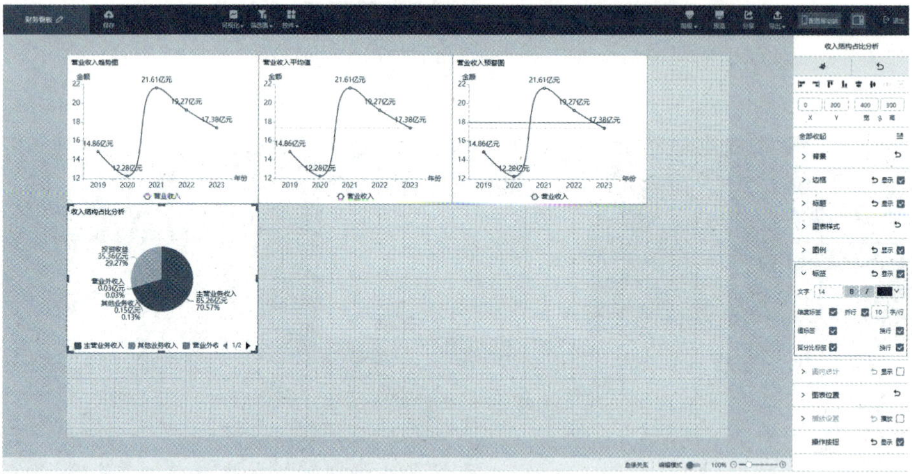

图 7-51　设置收入结构占比分析标签

六、净利润变动趋势分析

(一)任务描述

单击进入系统，自动跳转并登录到用友分析云系统，参考操作步骤，完成 AJ 公司的净利润变动趋势分析的可视化。通过分析，了解 AJ 公司的净利润变动趋势。

(二)操作步骤

1. 新建可视化

进入财务看板故事板后，单击上侧菜单栏中的可视化，单击新建，选择数据源为我的数据— AJ 公司数据集，进入建立好的可视化后，将可视化命名为净利润变动趋势分析，如图 7-52 所示。

图 7-52 新建净利润变动趋势分析可视化

2. 选择维度与指标

维度为年_报表日期；指标为求和(净利润)，如图 7-53 所示。

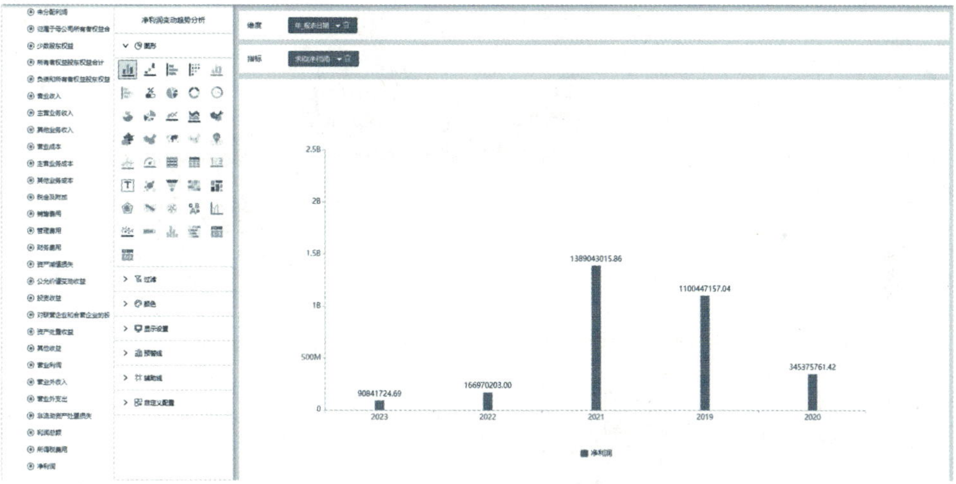

图 7-53 选择净利润变动趋势分析中的维度与指标

3. 维度排序

单击维度“年_报表日期”下拉菜单中的升序，将维度“年_报表日期”升序排列，如图 7-54 所示。

4. 设置显示图形

单击中间一列菜单栏中的图形，建议选择：堆叠区域图，如图 7-55 所示。

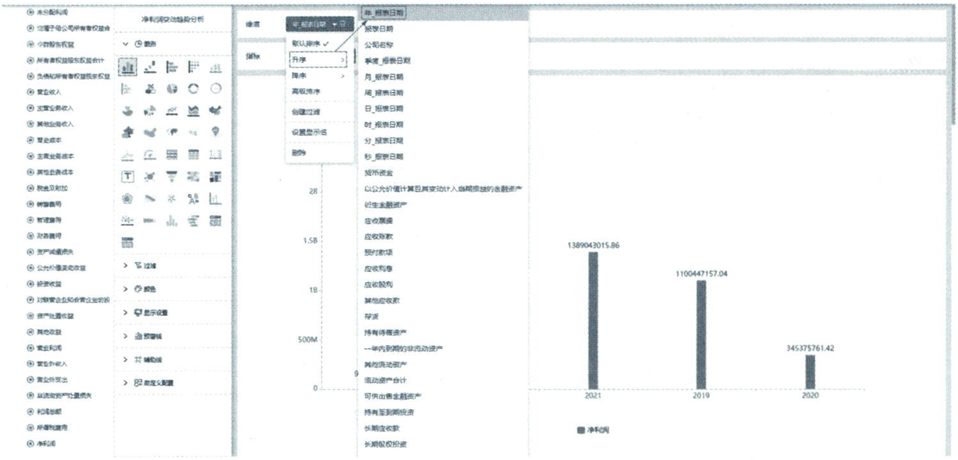

图 7-54　在净利润变动趋势分析中升序排列“年_报表日期”

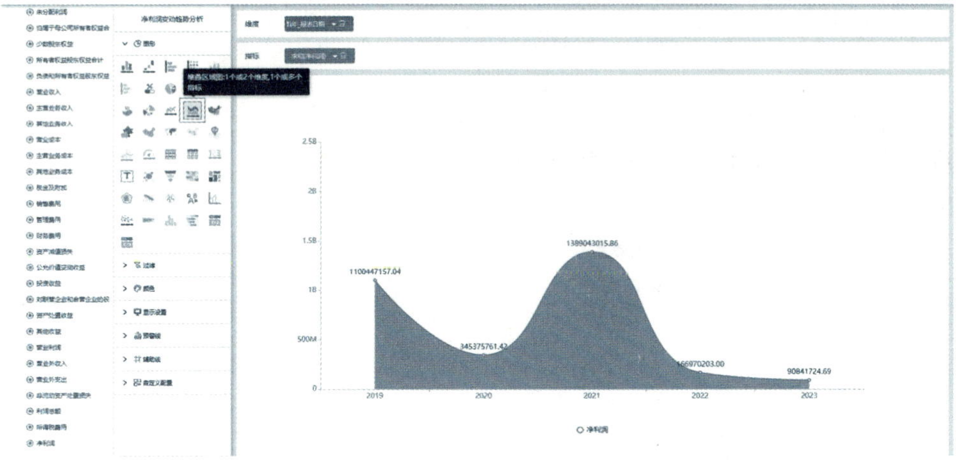

图 7-55　设置显示图形(堆叠区域图)

5. 设置数据格式

(1)单击指标“求和(净利润)”下拉菜单中的数据格式,如图 7-56 所示。

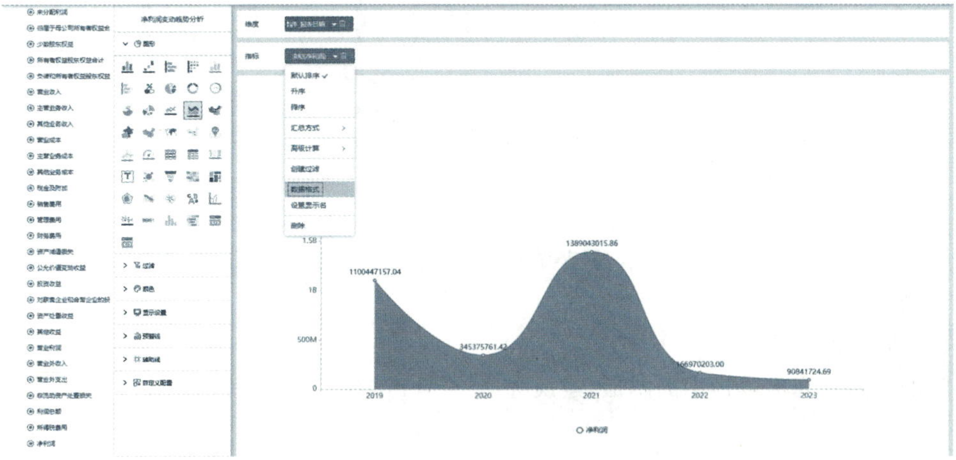

图 7-56　单击指标—求和(净利润)—数据格式

(2)设置以下内容:缩放率为 100000000;后导符为亿元;千分位为启用;小数位为 2。单击确定,如图 7-57 所示。

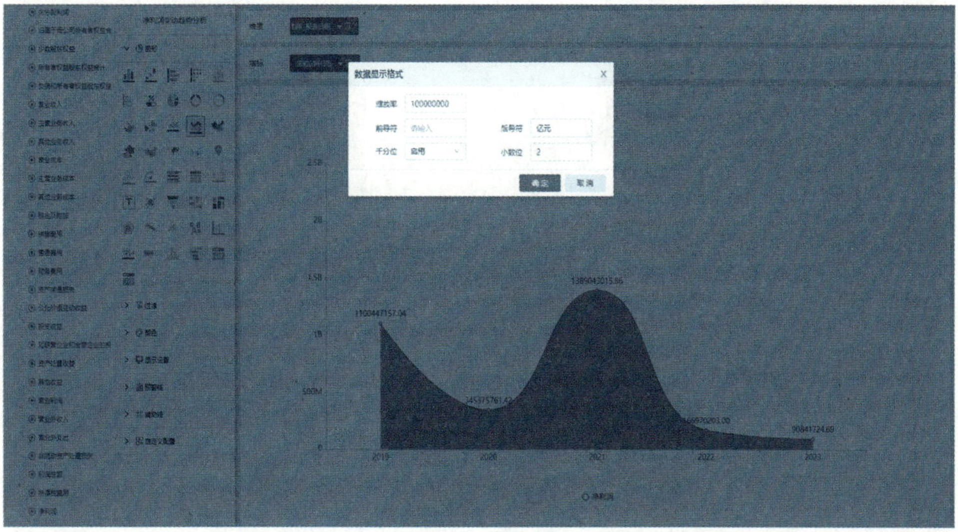

图 7-57 设置净利润变动趋势分析数据

6. 显示设置

单击中间一列菜单栏中的显示设置,在维度轴设置中,将标题设为年份;数值轴设置中,将标题设为金额,如图 7-58 所示。

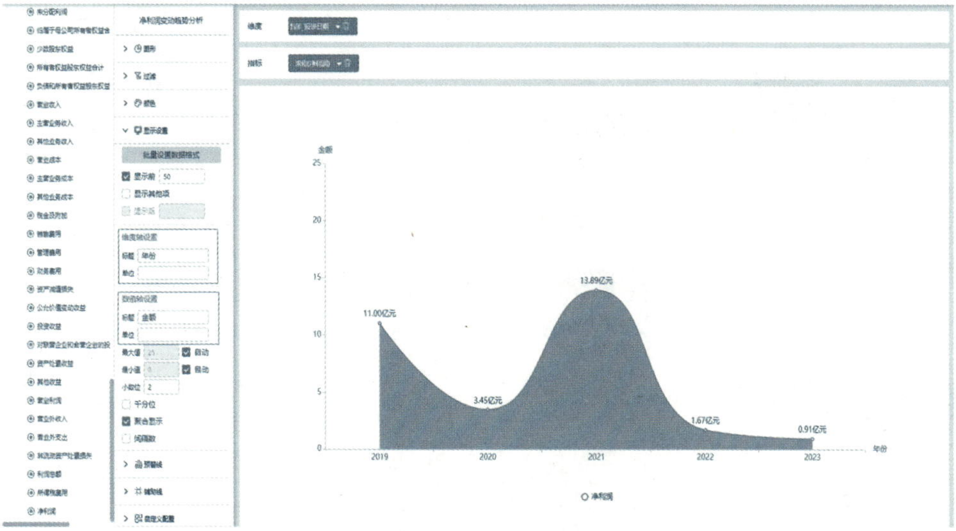

图 7-58 显示净利润变动趋势分析的维度轴与数值轴设置

7. 保存可视化

完成后单击保存,单击退出,回到故事板,如图 7-59 所示。

8. 设置可视化标签

单击可视化,找到分析云右侧菜单栏中的标签,勾选显示,单击分析云左上角保存,如图 7-60 所示。

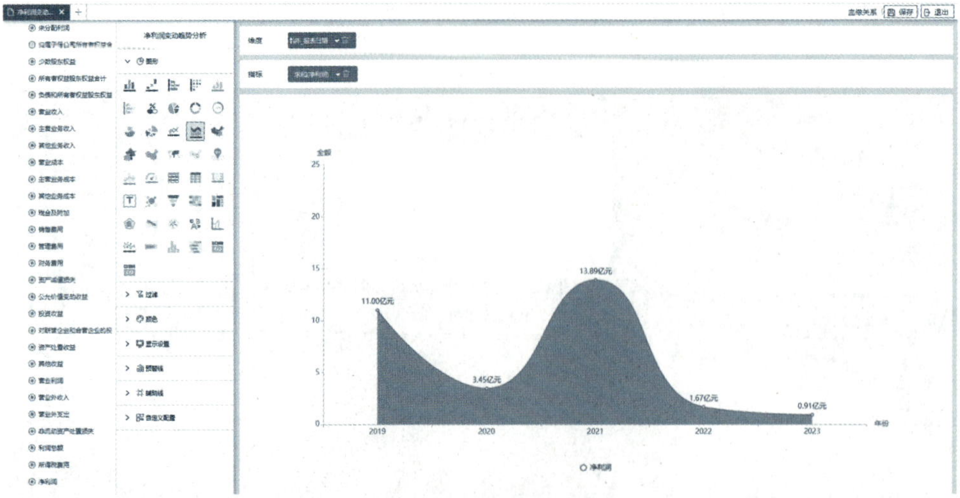

图 7-59　保存净利润变动趋势分析可视化

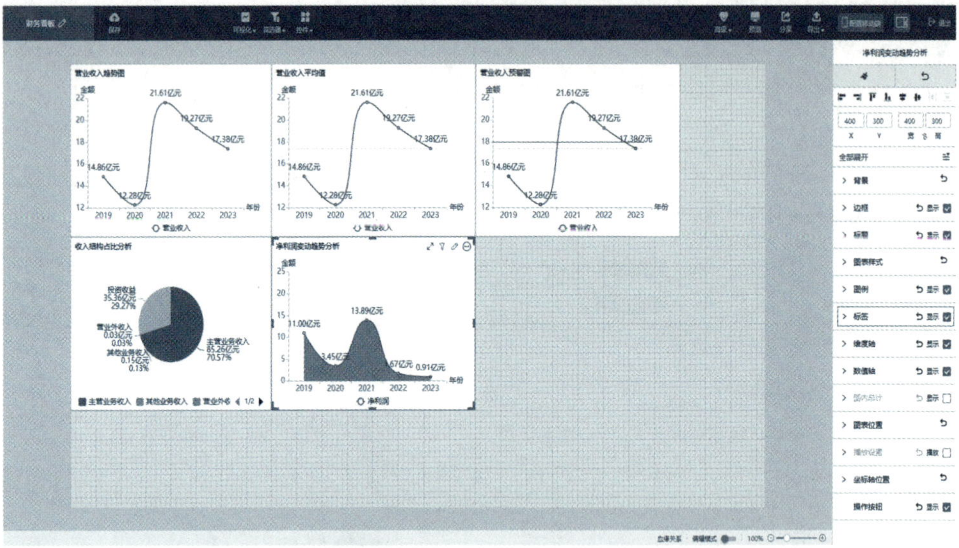

图 7-60　设置净利润变动趋势分析标签

七、资产总计

(一)任务描述

单击进入系统,自动跳转并登录到用友分析云系统,参考操作步骤,完成 AJ 公司的资产总计的可视化。通过分析,了解 AJ 公司的资产总体情况。

(二)操作步骤

1. 新建可视化

进入财务看板故事板后,单击上侧菜单栏中的可视化,单击新建,选择数据源为我的数据 — AJ 公司数据集,进入建立好的可视化后,将可视化命名为资产总计,如图 7-61 所示。

图 7-61　新建资产总计可视化

2. 选择维度与指标

维度为年_报表日期；指标为求和(资产总计)，如图 7-62 所示。

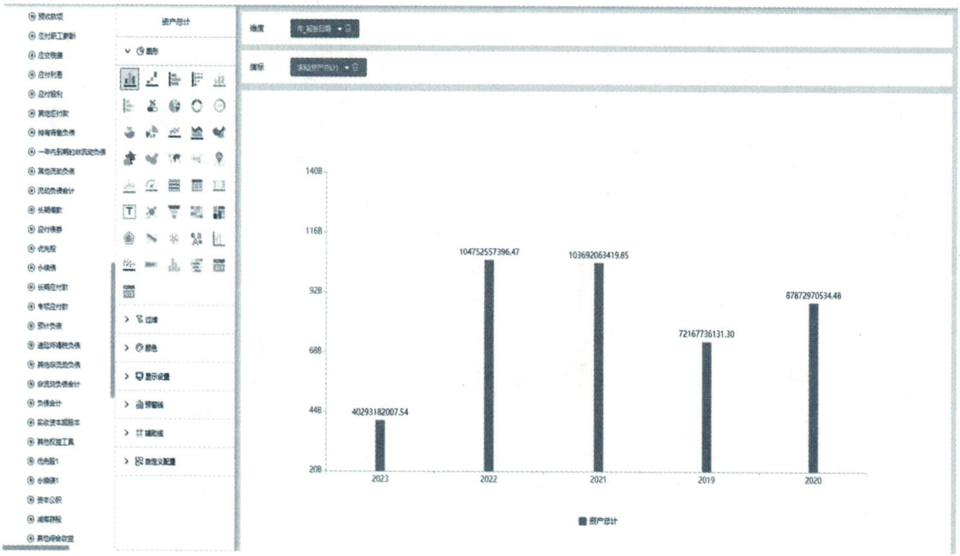

图 7-62　选择资产总计维度与指标

3. 维度排序

单击维度“年_报表日期”下拉菜单中的升序，将维度“年_报表日期”升序排列，如图 7-63 所示。

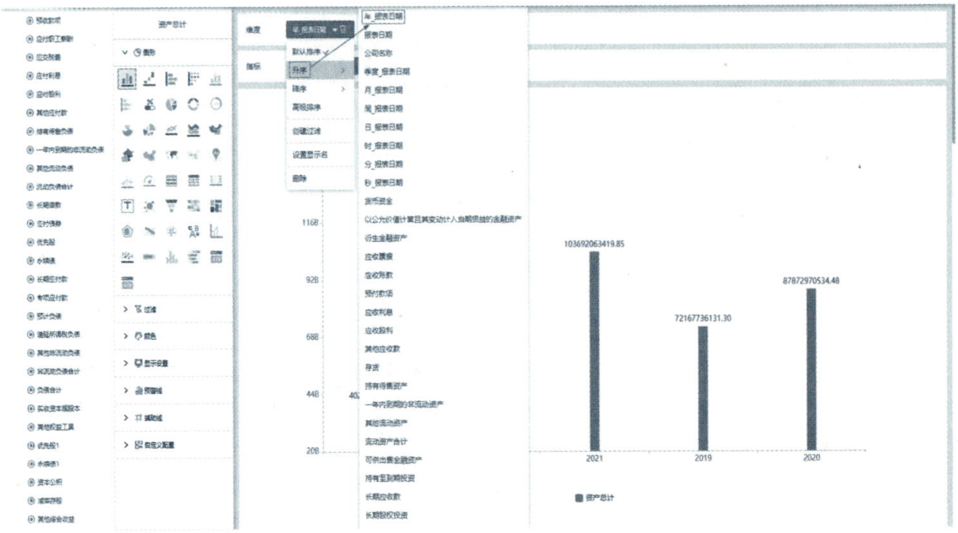

图 7-63　在资产总计中升序排列“年_报表日期”

4. 设置显示图形

单击中间一列菜单栏中的图形，建议选择柱状图，如图 7-64 所示。

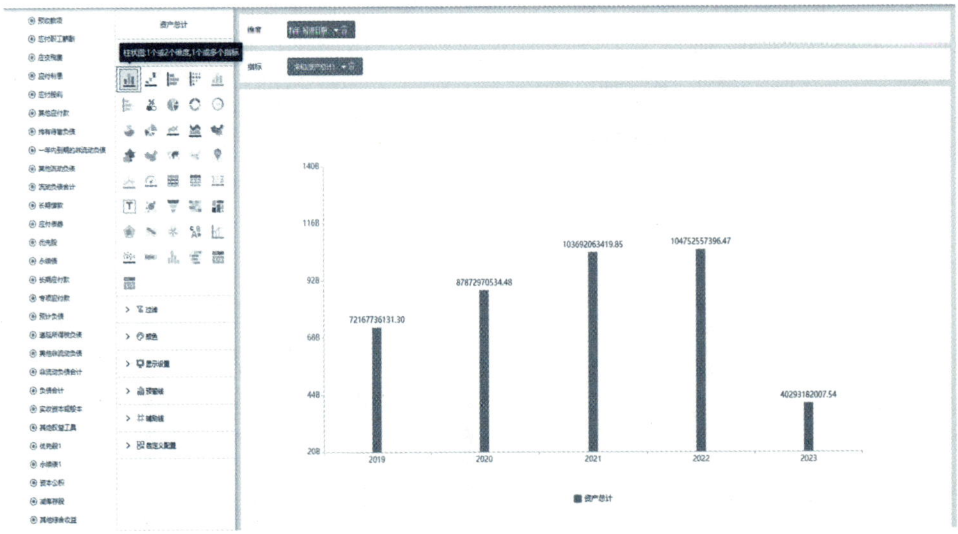

图 7-64　设置资产总计的显示图形

5. 设置数据格式

单击指标“求和(资产总计)”下拉菜单中的数据格式；设置以下内容：缩放率为100000000；后导符为亿元；千分位为启用；小数位为 2。单击确定，如图 7-65 所示。

6. 显示设置

单击中间一列菜单栏中的显示设置，在维度轴设置中，设置维度轴标题为年份；数值轴标题为金额，如图 7-66 所示。

图 7-65　设置资产总计数据格式

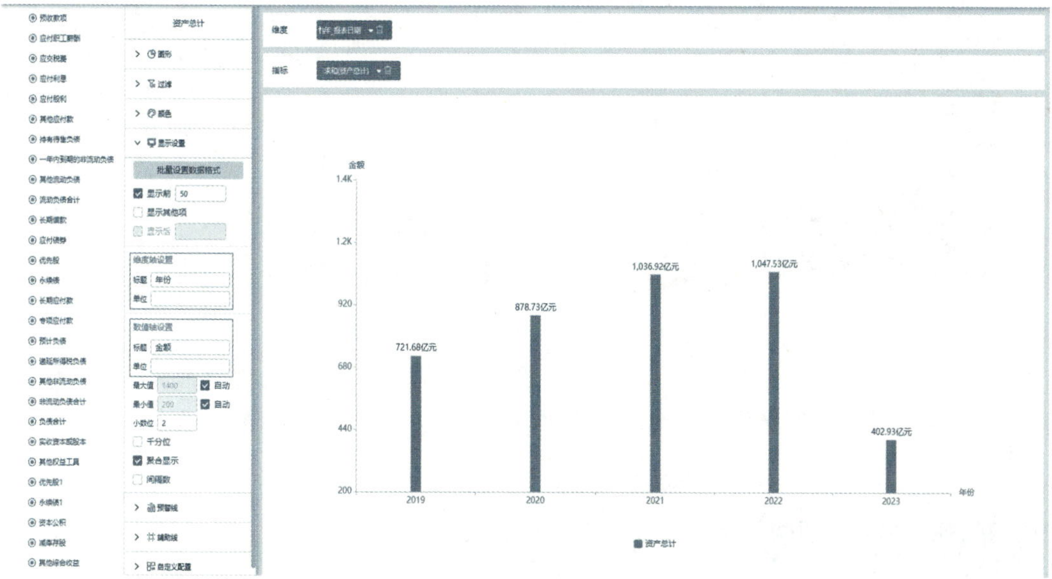

图 7-66　设置资产总计维度轴与数值轴

7. 保存可视化

完成后单击保存，单击退出，回到故事板，如图 7-67 所示。

8. 设置可视化标签

单击可视化，找到分析云右侧菜单栏中的标签，勾选显示，总击分析云左上角保存，如图 7-68 所示。

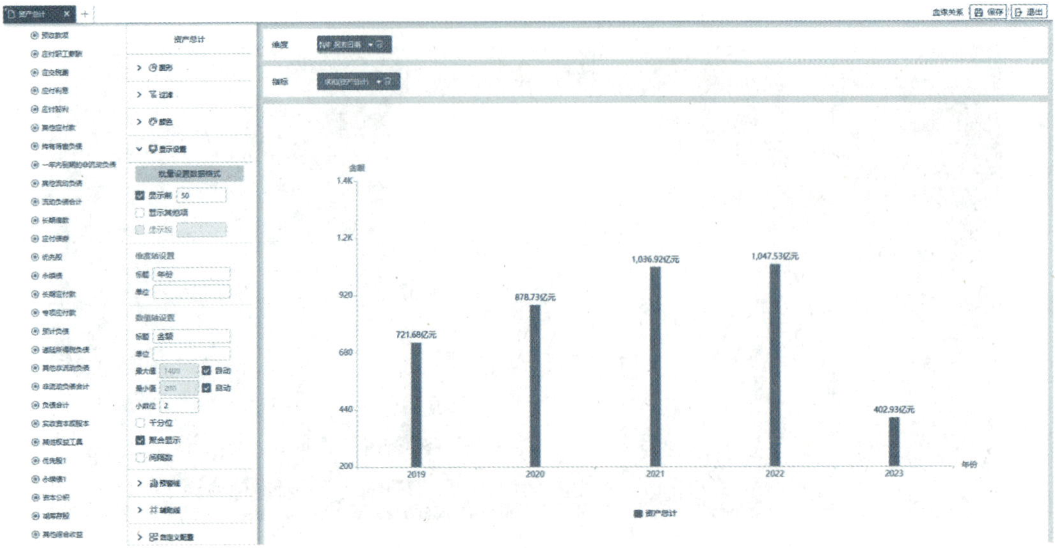

图 7-67　保存资产总计可视化

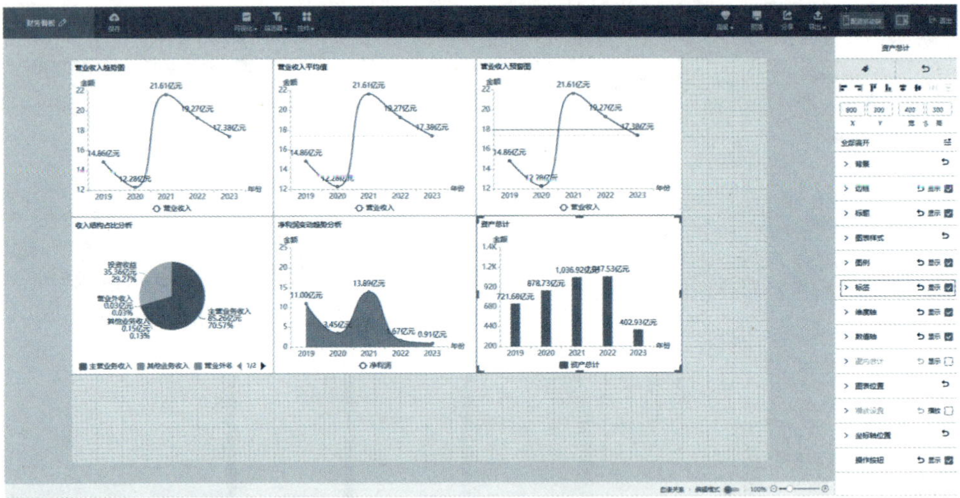

图 7-68　设置资产总计标签

八、资产负债率

(一)任务描述

单击进入系统,自动跳转并登录到用友分析云系统,参考操作步骤,完成 AJ 公司资产负债率的可视化。

(二)操作步骤

1. 复制可视化

单击上一任务可视化右上角三个圆点,单击复制,系统会出现一个复制出来的可视化,名称为“资产总计—副本”,单击分析云右上角保存,如图 7-69 所示。

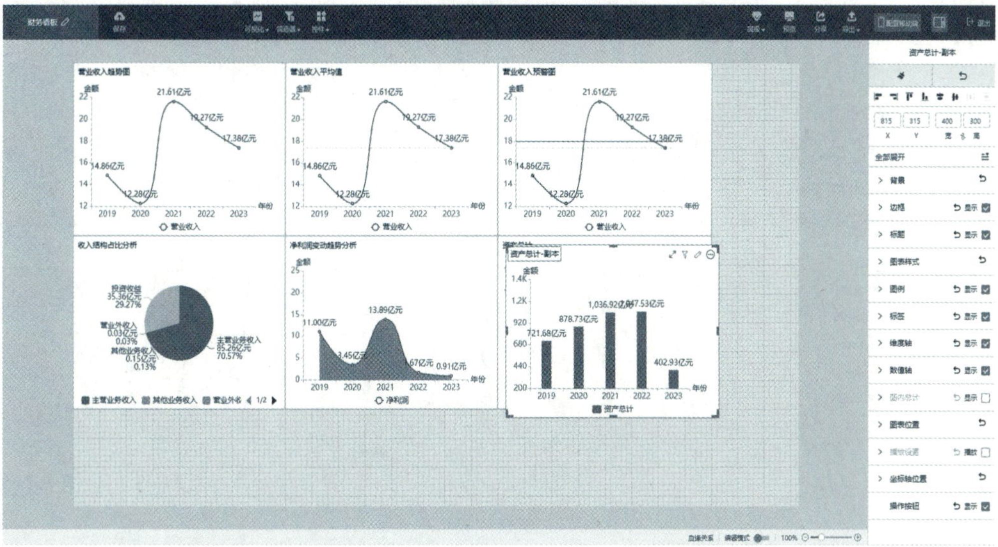

图 7-69 保存资产总计—副本

2. 编辑可视化名称

单击该可视化编辑按钮，进入可视化编辑界面，将可视化命名为资产负债率，如图 7-70 所示。

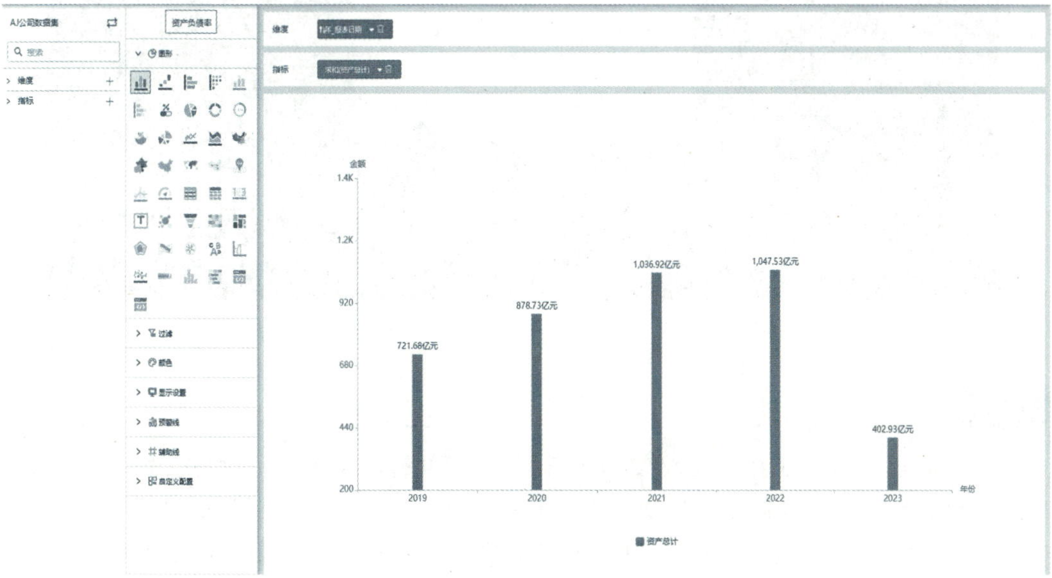

图 7-70 将可视化命名为资产负债率

3. 新建指标

(1)单击指标右侧+按钮，单击计算字段，如图 7-71 所示。

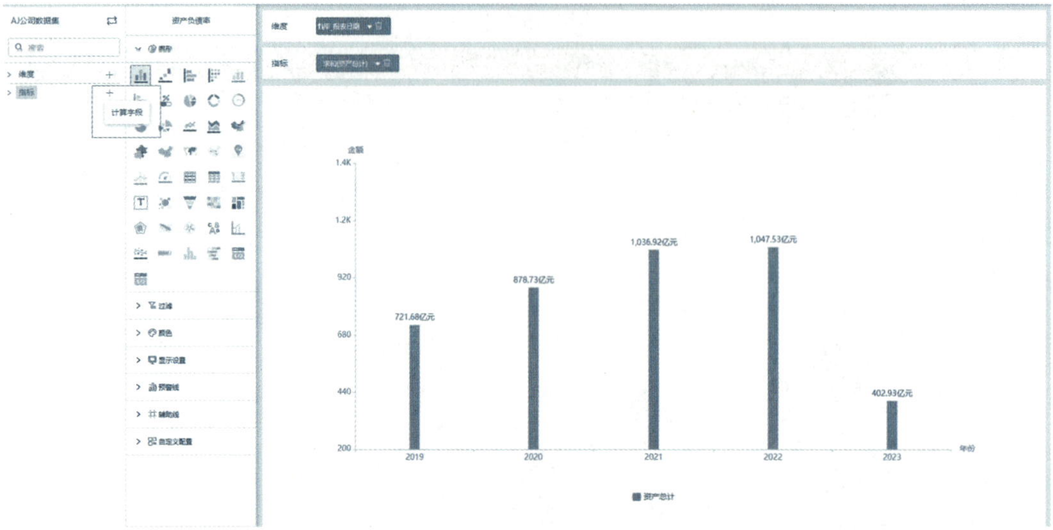

图 7-71　新建计算字段指标

(2)编辑以下内容:名称为资产负债率;字段类型为数字;表达式为 avg(负债合计)/avg(资产总计)*100,如图 7-72 所示。

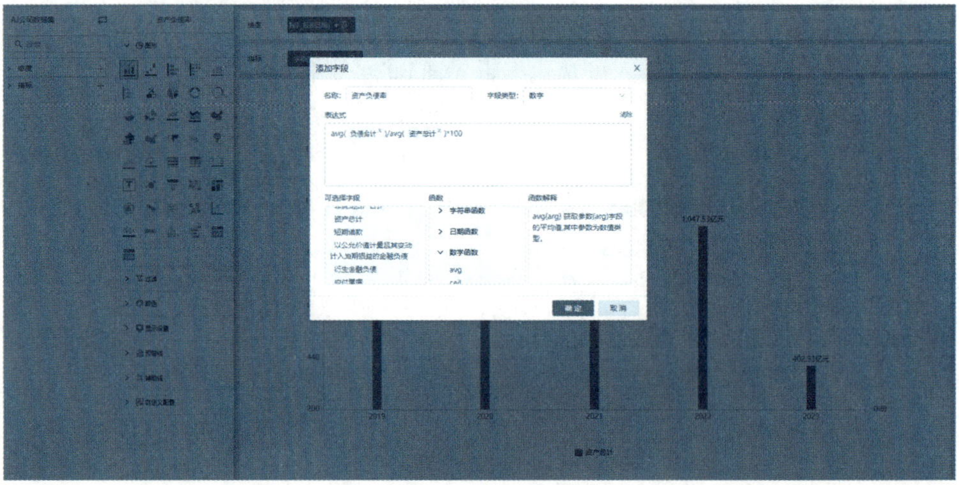

图 7-72　添加字段

注意

添加字段时,要先选择函数,在函数括号中添加“可选择字段”中的字段。例如,先选择数学函数中的 avg,再将鼠标光标放在表达式中“avg()”函数的小括号内,找到“可选择字段”中的“负债合计”字段,双击该字段,该字段就会出现在函数 avg()中。手工输入除号“/”,然后再次选择数学函数中的 avg,将鼠标光标放在表达式中“avg()”函数的小括号内,找到可选择字段中的“资产总计”,双击资产总计,此时,资产总计也会出现在 avg 函数的括号里。最后在“资产总计”小括号的后面手工输入乘号“*”,再输入“100”,最后单击确定,资产负债率指标字段新建完毕。手工输入小括号时,需要在英文输入法下输入。

4. 选择维度与指标

维度为年_报表日期；指标为求和(资产总计)、资产负债率，如图 7-73 所示。

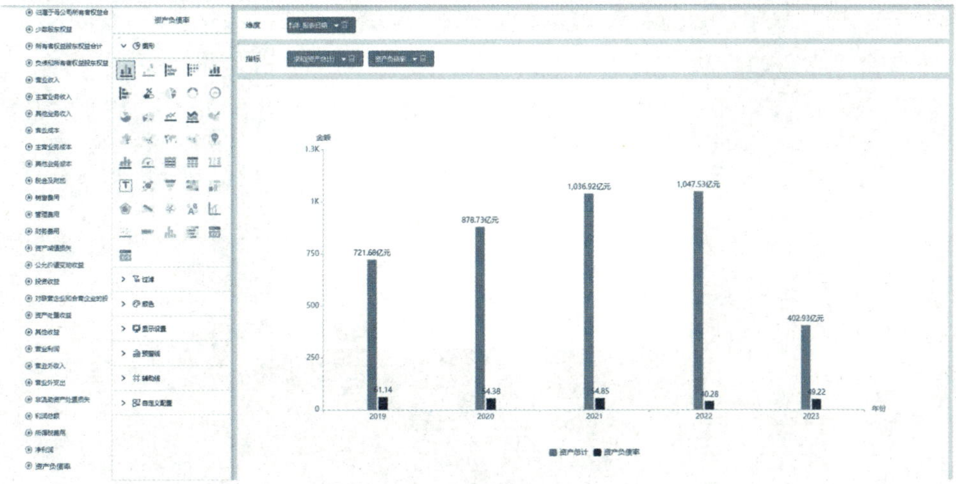

图 7-73 选择资产负债率维度与指标

5. 设置显示图形

单击中间一列菜单栏中的图形，建议选择双轴图，如图 7-74 所示。

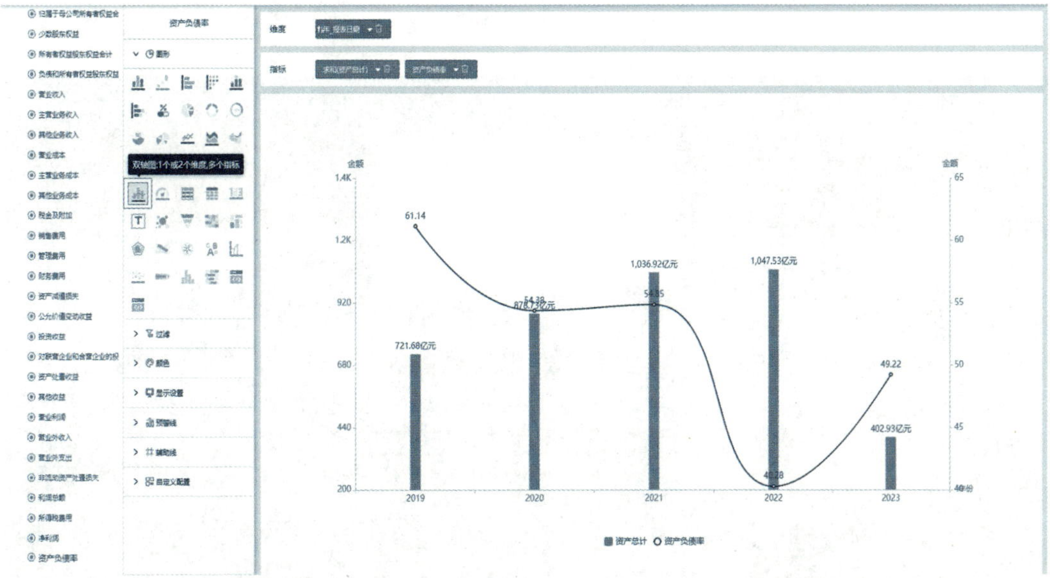

图 7-74 设置资产负债率显示图形

6. 添加过滤条件

单击中间一列菜单栏中的过滤，单击设置，单击按条件添加，设置内容如下：年_报表日期，包含 2021、2022、2023，如图 7-75 所示。

7. 设置数据格式

单击指标“资产负债率”下拉菜单中的数据格式；设置后导符为%，如图 7-76 所示。

8. 保存可视化

完成后单击保存，单击退出，回到故事板，如图 7-77 所示。

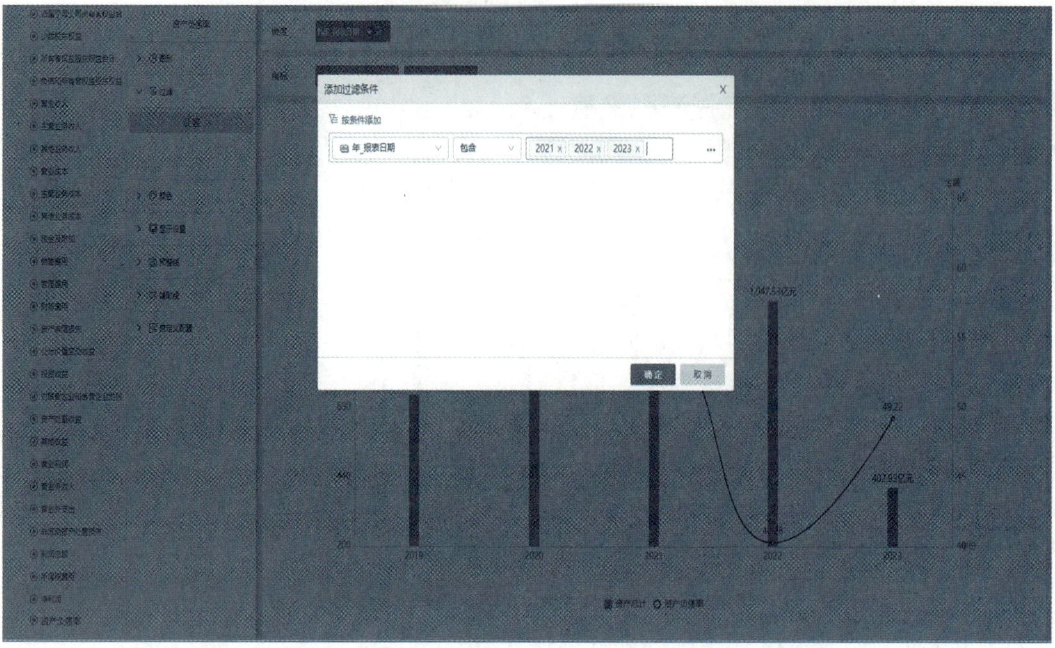

图 7-75 添加过滤条件

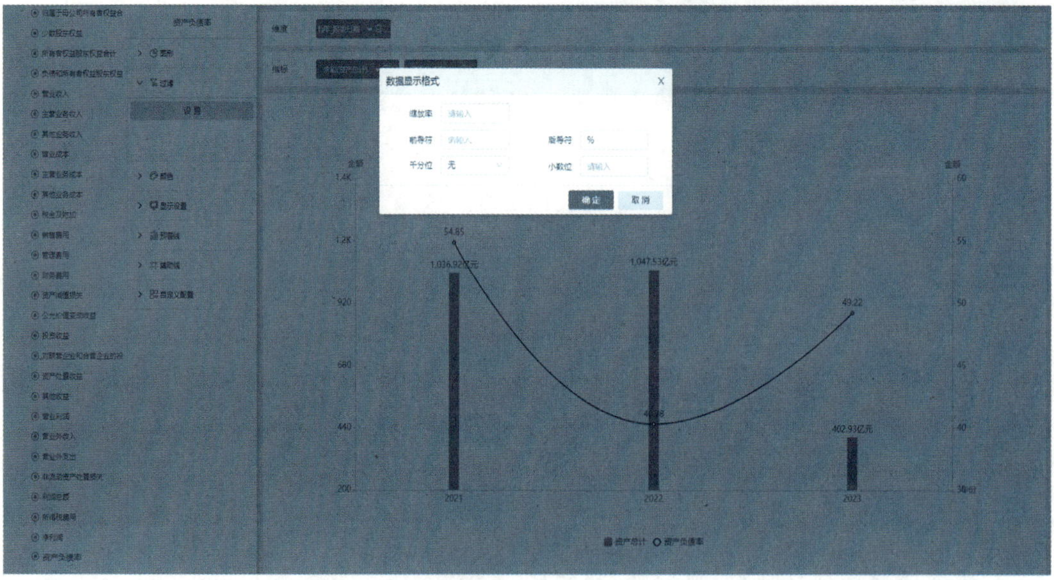

图 7-76 设置资产负债率数据格式

9. 设置可视化标签

单击可视化，找到分析云右侧菜单栏中的标签，勾选显示，单击分析云左上角保存，如图 7-78 所示。

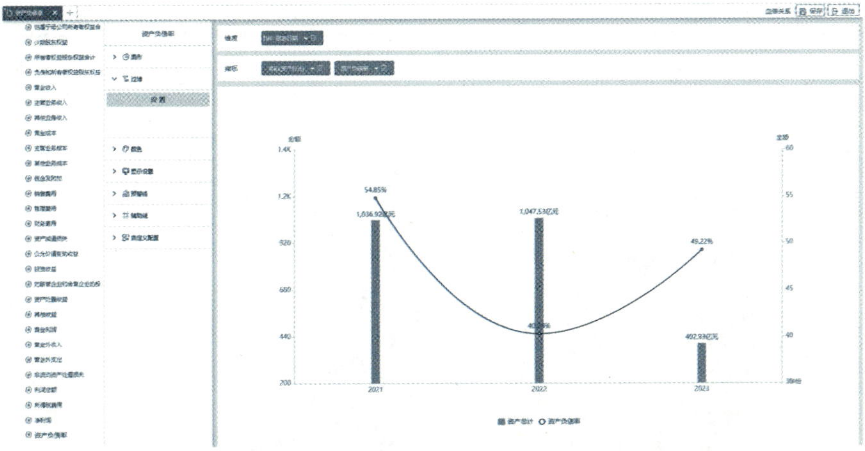

图 7-77 保存资产负债率可视化

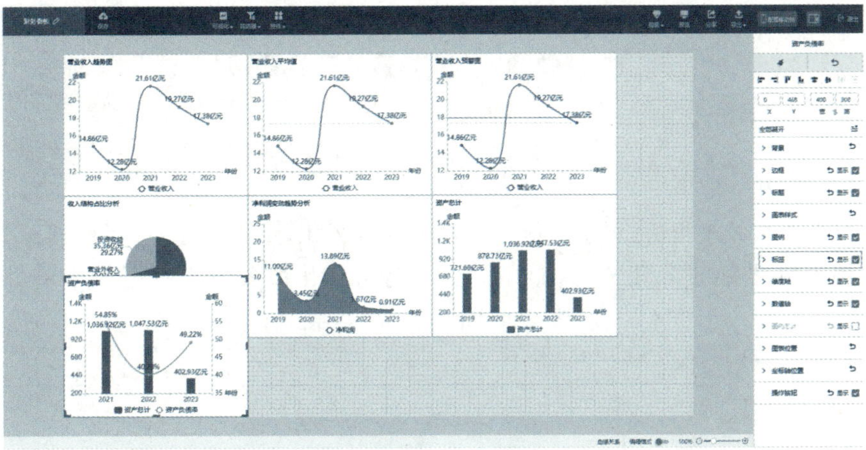

图 7-78 设置资产负债率标签

第三节 经营看板可视化设计

一、5 年销售总额

(一)任务描述

单击进入系统,系统自动跳转并登录到用友分析云系统,参考操作步骤,完成 AJ 公司 5 年销售总额分析的可视化。

(二)操作步骤

1. 新建故事板

单击左侧菜单栏中分析设计中的新建,选择新建故事板,将故事板命名为经营看板,保存在“数据可视化”文件夹中,如图 7-79 所示。

图 7-79 新建经营看板

2. 新建可视化

进入经营看板故事板后，单击上侧菜单栏中的可视化，单击新建，选择数据源为我的数据 客户销售情况表，进入建立好的可视化后，将可视化命名为 5 年销售总额，如图 7-80 所示。

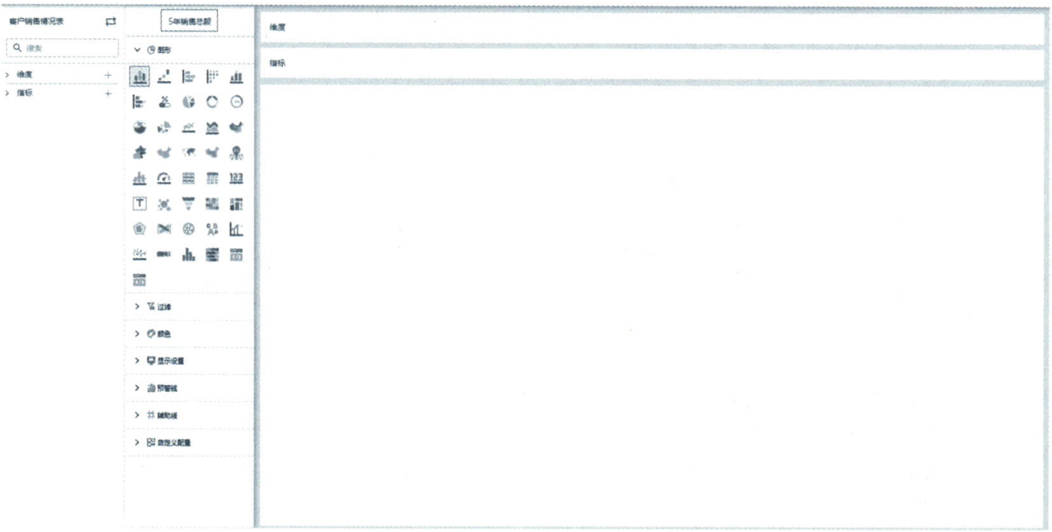

图 7-80 新建 5 年销售总额可视化

3. 选择维度与指标

维度为空；指标为“求和(金额)”，如图 7-81 所示。

4. 设置显示图形

单击中间一列菜单栏中的图形；建议选择速度计，如图 7-82 所示。

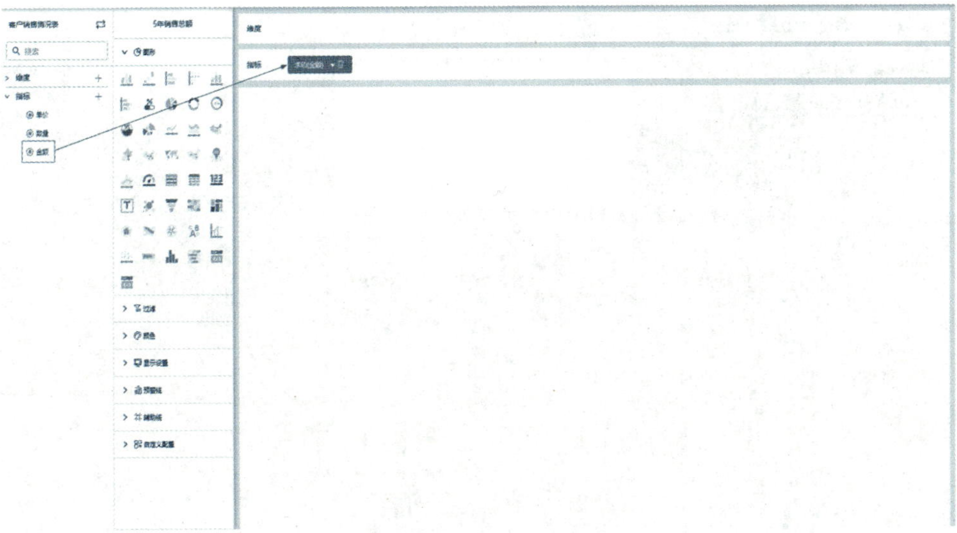

图 7-81 选择 5 年销售总额维度与指标

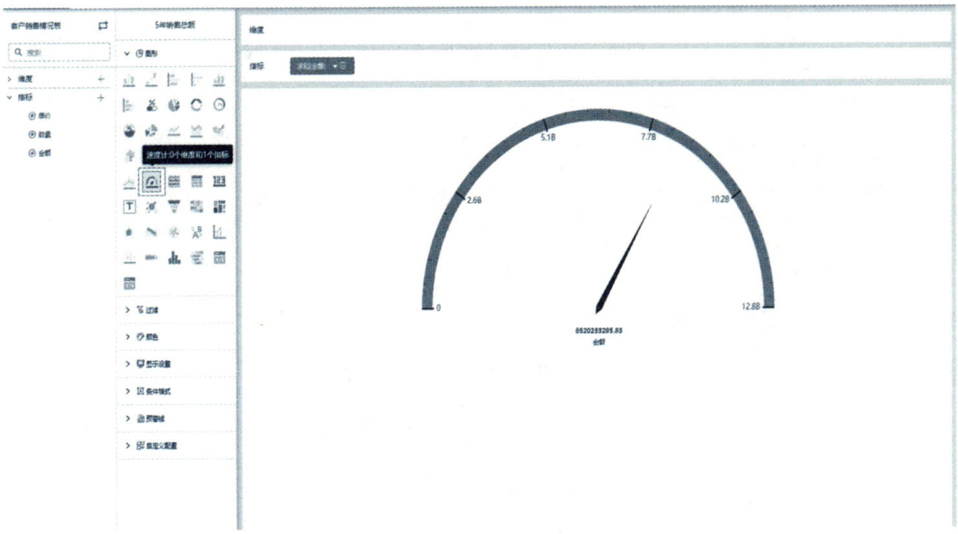

图 7-82 设置 5 年销售总额显示图形

5. 设置数据格式

单击指标“求和(金额)”下拉菜单中的数据格式,设置以下内容:缩放率为 100000000;后导符为亿元;千分位为启用;小数位为 2,如图 7-83 所示。

6. 保存可视化

完成后单击保存,退出可视化,回到故事板,如图 7-84 所示。

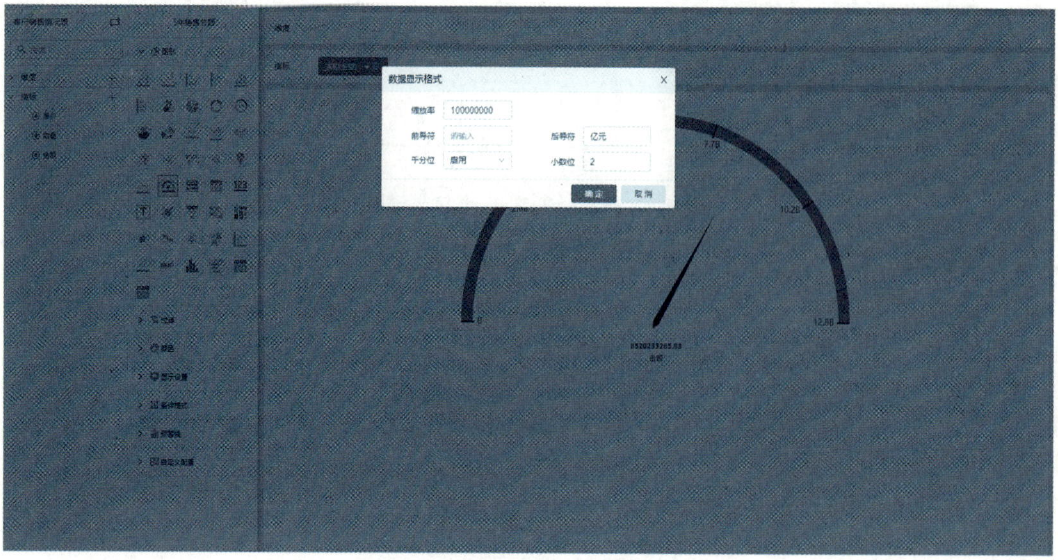

图 7-83　设置 5 年销售总额数据格式

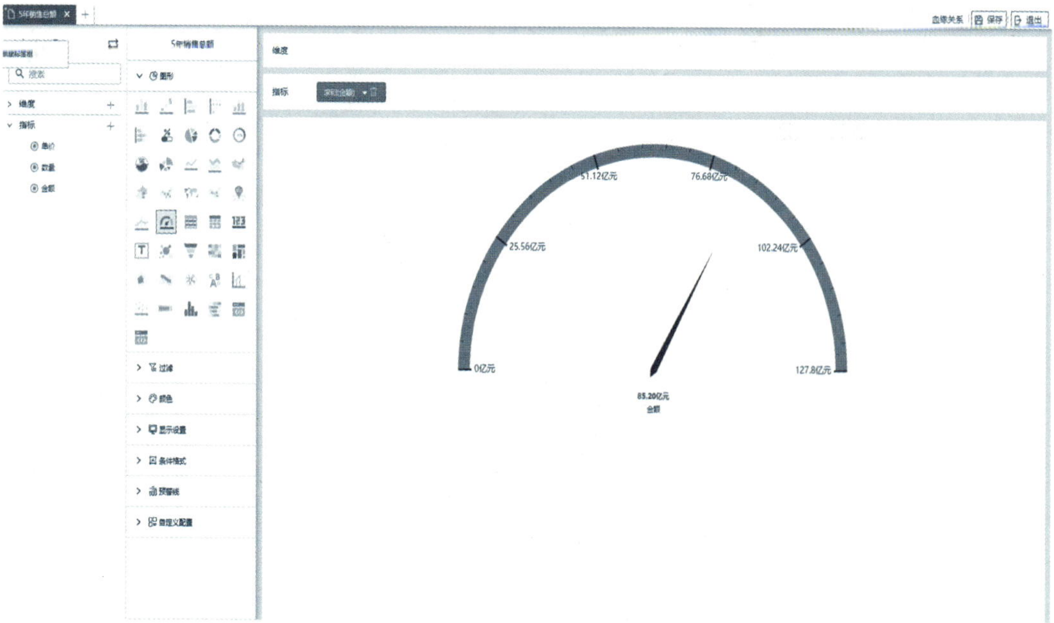

图 7-84　保存 5 年销售总额可视化

7. 可视化标题设置

回到故事板，单击可视化，找到右侧菜单栏中的标题，勾选显示，单击故事板左上角保存，如图 7-85 所示。

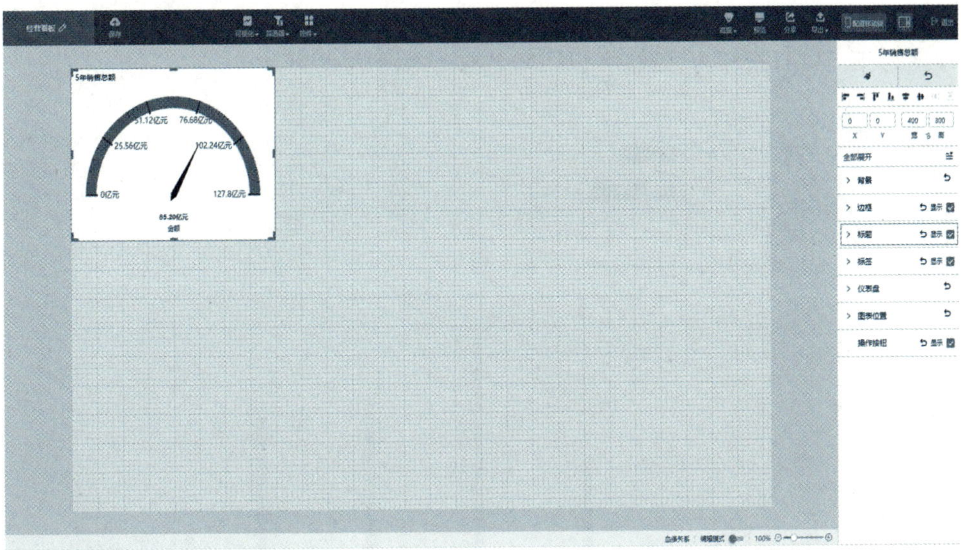

图 7-85　5 年销售总额可视化标题设置

二、客户数量统计

(一)任务描述

单击进入系统,自动跳转并登录到用友分析云系统,参考操作步骤,完成 AJ 公司客户数量统计的可视化。

(二)操作步骤

1. 新建可视化

进入经营看板故事板后,单击上侧菜单栏中的可视化,单击新建,选择数据源为我的数据—客户销售情况表,进入建立好的可视化后,将可视化命名为客户数量统计,如图 7-86 所示。

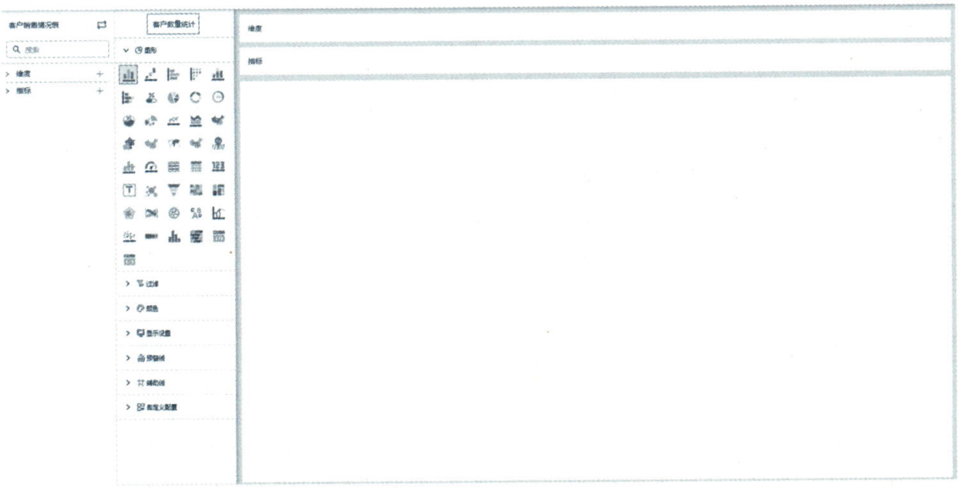

图 7-86　新建客户数量统计可视化

2. 选择维度与指标

维度为年_日期;指标为计数(客户档案名称),如图 7-87 所示。

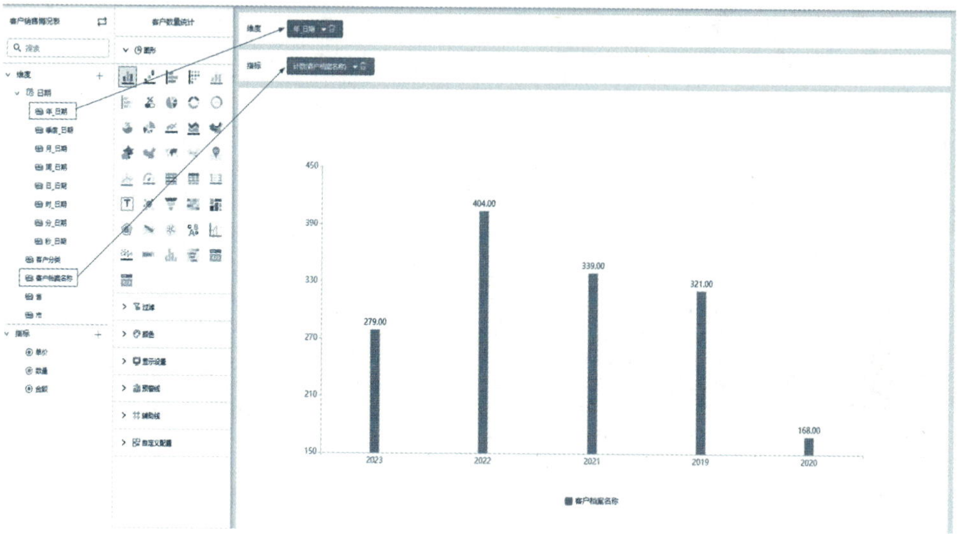

图 7-87　选择客户数量统计维度与指标

3. 设置图形

单击中间一列菜单栏中的图形,建议选择柱状图,如图 7-88 所示。

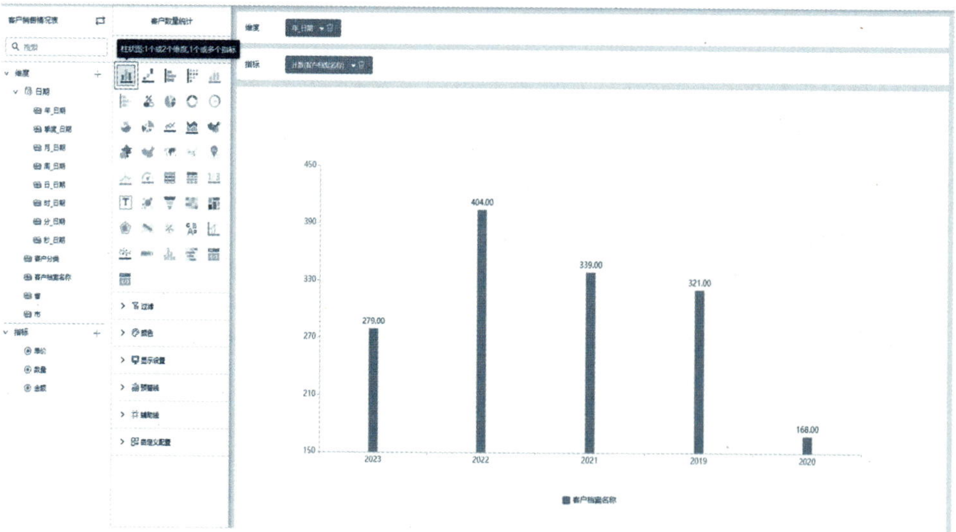

图 7-88　设置客户数量统计图形

4. 维度排序

单击维度“年_日期”下拉菜单中的升序,将维度“年_日期”升序排列,如图 7-89 所示。

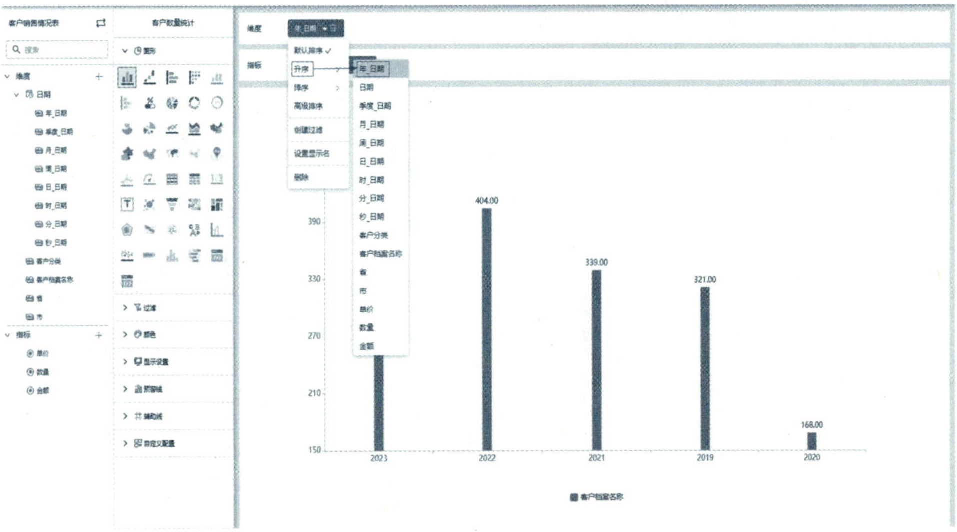

图 7-89 客户数量统计维度排序

5. 显示设置

单击中间一列菜单栏中的显示设置；设置维度轴标题为年份；设置数值轴标题为位，如图 7-90 所示。

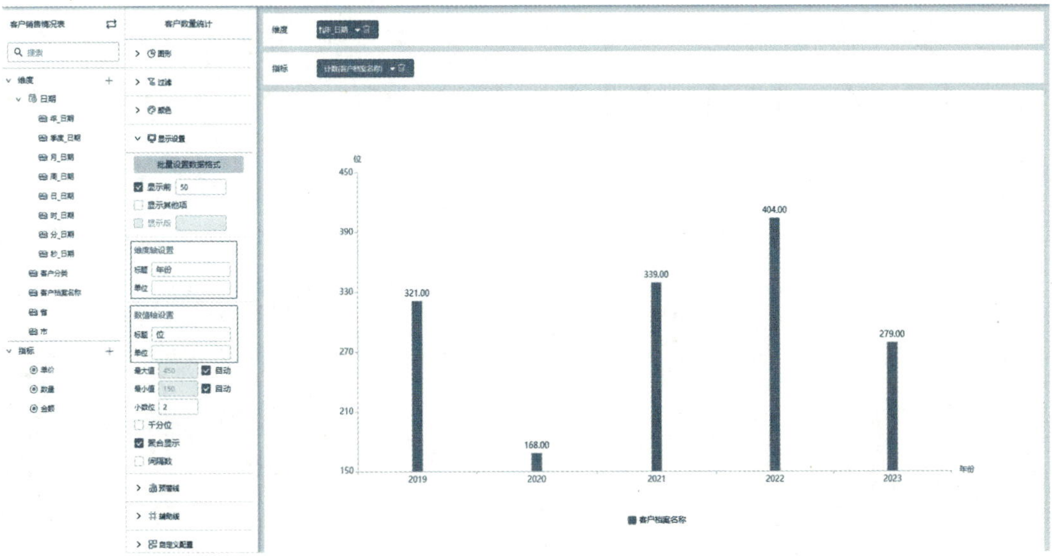

图 7-90 设置客户数量统计的维度轴和数值轴

6. 保存可视化

完成后单击保存，退出可视化，回到故事板，如图 7-91 所示。

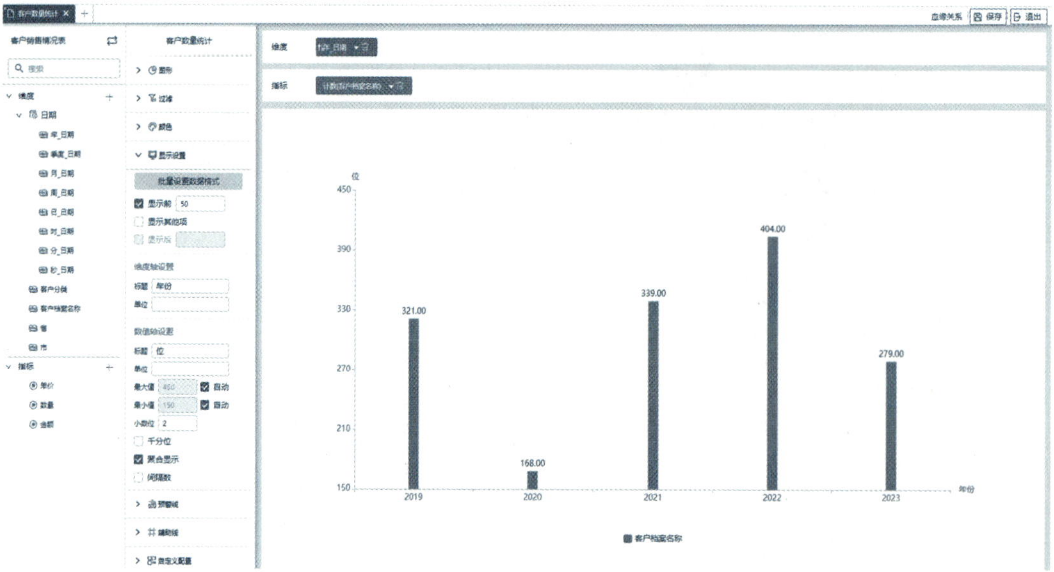

图 7-91 保存客户数量统计可视化

7. 可视化标签设置

回到故事板，单击可视化，找到右侧菜单栏中的标签，勾选显示，单击故事板左上角保存，如图 7-92 所示。

图 7-92 客户数量统计可视化标签设置

三、前 5 名客户排名

(一)任务描述

单击进入系统，自动跳转并登录到用友分析云系统，参考操作步骤，完成 AJ 公司前 5 名客户排名(亦称 TOP5 客户排名)的可视化。

(二)操作步骤

1. 新建可视化

进入经营看板故事板后,单击上侧菜单栏中的可视化,单击新建,选择数据源为我的数据—客户销售情况表,进入建立好的可视化后,将可视化命名为 TOP5 客户排名,如图 7-93 所示。

图 7-93 新建 TOP5 客户排名可视化

2. 选择维度与指标

维度为客户档案名称;指标为求和(金额),如图 7-94 所示。

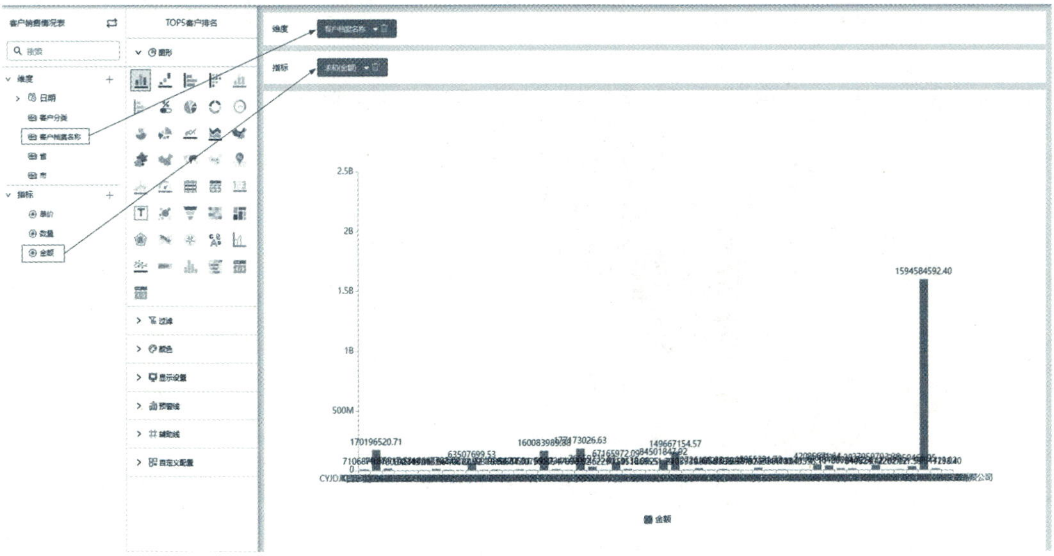

图 7-94 选择 TOP5 客户排名维度与指标

3. 设置图形

单击中间一列菜单栏中的图形,建议选择条形图,如图 7-95 所示。

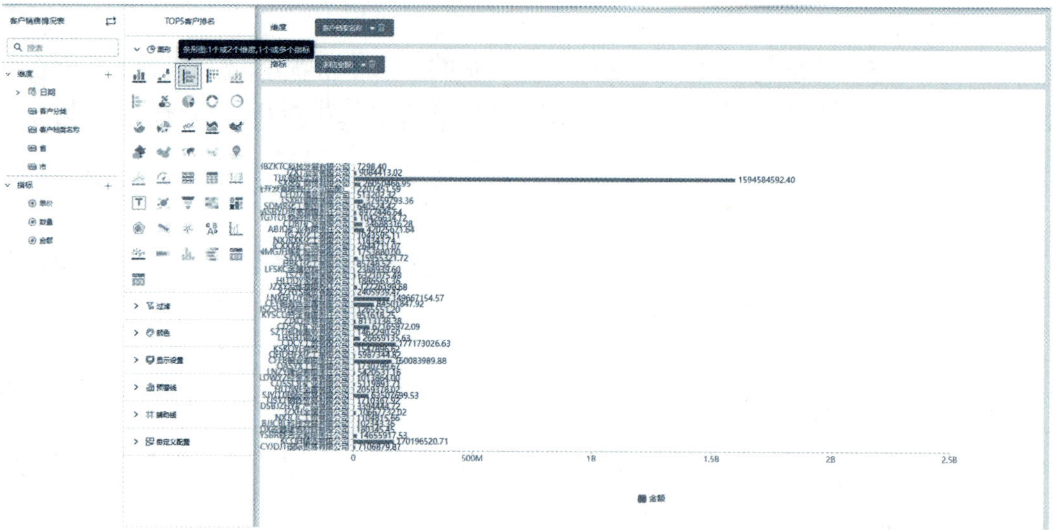

图 7-95 设置 TOP5 客户排名图形

4. 指标排序

单击指标“求和(金额)”下拉菜单中的升序,将指标“求和(金额)”升序排列,如图 7-96 所示。

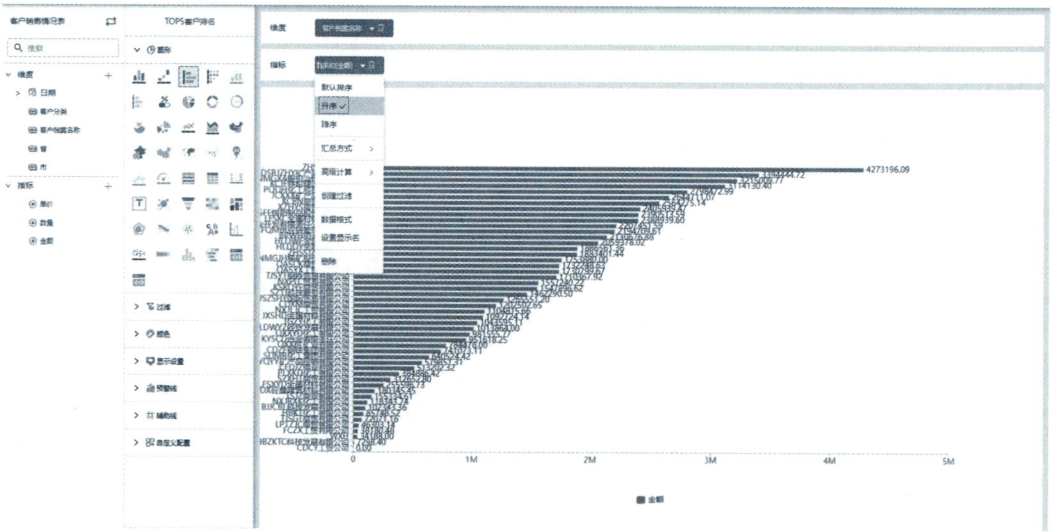

图 7-96 TOP5 客户排名指标排序

5. 设置数据格式

单击指标“求和(金额)”下拉菜单中的数据格式,设置以下内容:缩放率为 100000000;后导符为亿元;千分位为启用;小数位为 2,如图 7-97 所示。

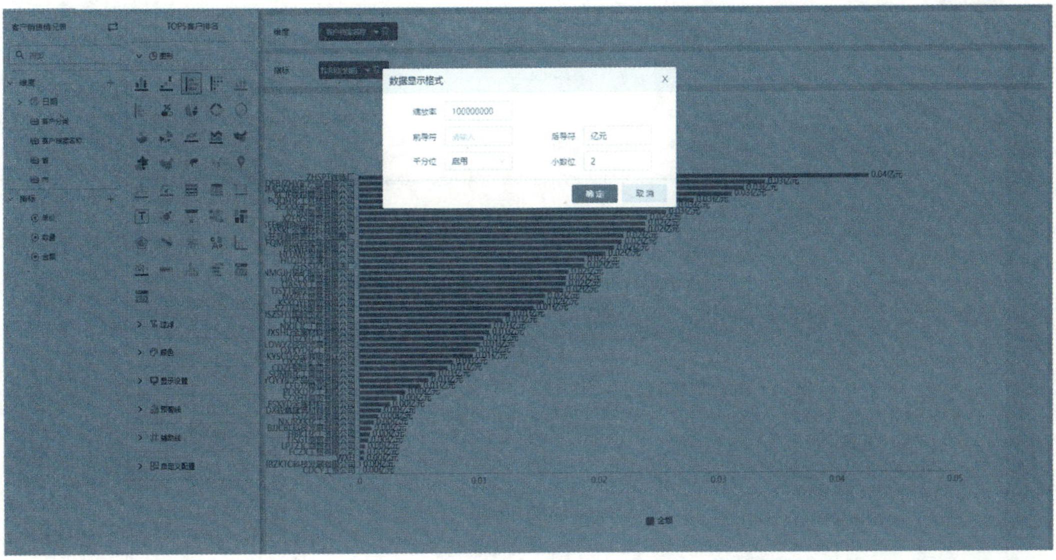

图 7-97　设置 TOP5 客户排名数据格式

6. 显示设置

单击中间一列菜单栏中的显示设置，设置显示前为 5；维度轴设置的标题为客户名称；数值轴设置的标题为金额，如图 7-98 所示。

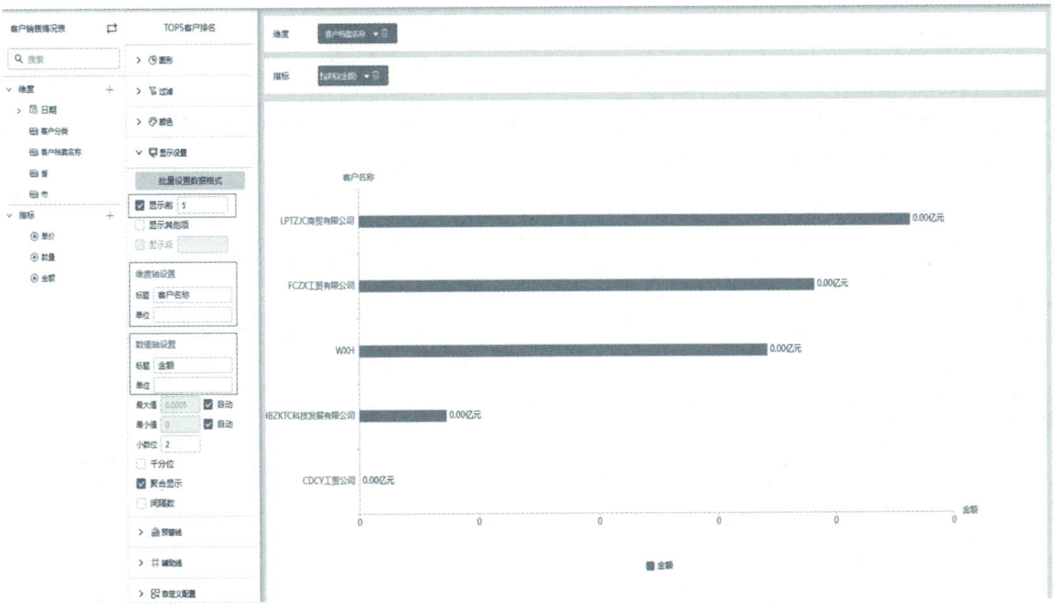

图 7-98　设置 TOP5 客户排名维度轴和数值轴

7. 保存可视化

完成后单击保存，退出可视化，回到故事板，如图 7-99 所示。

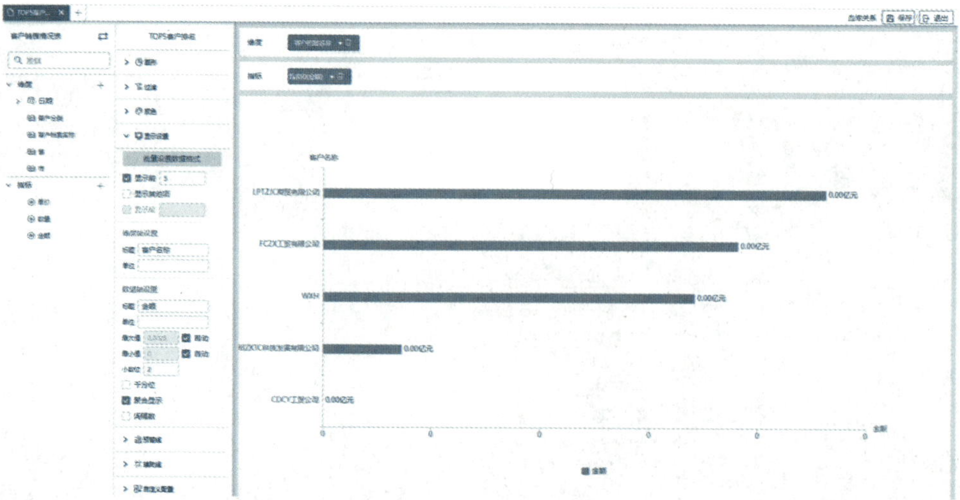

图 7-99 保存 TOP5 客户排名可视化

四、客户收入占比

(一)任务描述

单击进入系统,自动跳转并登录到用友分析云系统,参考操作步骤,完成 AJ 公司客户收入占比的可视化。

(二)操作步骤

1. 新建可视化

进入经营看板故事板后,单击上侧菜单栏中的可视化,单击新建;选择数据源为我的数据—客户销售情况表,进入建立好的可视化后,将可视化命名为客户收入占比,如图 7-100 所示。

图 7-100 新建客户收入占比可视化

2. 选择维度与指标

维度为客户档案名称;指标为求和(金额),如图 7-101 所示。

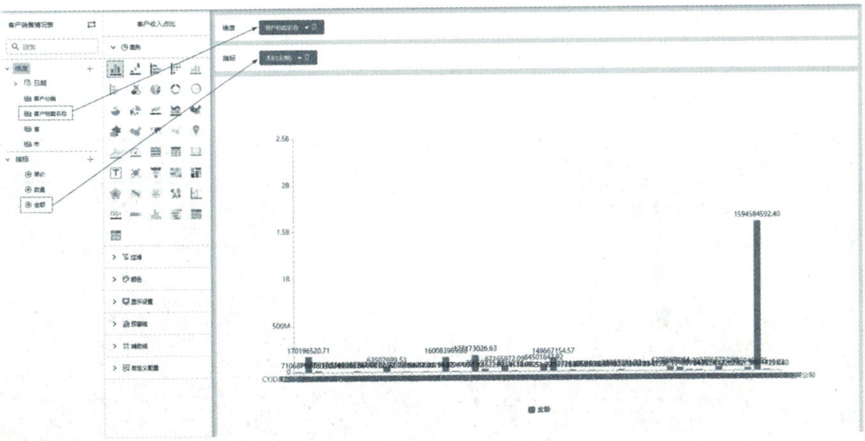

图 7-101　选择客户收入占比维度与指标

3. 设置图形

单击中间一列菜单栏中的图形，建议选择饼图，如图 7-102 所示。

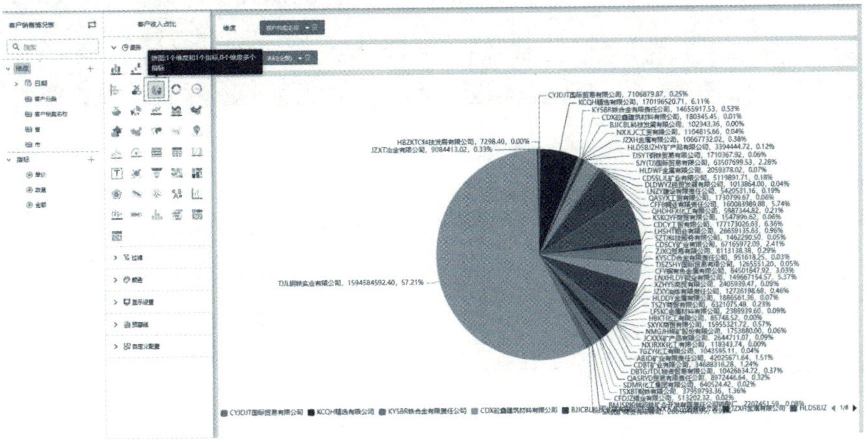

图 7-102　设置客户收入占比图形

4. 指标排序

单击指标“求和(金额)”下拉菜单中的升序，将指标“求和(金额)”升序排列，如图 7-103 所示。

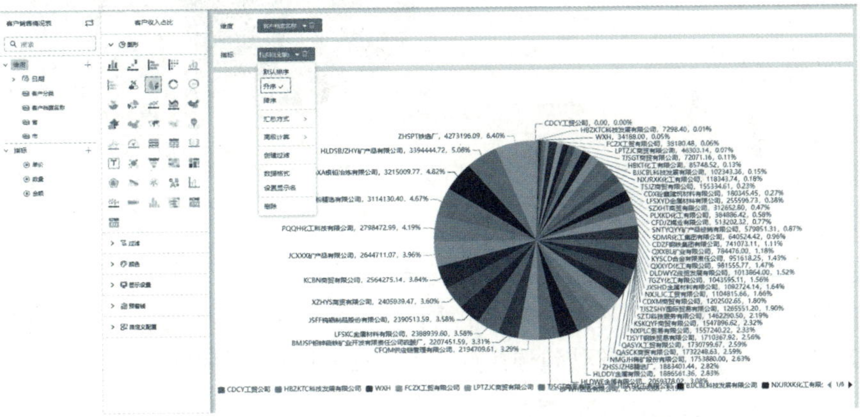

图 7-103　客户收入占比指标排序

5. 设置数据格式

单击指标“求和(金额)”下拉菜单中的数据格式，设置以下内容：缩放率为 100000000；后导符为亿元；千分位为启用；小数位为 2，如图 7-104 所示。

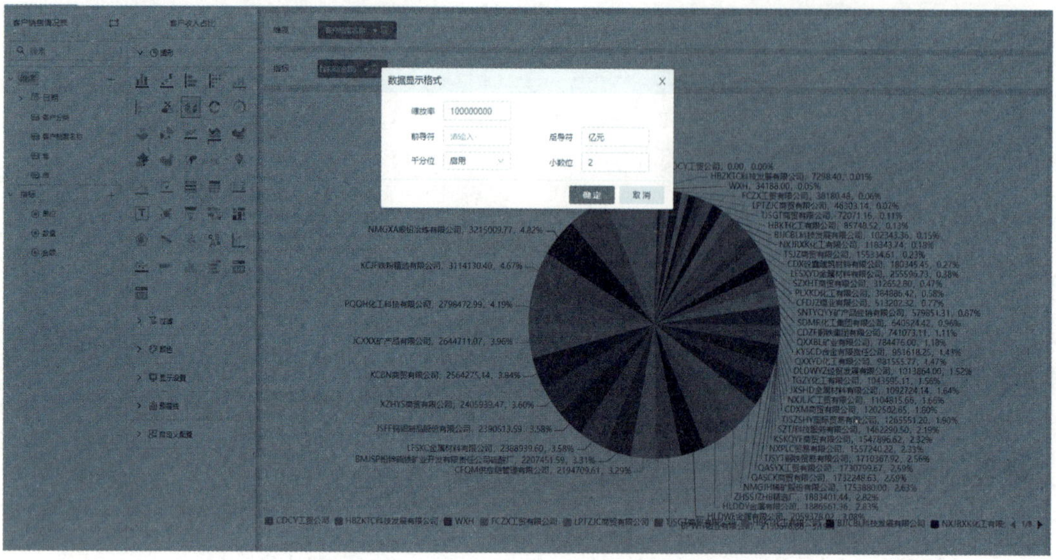

图 7-104　设置客户收入占比数据格式

6. 保存可视化

完成后单击保存，退出可视化，回到故事板，如图 7-105 所示。

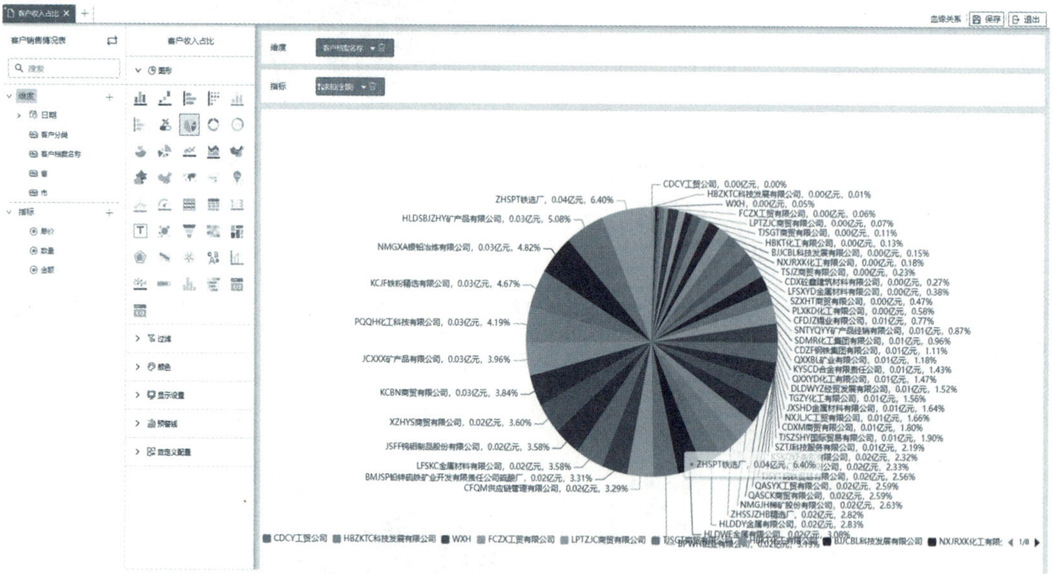

图 7-105　保存客户收入占比可视化

7. 设置可视化标签

单击可视化，找到分析云右侧菜单栏中的标签，勾选显示；在维度标签处勾选折行；在值标签处勾选换行；在百分比标签处勾选换行。单击故事板左上角保存，如图 7-106 所示。

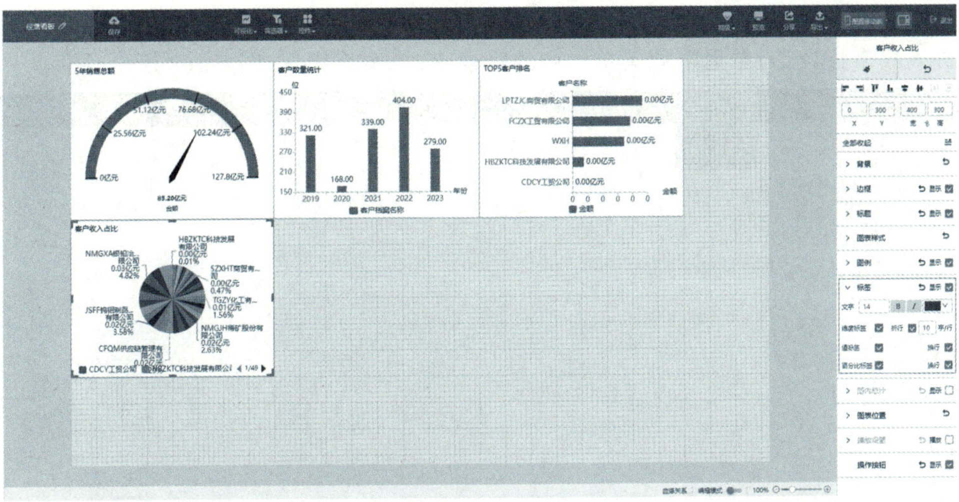

图 7-106 设置客户收入占比标签

第四节 故事板设计

一、调用可视化看板

(一)任务描述

单击进入系统,自动跳转并登录到用友分析云系统,参考操作步骤,参考“财务看板”和“经营看板”中的可视化图形,任意组合成一个新的故事板。

(二)操作步骤

1.新建故事板

单击左侧菜单栏中分析设计中的新建,选择新建故事板;将故事板命名为故事板设计,并保存在“数据可视化”文件夹中,如图 7-107 所示。

图 7-107 新建故事板设计

2. 组合新看板

进入故事板设计，单击上侧菜单栏中的可视化，单击仓库，如图 7-108 所示。

图 7-108　进入故事板设计

单击全部可视化，再分别单击“财务看板”和“经营看板”，会看到两个看板中的可视化图形显示在右侧空白区域内，如图 7-109 所示。

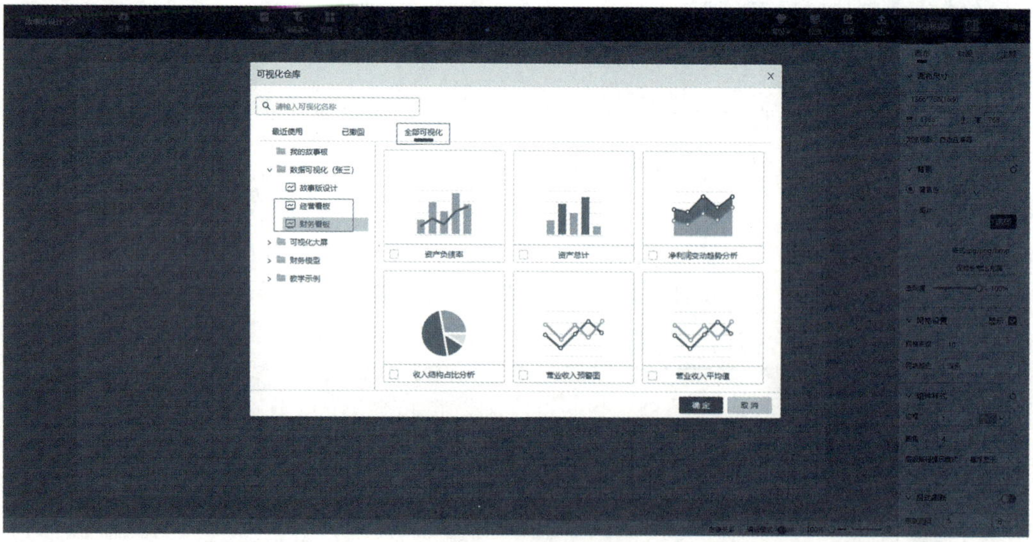

图 7-109　单击全部可视化

分别从“财务看板”和“经营看板”故事板中，任意选择四个可视化看板，组成一个新看板。建议选择：收入结构占比分析、净利润变动趋势分析、资产总计、营业收入预警图，如图 7-110 所示。

3. 保存可视化

（1）单击故事板，右侧菜单栏会显示出“画布”“封面”“主题”，如图 7-111 所示。

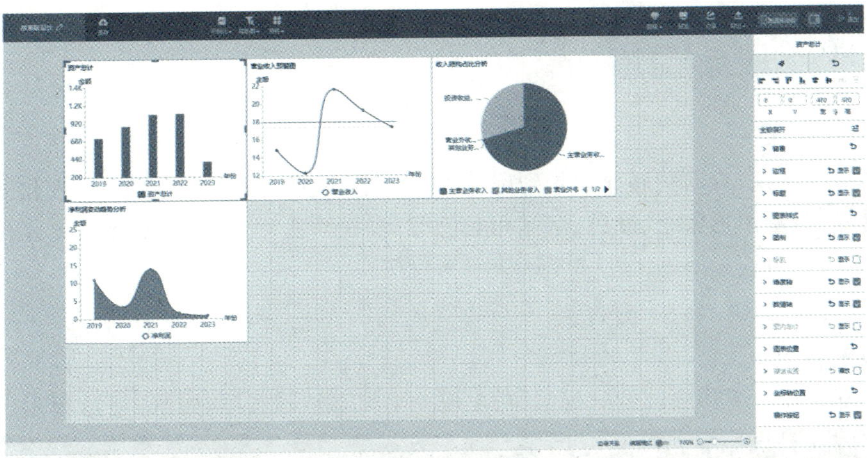

图 7-110 组合新看板

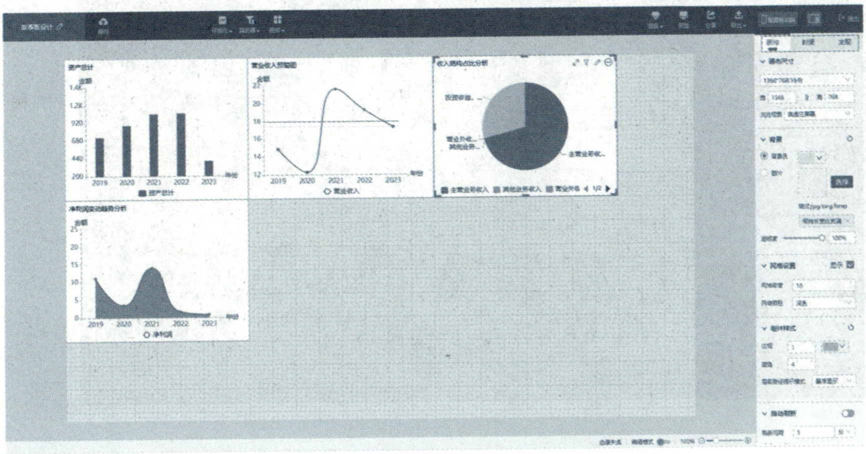

图 7-111 单击故事板显示右侧菜单栏

(2)单击主题,可以对故事板主题进行选择。选择好主题后,单击应用。建议整体分析故事板的主题为浅色主题。单击左上角保存,如图 7-112 所示。

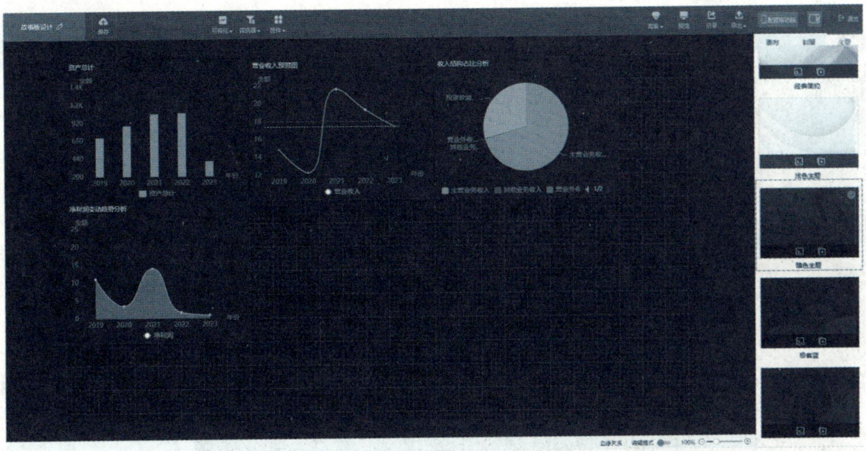

图 7-112 保存故事板主题

二、主题和时间设置

（一）任务描述

单击进入系统，自动跳转并登录到用友分析云系统，参考操作步骤，将可视化图形在故事板中排序，调整图形大小、颜色、字体和底色等；设置筛选器，使图表数据根据年份不同而变化。

（二）操作步骤

1. 设置筛选器

单击筛选器－树形筛选器－树下拉，出现一个树下拉筛选器，如图 7-113 所示。

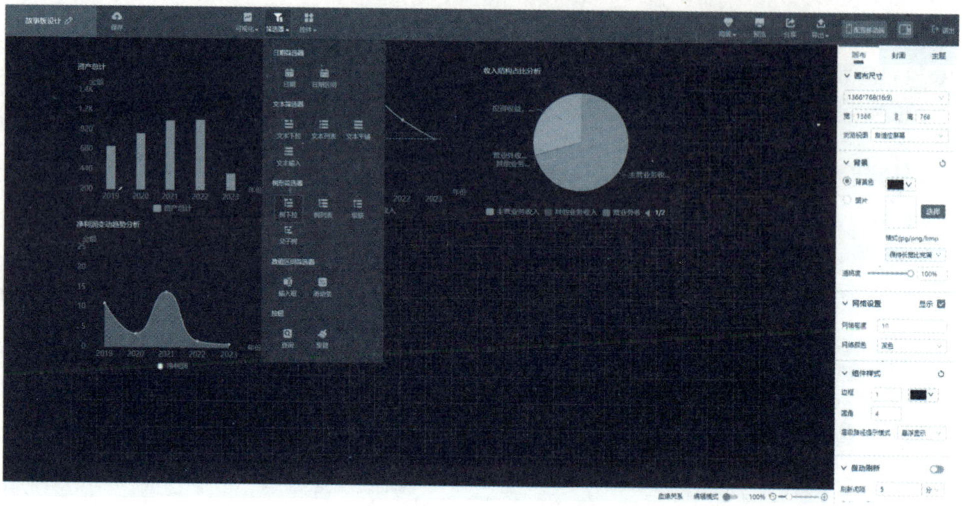

图 7-113　设置筛选器

2. 设置树下拉筛选器数据

（1）单击树下拉筛选器，分析云右侧会出现一个菜单栏，选择数据源“我的数据—AJ 公司数据集”，如图 7-114 所示。

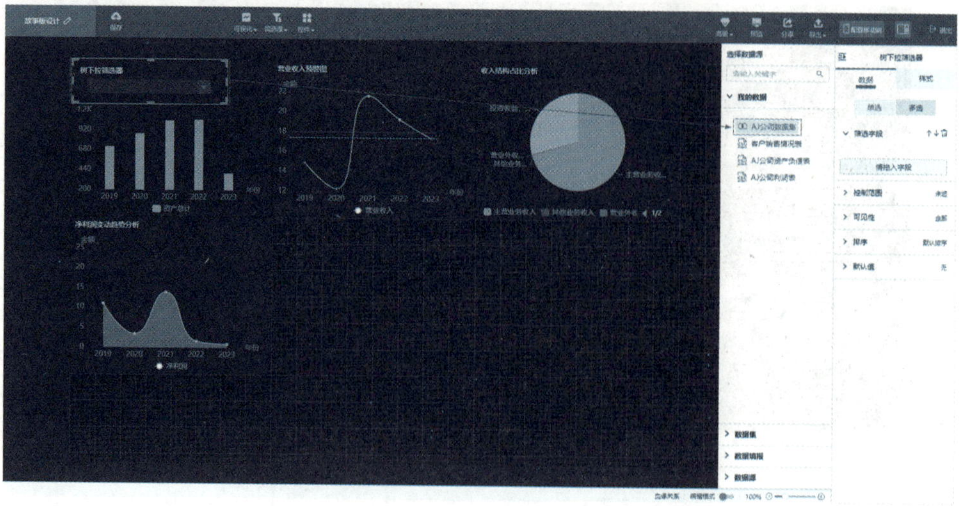

图 7-114　在树下拉筛选器中选择 AJ 公司数据集

(2)将报表日期中的“年_报表日期”拖拽到“筛选字段”项下，若选择单选，则只可以选择一年数据进行联动；若选择多选，则可以选择多年数据进行联动，如图 7-115 所示。

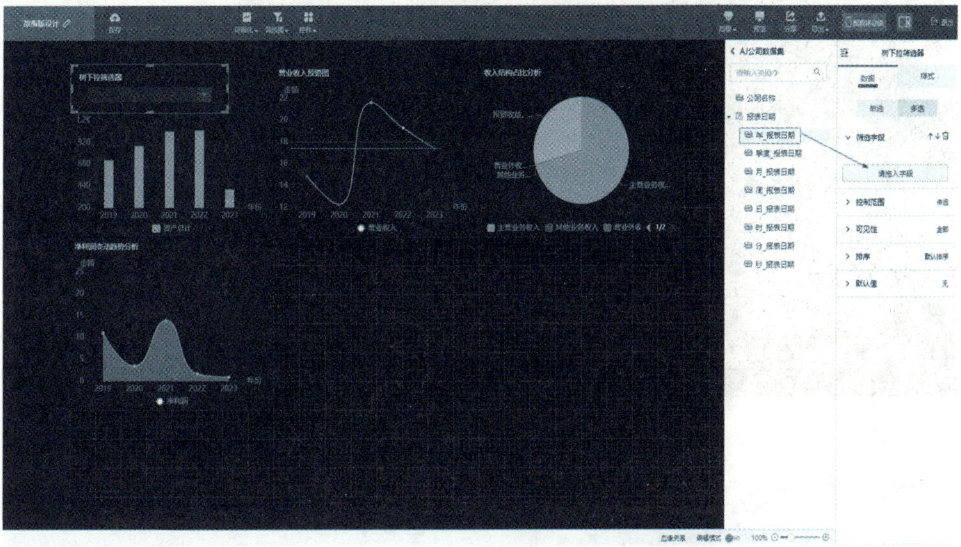

图 7-115 设置树下拉筛选器数据

3. 设置控制范围

单击控制范围里的设置，系统会弹出一个控制范围设置框，设置以下内容：

按数据集筛选为全部；选择所需联动的可视化图形，或直接勾选全选，系统自动带出“精准匹配”与“年_报表日期”，若无特殊需求，不需要改动。单击确定，如图 7-116 所示。

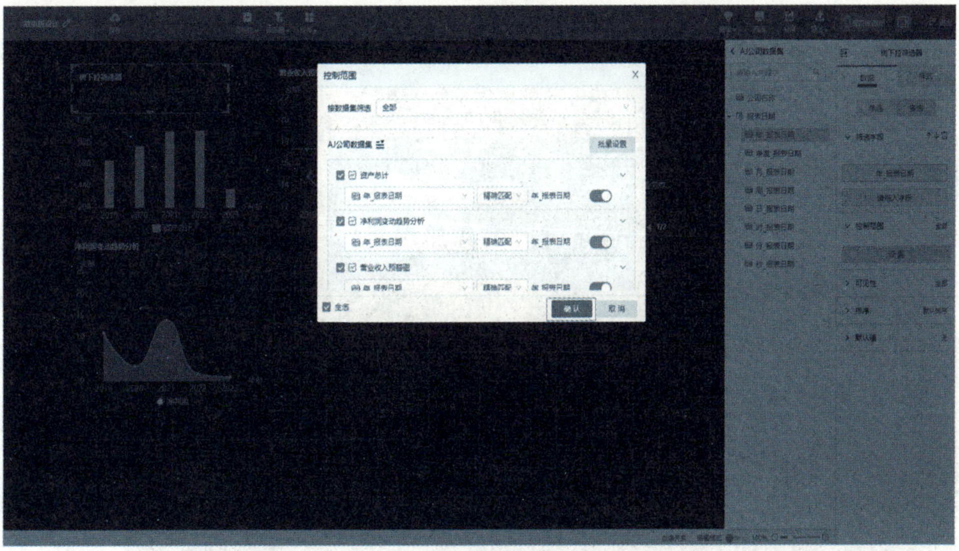

图 7-116 设置控制范围

4. 设置树下拉筛选器年份

在“树下拉筛选器”中，选择年份为“2023”，故事板中所有设置控制的可视化图表都将显示 2023 年的数据，如图 7-117 所示。

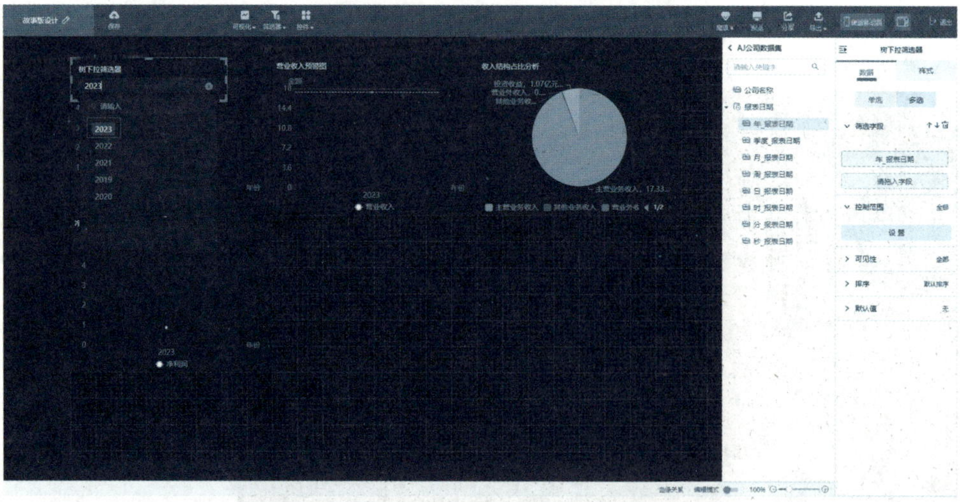

图 7-117　设置树下拉筛选器年份

三、预览、分享、导出设置

(一)任务描述

单击进入系统,自动跳转并登录到用友分析云系统,参考操作步骤,预览或导出设计完成的故事板。

(二)操作步骤

1. 预览故事板

故事板设计完成后,单击预览按钮,可以查看整个故事板的内容,如图 7-118 所示。

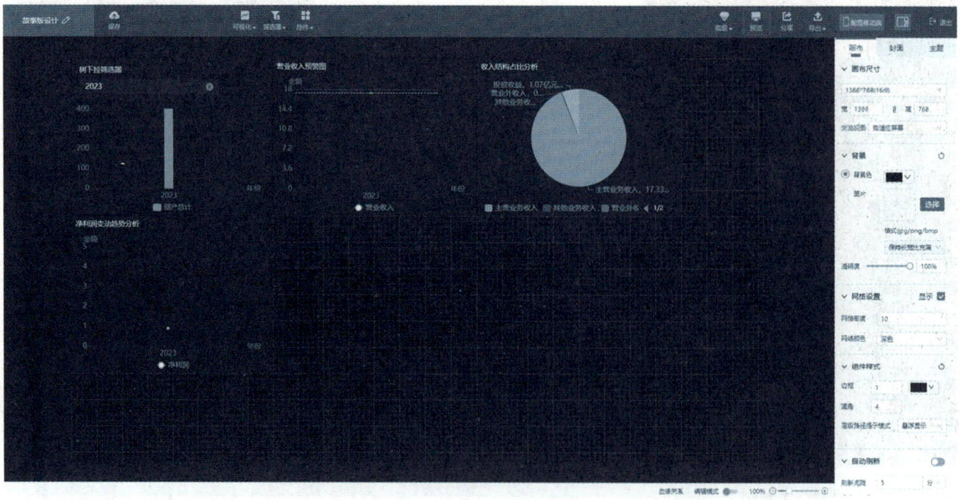

图 7-118　预览故事板

2. 导出故事板

单击事板中的导出按钮,可以将故事板导出为图片、PDF 或 excel,如图 7-119 所示。

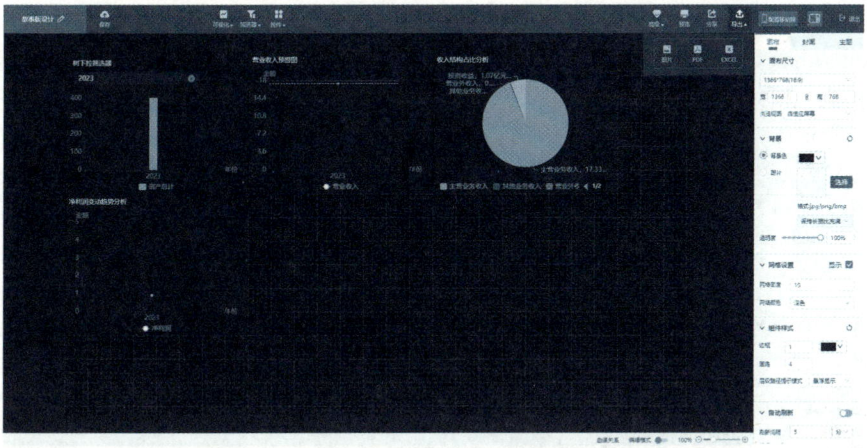

图 7-119 导出故事板

第五节 Python 应用

一、查看数据表

(一)任务描述

利用大数据技术,参考操作步骤,用 Python 代码完成查看数据表。

(二)操作步骤

1. 打开脚本文件

单击新道代码编辑器数据可视化文件夹下的任务 1 文件夹,找到任务 1 脚本,双击脚本文件,如图 7-120 所示。

图 7-120 打开任务 1 查看数据表文件

2. 导入 Python 库文件

导入 pandas 库，配置一个缩略名为 pd；导入 matplotlib 库中的 pyplot 功能，配置一个缩略名为 plt，如图 7-121 所示。

```
import ________ as ________
import ________. pyplot as ________
```

图 7-121　在任务 1 查看数据表中导入 Python 库文件

3. 读取数据

用 pandas 缩略名 pd 打开 excel 表，找到需要处理文件的文件路径，单击“产品成本表”文件路径，复制并粘贴到变量 df 中，如图 7-122 所示。

```
df = ________. read_excel('________')
```

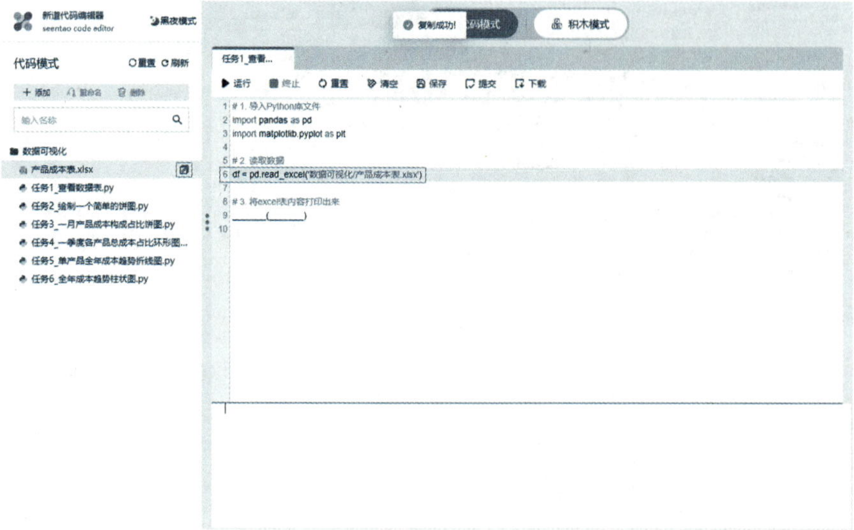

图 7-122　在任务 1 中读取产品成本表数据

4. 将 excel 表内容打印出来

使用 print 将 df 内容打印出来,如图 7-123 所示。

________(________)

图 7-123 打印产品成本表内容

二、绘制一个简单的饼图

(一)任务描述

利用大数据技术,参考操作步骤,用 Python 代码完成饼图绘制。

(二)操作步骤

1. 打开脚本文件

单击新道代码编辑器数据可视化文件夹下的任务 2 文件夹,找到任务 2 脚本,双击脚本文件,如图 7-124 所示。

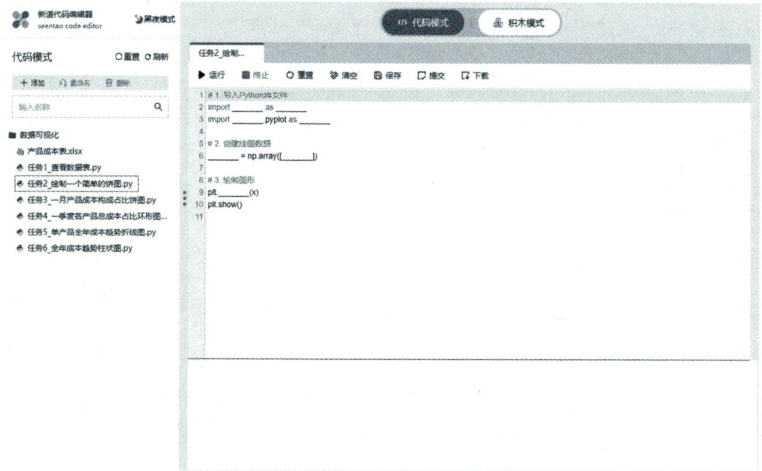

图 7-124 打开任务 2 绘制一个简单的饼图文件

2. 导入 Python 库文件

导入 matplotlib 库中的 pyplot 功能，配置一个缩略名为 plt；导入 numpy 库，配置一个缩略名为 np，如图 7-125 所示。

```
import ________ as ________
import ________. pyplot as ________
```

图 7-125　在任务 2 绘制一个简单的饼图中导入 Python 库文件

3. 创建绘图数据

用 numpy 中的 array 函数把列表［10，20，30，40］转化为一个数组，将数组赋值给变量 x，如图 7-126 所示。

```
________ = np. array([________])
```

图 7-126　创建绘图数据

4. 绘制图形

运用 plt 中的 pie() 函数绘制饼图；运用 plt 中的 show() 函数展示饼图，如图 7-127 所示。

```
plt. ________(x)
plt. show()
```

图 7-127　为任务 2 绘制一个简单的饼图绘制图形

三、一月产品成本构成占比饼图

(一)任务描述

利用大数据技术，参考操作步骤，用 Python 代码完成一月产品成本构成占比饼图的可视化。

(二)操作步骤

1. 打开脚本文件

单击新道代码编辑器数据可视化文件夹下的任务 3 文件夹，找到任务 3 脚本，双击脚本文件，如图 7-128 所示。

2. 导入 Python 库文件

导入 pandas 库，配置一个缩略名：pd；导入 matplotlib 库中的 pyplot 功能，配置一个缩略名：plt，如图 7-129 所示。

```
import ________ as ________
import ________. pyplot as ________
```

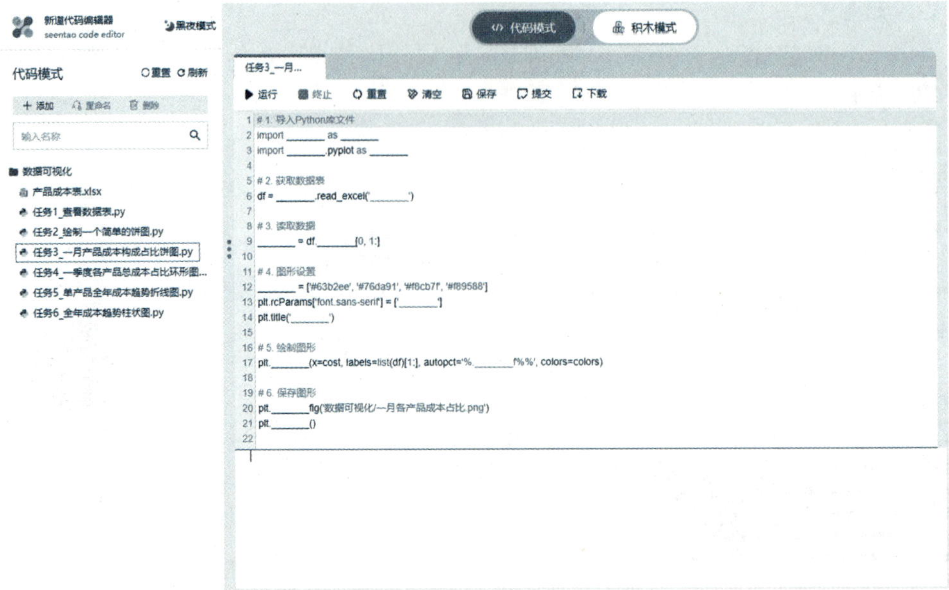

图 7-128　打开任务 3 一月产品成本构成占比饼图文件

图 7-129　在任务 3 一月产品成本构成占比饼图中导入 Python 库文件

3. 获取数据表

用 pandas 缩略名 pd 打开 excel 表，找到需要处理文件的文件路径，单击“产品成本表”文件路径，复制并粘贴到变量 df 中，如图 7-130 所示。

```
df = ________.read_excel('________')
```

4. 读取数据

使用数据处理分析库 pandas 中的常用函数 iloc 从数据表中获取部分数据，获取数据表中的数据范围：第一行、第二列到最后一列，将获取到的数据赋值给变量 cost，如图 7-131 所示。

```
________ = df.________[0, 1:]
```

图 7-130 获取产品成本表

图 7-131 在任务 3 中读取产品成本表数据

5. 图形设置

给图形中不同产品配置不同的颜色，保存至变量 colors；将图形中的字体设置为黑体 SimHei；设置图形标题为一月各产品成本占比，如图 7-132 所示。

```
________ = ['#63b2ee', '#76da91', '#f8cb7f', '#f89588']
plt.rcParams['font.sans-serif'] = ['________']
plt.title('________')
```

图 7-132　设置任务 3 图形

6. 绘制图形

用 plt 绘制饼图：pie；百分比显示图形内数值，并保留 2 位小数位；图形标签 labels 来自数据表中第一行名称，如图 7-133 所示。

```
plt. ________(x=cost, labels=list(df)[1:], autopct='%. ________f%%', colors=colors)
```

图 7-133　绘制任务 3 图形

7. 保存图形

保存图片为 save；展示图形为 show，如图 7-134 所示。

plt. ________ fig('数据可视化/一月各产品成本占比.png')
plt. ________()

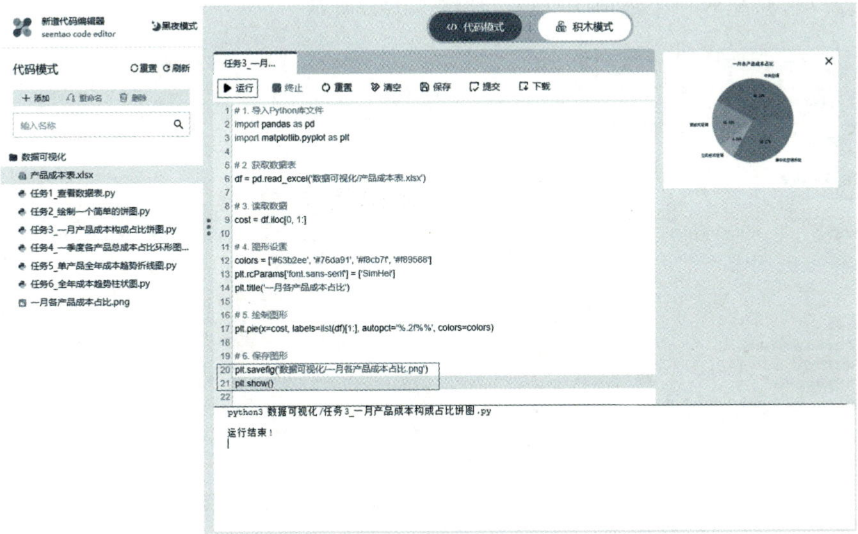

图 7-134 保存任务 3 图形

四、一季度各产品总成本占比环形图

(一)任务描述

利用大数据技术，参考操作步骤，用 Python 代码完成一季度各产品总成本占比环形图的可视化。

(二)操作步骤

1. 打开脚本文件

单击新道代码编辑器数据可视化文件夹下的任务 4 文件夹，找到任务 4 脚本，双击脚本文件，如图 7-135 所示。

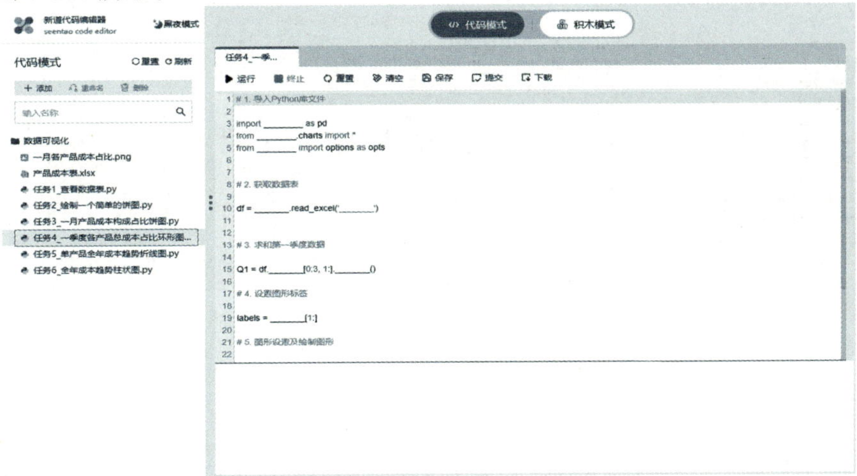

图 7-135 打开任务 4 一季度各产品总成本占比环形图文件

2. 导入 Python 库文件

导入 pandas 库，配置一个缩略名 pd；导入 pyecharts 库中全部图表；导入 pyecharts 库中全部配置项，并配置一个缩略名 opts，如图 7-136 所示。

```
import ________ as pd
from ________. charts import *
from ________ import options as opts
```

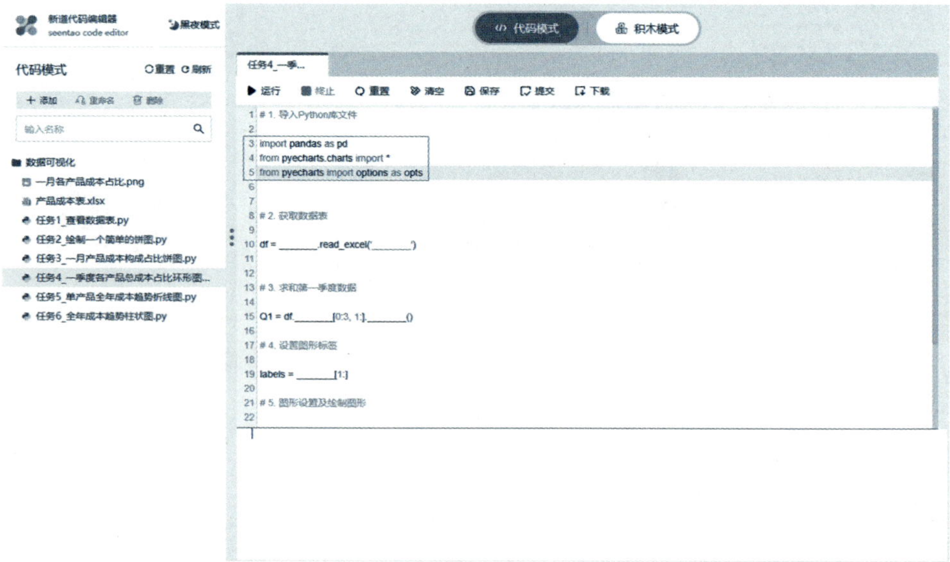

图 7-136　在任务 4 一季度各产品总成本占比环形图中导入 Python 库文件

3. 获取数据表

用 pandas 缩略名 pd 打开 excel 表，找到需要处理文件的文件路径，单击“产品成本表”文件路径，复制并粘贴到变量 df 中，如图 7-137 所示。

图 7-137　在任务 4 中获取数据表

4. 求和第一季度数据

使用数据处理分析库 pandas 中的常用函数 iloc 从数据表中获取部分数据，获取数据表中的数据范围：第一行至第三行、第二列到最后一列；使用 DataFrame 对选取数据的求和(sum) 方法获取区域的数据总和，将获取到的数据赋值给变量 Q1，如图 7-138 所示。

```
Q1 = df.________[0:3, 1:].________()
```

图 7-138 求和第一季度数据

5. 设置图形标签

给图形配置一个标签，用 list(df) 来获取数据表的表头，如图 7-139 所示。

```
labels = ________[1:]
```

图 7-139 设置任务 4 图形标签

6. 图形设置及绘制图形

用 pyecharts 绘制环形图(空心饼图),创建 pyecharts 的 Pie 饼图,并保存在绘制器 drawer 中;将数据(产品名 labels,数据 Q1)配置到绘制器中,配置饼图的各种参数:旋转方向、大小、颜色、图例位置等;通过 render 属性将图形绘制到指定文件:一季度各产品成本占比,如图 7-140 所示。

```
drawer = Pie()
drawer.add(series_name='', data_pair=[list(z) for z in zip(labels, list(Q1))], is_clockwise=False, radius=[90, 180])
drawer.set_colors(['#63b2ee', '#76da91', '#f8cb7f', '#f89588'])
drawer.set_global_opts(title_opts=opts.TitleOpts(title="一季度各产品成本占比", pos_left='center'),
                       legend_opts=opts.LegendOpts(pos_bottom='bottom'))
drawer.set_series_opts(label_opts=opts.LabelOpts(formatter="{b} \n {c},{d}%", background_color="#eee"))
drawer.render('数据可视化/________.html')
```

图 7-140 绘制任务 4 图形

五、单产品全年成本趋势折线图

(一)任务描述

利用大数据技术,参考操作步骤,用 Python 代码完成单产品全年成本趋势折线图的可视化。

(二)操作步骤

1. 打开脚本文件

单击新道代码编辑器数据可视化文件夹下的任务 5 文件夹，找到任务 5 脚本，双击脚本文件，如图 7-141 所示。

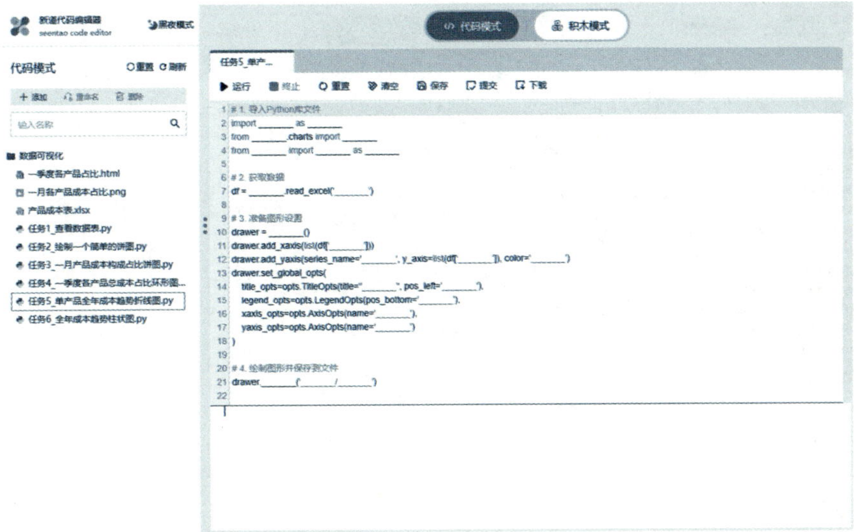

图 7-141 打开任务 5 单产品全年成本趋势折线图文件

2. 导入 Python 库文件

导入 pandas 库，配置一个缩略名 pd；导入 pyecharts 库中 charts 的所有功能；导入 pyecharts 库中 options 的配置功能，配置一个缩略名 opts，如图 7-142 所示。

```
import ________ as ________
from ________. charts import ________
from ________ import ________ as ________
```

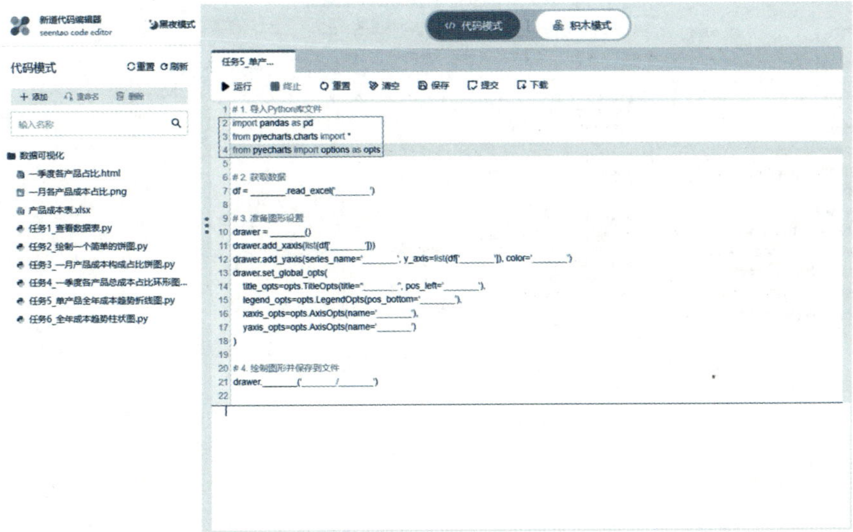

图 7-142 在任务 5 单产品全年成本趋势折线图中导入 Python 库文件

3. 获取数据

用 pandas 缩略名 pd 打开 excel 表，找到需要处理文件的文件路径，单击“产品成本表”文件路径，复制并粘贴到变量 df 中，如图 7-143 所示。

```
df = ________. read_excel('________')
```

图 7-143　在任务 5 中获取数据

4. 准备图形设置

（1）使用 pyecharts 库中的 Line 方法，配置图形为折线图，并放入制图器变量 drawer 中，如图 7-144 所示。

```
drawer = ________()
```

图 7-144　为任务 5 配置折线图

(2)通过 add_xaxis 方法添加图形中 x 轴坐标数据“月份”列的值;通过 add_yaxis 方法添加图形中 y 轴坐标数据“中央空调”列的值;并通过配置 series_name,以“中央空调”作为数据在图例中的名称;再为折线图配置颜色,以蓝色(blue)显示,如图 7-145 所示。

```
drawer.add_xaxis(list(df['________']))
drawer.add_yaxis(series_name='________', y_axis=list(df['________']), color='________')
```

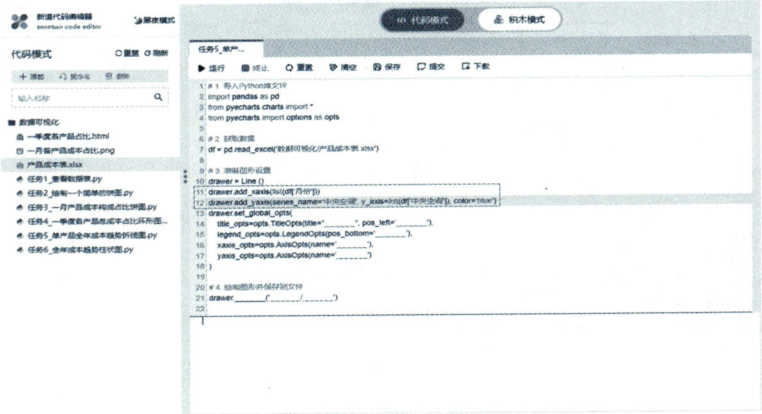

图 7-145　为任务 5 添加 x 轴、y 轴等数据

(3)通过 set_global_opts 添加其他图形配置信息:为图形配置名称(title)为中央空调产品全年成本趋势;配置居中(center)对齐;为图形配置图例(LegendOpts),将配置图例位置(pos_bottom)设置为底部 bottom;为图形设置 x 轴名称(AxisOpts)为时间;为图形设置 y 轴名称(AxisOpts)为金额(元),如图 7-146 所示。

```
drawer.set_global_opts(
    title_opts=opts.TitleOpts(title="________", pos_left='________'),
    legend_opts=opts.LegendOpts(pos_bottom='________'),
    xaxis_opts=opts.AxisOpts(name='________'),
    yaxis_opts=opts.AxisOpts(name='________')
)
```

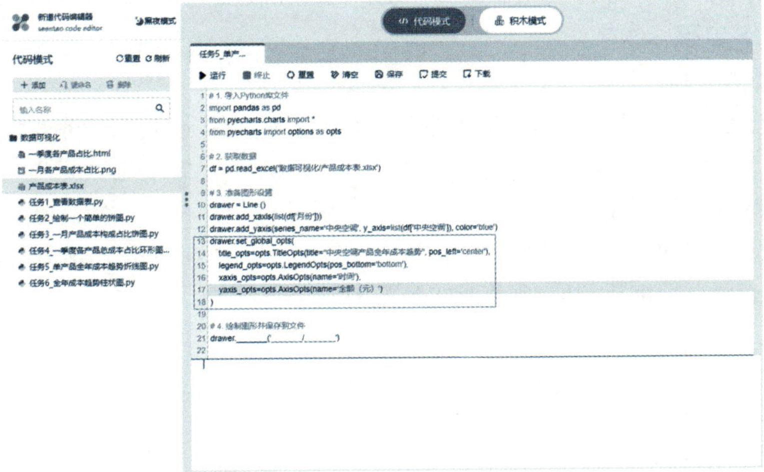

图 7-146　为任务 5 添加其他图形配置信息

5. 绘制图形并保存文件

通过 rendcr 属性将图形绘制到指定文件：中央空调产品全年成本趋势.html，保存文件路径为数据可视化，如图 7-147 所示。

```
drawer.________('________/________')
```

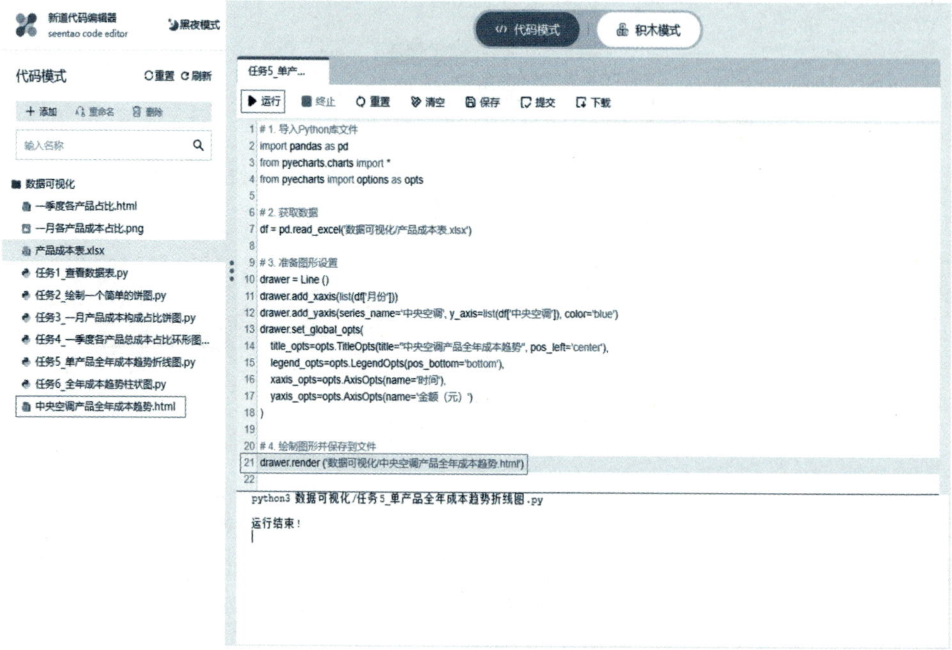

图 7-147　绘制任务 5 图形并保存

六、全年成本趋势柱状图

(一)任务描述

利用大数据技术，参考操作步骤，用 Python 代码完成全年成本趋势柱状图的可视化。

(二)操作步骤

1. 打开脚本文件

单击新道代码编辑器数据可视化文件夹下的任务 6 文件夹，找到任务 6 脚本，双击脚本文件，如图 7-148 所示。

2. 导入 Python 库文件

导入 pandas 库，配置一个缩略名 pd；导入 pyecharts 库中 charts 的所有功能；导入 pyecharts 库中 options 的配置功能，配置一个缩略名 opts，如图 7-149 所示。

```
import ________ as ________
from ________. charts import ________
from ________ import ________ as ________
```

3. 获取数据

用 pandas 缩略名 pd 打开 excel 表，找到需要处理文件的文件路径，单击“产品成本表”

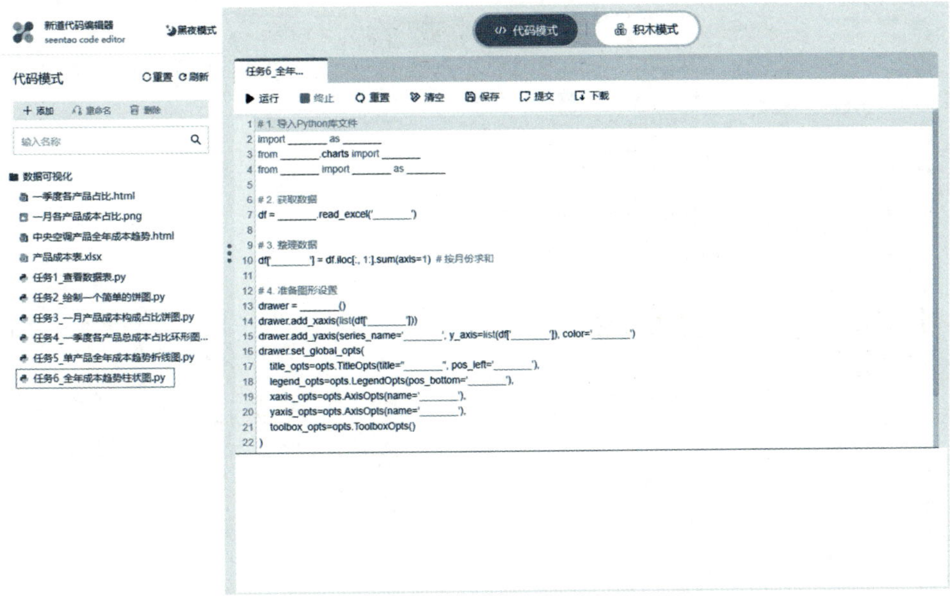

图 7-148 打开任务 6 全年成本趋势柱状图文件

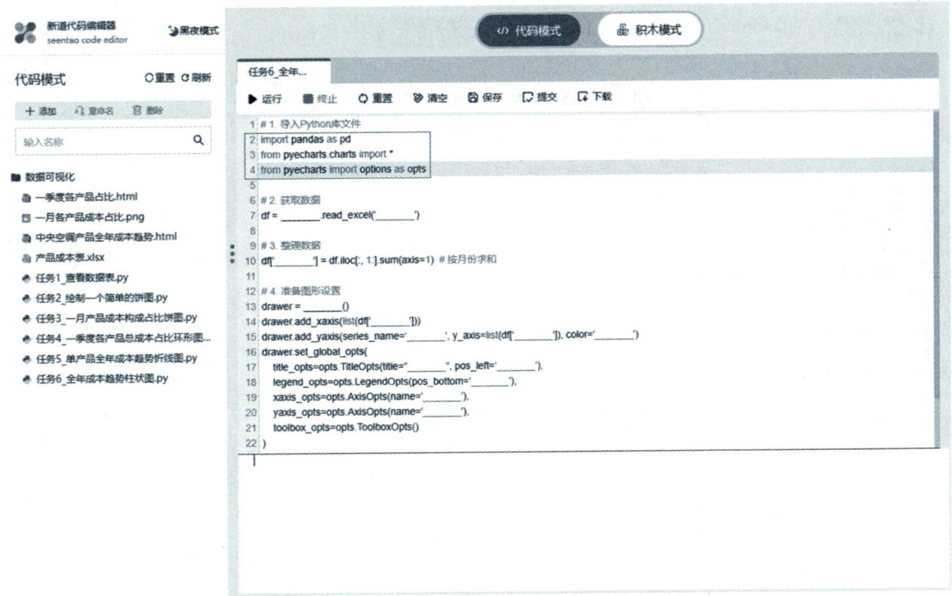

图 7-149 在任务 6 全年成本趋势柱状图中导入 Python 库文件

文件路径，复制并粘贴到变量 df 中，如图 7-150 所示。

```
df = ________.read_excel('________')
```

4. 整理数据

通过 DataFrame 的 sum 方法，汇总各月份金额(每行第一列是月份，因此汇总第二列到最后一列的单元格的数值，按行求和)，保存在新列“合计”中，如图 7-151 所示。

```
df['________'] = df.iloc[:, 1:].sum(axis=1) # 按月份求和
```

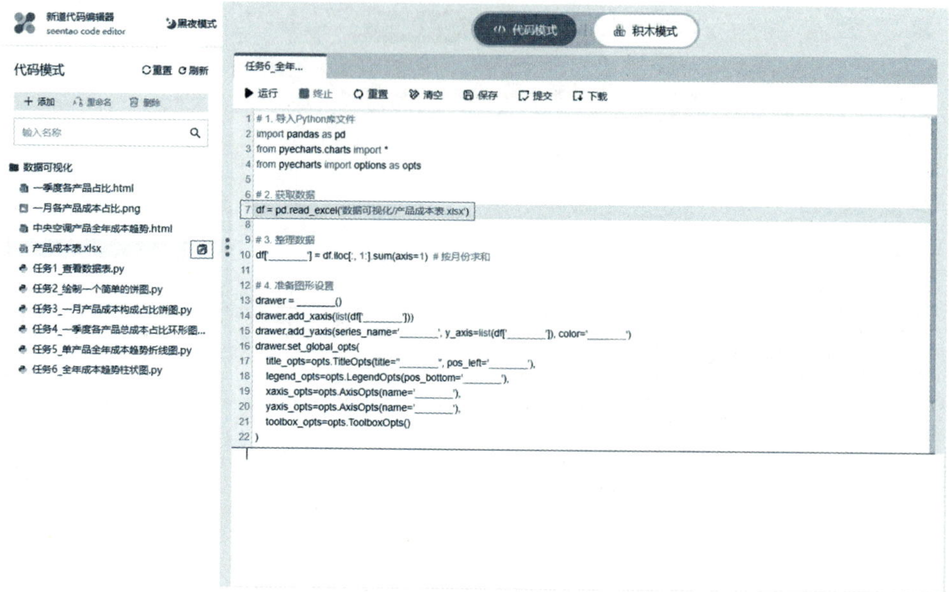

图 7-150 在任务 6 中获取数据

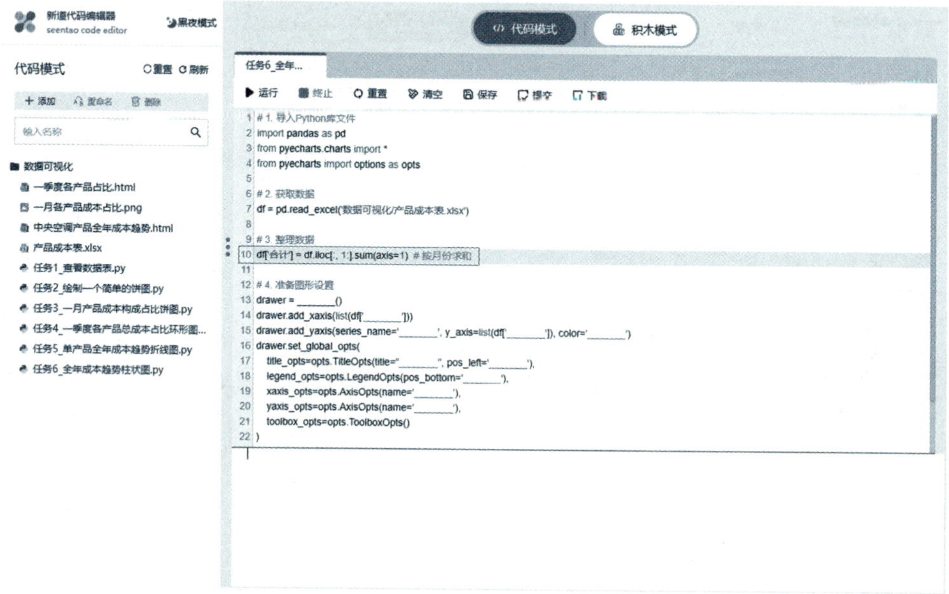

图 7-151 整理任务 6 数据

5. 准备图形设置

（1）使用 pyecharts 库中的 Bar 方法，配置图形为柱状图，并放入制图器变量 drawer 中，如图 7-152 所示。

```
drawer = ________()
```

（2）通过 add_xaxis 方法添加 x 轴坐标数据：“月份”一列的数据；通过 add_yaxis 方法添加 y 轴坐标数据：“合计”一列的数据；通过配置 series_name，以“全年成本”作为图例中的名称；再为图形配置颜色，以天蓝色（skyblue）显示，如图 7-153 所示。

图 7-152　为任务 6 配置柱状图

```
drawer.add_xaxis(list(df['________']))
drawer.add_yaxis(series_name='________', y_axis=list(df['________']), color='________')
```

图 7-153　为任务 6 添加 x 轴、y 轴等数据

(3)通过 set_global_opts 添加其他图形配置信息：为图形配置名称(title)为全年成本趋势分析，并通过 pos_left 配置居中(center)对齐；为图形配置图例（LegendOpts），将配置图例位置 pos_bottom 设置为 bottom；设置图形 x 轴 AxisOpts 为时间；设置图形 y 轴 AxisOpts 为金额(元)，通过 toolbox_opts 图形控制启用工具栏，如图 7-154 所示。

```
drawer.set_global_opts(
    title_opts=opts.TitleOpts(title="________", pos_left='________'),
    legend_opts=opts.LegendOpts(pos_bottom='________'),
    xaxis_opts=opts.AxisOpts(name='________'),
    yaxis_opts=opts.AxisOpts(name='________'),
    toolbox_opts=opts.ToolboxOpts()
)
```

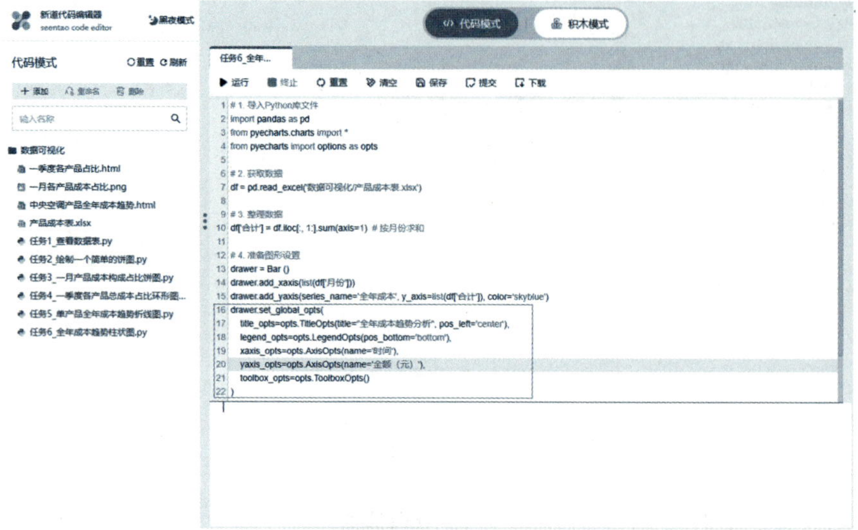

图 7-154　为任务 6 添加其他图形配置信息

6. 绘制图形并保存到文件

通过 render 属性将图形绘制到指定文件：全年成本趋势分析.html，保存文件路径为数据可视化，如图 7-155 所示。

```
drawer.________('________/________')
```

图 7-155　绘制任务 6 图形并保存

本章小结

数据可视化是财务大数据分析中不可或缺的一环，它能够将复杂的数据转化为直观、易于理解的图形或图像，从而帮助用户快速洞察数据背后的信息和趋势。通过本章的学习，可以深入理解 Python 在数据可视化方面的强大功能及其在实际应用中的价值。通过掌握 Python 在数据可视化方面的技术和方法，可以更有效地呈现和分析财务数据，为企业的决策和发展提供有力支持。

思考题

1. 在财务看板下，分别完成营业成本趋势图、营业成本平均值的可视化设计，缩放率为10000；后导符为万元；千分位为启用；小数位为 2。

2. 在财务看板下，完成营业成本预警图的可视化设计，预警聚合方式为求和，预警指标满足任一条件，单击添加条件格式，设置“营业成本”小于“180000”。

3. 在财务看板下，完成成本结构占比分析、营业利润变动趋势分析、负债合计分析的可视化设计，缩放率为 10000；后导符为万元；千分位为启用；小数位为 2。

4. 在财务看板下，完成产权比率分析的可视化，过滤条件为年_报表日期，包含 2019、2020、2021、2022、2023。

参考文献

[1] 潘皓波.旅游大数据的分析与应用.2版.上海:上海交通大学出版社,2021

[2] 赵卫东.商务智能.5版.北京:清华大学出版社,2022

[3] 余本国.Python数据分析与可视化案例教程(微课版).北京:人民邮电出版社,2022

[4] 朱顺泉.Python商业数据分析.北京:人民邮电出版社,2020

[5] 王煜会.Python数据分析基础教程——数据可视化.2版.北京:电子工业出版社,2021

[6] 贾俊平.数据分析基础Python实现.北京:中国人民大学出版社,2022

[7] 李翠屏,王珊,李盛恩.数据仓库与数据分析教程.2版.北京:高等教育出版社,2020

[8] 曹洁.大数据分析技术.北京:北京航空航天大学出版社,2020

[9] 贾俊平.数据分析基础Excel实现.北京:中国人民大学出版社,2022

[10] 安俊秀,靳宇倡.大数据技术与应用.北京:人民邮电出版社,2020

[11] 甘勇,陶红伟.大数据技术与应用.北京:中国铁道出版社,2019

[12] 苑迎春.大数据导论.北京:中国水利水电出版社,2021

[13] 郭清博,张功富.大数据基础.北京:电子工业出版社,2020

[14] 林子雨.大数据导论.北京:高等教育出版社,2020

[15] 李建,王芳.虚拟现实技术基础与应用.北京:机械工业出版社,2022

[16] 中国信息通信研究院.中国数字经济发展白皮书(2025年).北京:中国信息通信研究院,2025

[17] 中国信息通信研究院.中国数字经济发展研究报告(2024年).北京:中国信息通信研究院,2024